# 美與暴烈

The Life and Death of
Yukio Mishima

三島由紀夫
的生和死

Henry Scott-Stokes
亨利·史考特·斯托克

獻給吉伯特·德·波頓

推薦序——

# 夜和死，菊與劍

作家　林文義

讓我們重振真實的日本，讓我們犧牲。你們會僅僅重視生命，卻眼看著靈魂死亡嗎？……我們將會讓你們看到，有什麼比尊重生命更為崇高！不是解放、也不是民主。而是日本！日本，存有歷史和傳統的土地。我們深愛的日本。

——三島由紀夫，〈檄文〉絕筆

一九七〇年十一月二十五日

作家切腹自殺的那年深秋，是身為他忠實讀者的我，決定初習文學書寫的起步之時。

就從最早的《假面的告白》到最後遺著《天人五衰》，三島由紀夫文學毋寧是前世紀六、七〇年代賦予彼時戒嚴的台灣，彷彿在無邊暗夜幽然的心靈禁錮中，突見一抹微曦的驚喜！那是被打開，一扇通往自由思考的窗子，美與愛、溫柔和暴烈……相對於文學精神一脈延續日本古典之美如《源氏物語》的川端康成，傾向西方的三島極為華麗及炙熱的獨特文字，被稱頌猶具師生之誼，如同鏡子兩面的剔透、熒亮，蘊育、啟蒙了往後台灣作家，其來有自。

十六歲少年，還是宮廷學習院初中生、寫下第一本小說集《繁花盛開的森林》的平岡公威，筆名：三島由紀夫來自文學啟蒙師清水文雄先生。二十九年後，決意別世的小說家最後一刻是否會憶起清水老師為他取筆名的期許之情？一生都是貴族的傲岸與疑惑，以自己的右手持攻擊的矛，直刺左手防衛的盾，這是三島由紀夫的愛與美，溫柔與暴烈！猶若現實社會發生的——佛教大學的青年放火燒掉金閣寺，小說家則以殘忍、華麗的文字再徹底焚盡古名「鹿苑寺」一次，三島呼應著一生內在吶喊：

美！是我的怨敵。

日出之國，神之國度。貴族少年的文學啟程在於研讀《古事記》和《萬葉集》，而後的入侵中國、滿州殖民、珍珠港事變……軍國主義引領了日本民族在明治新制之後的整個社會氛圍，才情非凡的少年小說家在蒙昧與清明之間，事實上是沉耽於自我摸索的揣想：烏托邦在未來真正降臨的可能。而卻生身在暴戾的法西斯戰爭年代，隱約有光，更多的是灰黯。

——懷抱著為天皇戰死沙場的理想？揣想：如果軍國主義不猖狂，如果緊守那扶桑古國的儒雅與美質文化，和平、穩定的日本在不介入二戰烽火，三島的文學將是如何的變貌？

英國記者亨利．史考特．斯托克所寫的傳記書《美與暴烈：三島由紀夫的生和死》極為深切的呈現此一異質的日本小說家一生的典型；言之「異質」乃是縱觀三島那極其浪漫的華麗文字，作為小說家、評論員、劇作家，偶而蛻身為電影演員，其實都是他的內在自我的突圍，讀三島之文可諳三島之人。

浪漫，時被誤解為：唯美。百年前後的世界從工業革命到近代戰爭，浮躁而冷酷的文明究竟是神的懲罰或人的罪惡？文學和藝術創作者不喊口號、不搖旗吶喊，用浪漫的深邃情懷以美對抗亂世！三島的「浪漫」定義說道——

戰爭期間，日本浪漫派與右翼國粹主義思想的結合，企圖從古典中摸索出新東西，產生了一個強而有力的運動。

這是屬於大我的思想層次，而在小我的內心世界，三島不諱言地談到文學本質——

浪漫主義的觀念於我是……死亡的回憶、幻覺的難題。

傳記作家借用三島小說引文，印證現實生活裡作家之行誼，真切地重現一個自戀、自憐，對外豪氣干雲，對內沉鬱、苦澀、缺乏安全感，活生生的日本近代文學的頂尖人物。是的，雄壯又脆弱，大氣又畏縮，不屑凡俗卻又懼怕他人忽略其存在的價值，這就是才情洋溢、力求完美但時感破缺的，三島由紀夫。

一生最愛的女人，是勉勵文學的母親。父親卻極力反對，期盼他行向仕途。祖母將他的童年隔離在父母之外，從此孤寂的哀傷如鬼魅般浸蝕了作家沉浮於熱情和疏離的明暗一生；是文學救贖了他，而讀者也從他的絕美文學得到救贖。三島的隱匿與坦誠在不朽的遺著中如同秋雨寒露，櫻花盛放之後，風吹雪般紛紛飄落；筱山紀信拍攝他最鍾愛、崇仰的聖徒：塞巴斯蒂形像塑影的極妖異情境……裸身的三島上身插入利箭，作家吐舌，手持鐵鎚似將釘子打入唇舌……自虐或是迷亂的預告死亡？

只有離開日本、旅行異國時，他才真正得以喘息，暫且安頓。矛盾如他卻又在日記或散文中自艾自憐的埋怨，日本最知名、頂尖的作家在他鄉之時，異國人對他卻無預期中的熱烈歡迎？三島是蝴蝶，彩麗的舞動羽翼，期盼所有人都看見並且鼓掌稱美。豈不知異質絕美的小說早已自我定位，他是幽暗夜深的飛蛾，歲月逐老的憂懼，注定要撲向死亡之火了。

楯之會是個有威脅性的右翼國家主義團體。法西斯俱樂部？大作家的玩具？

此書作者乃是英國《泰晤士報》長年駐日特派員，受訪的傳主三島由紀夫本就存在嚮往西方文明，其實是虛華、討巧地試圖藉以訪談、報導將三島文學趁此推進歐美西方世界。作者所疑惑——有威脅性的右翼國家主義團體？在於採訪者親身受邀前往富士山下的日本自衛隊營區，參觀「楯之會」的冬天演習過程所得到的結論；其中有極詳細的現場描述，那是作為一個冷靜且不被盛宴、儀式、款待所迷失的探詢經驗，是《美與暴烈》書中最重要的感思。

天皇陛下萬歲！萬歲！萬歲！楯之會成員五十名（包括作家會長）結業時的閱兵禮儀，穿戴著類似二戰德奧義軸心國聯盟的軍服，一聲令下，側臉向東方的天皇宮廷致最敬禮！

早已是小說外譯多冊，成為西方世界最知名的日本代表性作家的三島，究竟內心最急切渴望的是什麼？對政治冷淡，愛熱鬧卻也孤寂的天之驕子，以豐厚的版稅收入，召集他的文學粉絲，成立了一個彷如私人小軍隊，真正能突破戰敗後被美國代制定的「新憲法」所限囿，或浪漫的自以為像幕府時代替被殺的主君復仇的四十七浪人死士，往後改編、傳頌的歌舞劇《忠臣藏》的摹擬？憂國的作家永夜的沉痛？

諾貝爾文學獎。想是作家心心念念的平生祈盼的文學頂峰，三島已被提名多次，也許四十年華太年輕要他等候；老師川端康成在一九六八年榮膺日本人第一位諾獎得主，第一個前往川端鎌倉住所賀喜的正是三島，那時他的心情想必百味雜陳吧？我一直是三島由紀夫的忠實讀者，敬仰他那異質之美的文學，但匪夷所思何以分心去組小軍隊，且試圖復辟成「天皇崇拜」的武士道傳統？這本傳記細讀或可解謎。

我時而不忘這位卓越、絕美的作家，頭繫著「七生報國」頭巾，在東京市谷自衛隊露臺慷慨陳詞的悲憤和失落；何以不回到書房？揣想如果不以切腹表白憂國憂時的哀傷和偏執，在文學成就上活了下來，必定是繼承川端康成作為第二位榮獲諾貝爾文學獎的得主，哪會有大江健三郎後來的機會……。體驗「楯之會」軍事演習之後，三島是這樣答覆記者的質疑——

楯之會是國家保衛隊的第一個模範。以愛國的自豪感喚醒民眾。

究竟是自信自詡，還是落寞的自怨自艾，甚至是自暴自棄呢？本書作者以媒體記者的主觀印象，在其多次和三島近身訪談的矛盾應答，大意的引申為「浪漫」大作家的幻想、作秀成分居多的另類思考，未知竟然是真心決絕的以死殉國，試圖喚起民族大義的前奏曲！

美與愛的文學人，熱情熾烈的愛國志士……溫柔且暴烈的三島由紀夫，自殺的抉擇。

華麗典雅的宅邸，主人別世三十多年，春去秋來的花樹再美，靜謐中依然蕭索淒涼；但見那張斑駁的石椅，座靠兩端是巴比倫人面鳥身的精緻雕刻。小說家翹起腳來優雅地抽菸淺笑，花園中央陽剛的阿波羅雕像，足下以馬賽克磁磚鑲成放射狀十二星座，他相信古老西洋星象學嗎？敬閱十八年前筱山紀信攝影書《三島由紀夫的家》，雖說故人別世近半世紀，文學的三島我敬仰，意識形態的三島我不苟同，但終究是特立獨行的典範，逢昔影還痛惜。

他是最孤寂的星球，莫非殉以讀者難以深諳，一種最純淨、不可輕侮及誤認的無上信仰，就將之以暴烈美學奔往連文學都無法救贖的死亡黑洞……二〇一六年四月，春雨紛紛的富士山下，位於山中湖的「三島由紀夫文學館」，我終於親訪這一代文豪複製書房場景，彷佛聖殿朝拜，激動的心如窗外雨水，如這本傳記書前文的吶喊與絕望就在一九七〇年十一月二十五日。近午的致命時刻，悲憤的作家聲嘶力竭地呼喊請求——

你們聽著！都聽著！聽我說！聽啊！聽我說完！

不是近千名的自衛隊員聽不見，而是臨空低飛的媒體採訪直升機、警視廳直升機那轟然巨響的槳葉聲，全然壓制三島激動的嗓音，沒有人知道他要說什麼……。面對的，竟是自衛隊員的嘲諷和恥辱。菊花的天皇意識不再，劍只是銹蝕的歷史，奮筆永夜的小說家，決絕以死印證的三島由紀夫。

# 推薦序——買一送一的三島由紀夫

《同志文學史》作者／國立政治大學台灣文學研究所副教授　紀大偉

認識三島由紀夫（一九二五—一九七〇）其人其作，是一種買一送一的奇妙經驗。我這麼說，是因為三島由紀夫是「著作等身」而且「身等著作」的日本鬼才作家。在閱讀三島作品的過程中，讀者並非僅僅認識一位作家的作品，反而認識了兩倍份量的作家世界。

三島著作等身（意思是指作品豐富）：他的代表作量多質精，從《假面的告白》到《金閣寺》到《豐饒之海》，堆疊起來逼近作家本人的身高。他除了文字作品，還推出幾近全裸的個人寫真集《薔薇刑》（裸體模特兒：三島本人；攝影師：細江英公；集子收錄照片可以在google隨意找到）、演出黑幫電影《風野狼》（三島飾演男主角；導演：增田保造）和藝術電影《憂國》（三島自編自導自演）。同時，三島身等著作（意思是指人生豐富，跟作品一樣精彩）：他的肉體在不同階段的表現簡直像是小說或是戲劇一樣讓人嘖嘖稱奇。略知三島生平兩三事的世界各國讀者都可以如數家珍一般，聊起三島在人生不同階段留下的照片：活在祖母陰影底下弱不禁風的童年時期（這個時期的三島看起來極度陰柔），炫耀西方人風格健美身材的壯年時期（這個時期的三島變得極度陽剛，卻又顯露樂於被虐待的逆來順受氣息，《薔薇刑》某些照片就呈現了種種「總受」的姿態），以及穿著極右派軍隊制服的自殺前夕（這個時期的三島看起來極度陽剛也極度挑釁，看起來刀槍不入，並非等待被虐的樣子——但，刀槍不入的英姿是不是等待被虐的進化版？）。各國讀者可能都承認，三島不斷變化的肉體也是三島雕琢一輩子的作品。中國作家莫言在榮獲諾貝爾文學獎的前幾年，曾經在他自己的散文集《會唱歌的牆》中強調，三島由紀夫絕對不是同性戀者——莫言恐怕也被三島的變色龍形象搞迷糊了。像他這樣著作等身而且身等著作的文學家，而且讓人難以琢磨不透本色，在文學史上堪稱異數。

在台灣戒嚴時期，社會保守封閉，民眾偶然窺見的外國人事物都可能發揮巨大影響力。對於處於戒嚴時期、極度欠缺同性戀楷模的台灣民眾來說，同性戀緋聞不斷的三島正好形同黑暗中的一盞外國明燈。既然當時台灣民眾不容易搞叛逆，那麼人們就樂於觀看三島如何向主流社會變魔術，並且效法三島的花招。光泰的一九七〇年代通俗小說《逃避婚姻的人》、戒嚴時期末期的通俗作家藍玉湖作品和文壇新星邱妙津作品，都赫然向三島由紀夫其人其作致敬。在這幾位作家出版成書的作品之外，三島由紀夫被各種文學獎、各層級學校校刊模仿、崇拜的頻率更難以估計。

簡而言之，三島由紀夫之於台灣作家，可說是前人種樹後人乘涼。在後人終於得以開始乘涼之際，種樹的前人已經辭世多年。一九七六年，光泰在當時主要媒體中國時報連續刊載小說《逃避婚姻的人》，引起轟動。《逃避婚姻的人》結集成冊的序文的後半部內容是某位讀者寫給光泰的信，信的最後一段（也就是序文的壓軸段落）寫道，「不知您（光泰）看過三島由紀夫的《假面的告白》否？聽說這是三島的自傳。他的確是個了不起的作家，把一個Homo的男孩子，描寫得……可惜他自殺了……（他的自殺動機是否帶有）連三島都難以了解的『悲戚』……」這封讀者來信對今日的三島讀者而言有兩點值得玩味之處。一、「作品和作者生平被混為一談」。小說讀者的基本知識之一，就是要嚴格區分作品和作者生平，絕不可以將兩者混為一談。但是諸多讀者遇到三島作品就紛紛破功。剛才這位讀者很典型地將三島由紀夫的作品和人生混為一談：他一開始表態要談《假面的告白》裡頭的男同性戀者，但是馬上感嘆三島自殺了。要不是我熟知《假面的告白》內容，讀者信中的句子會讓我誤以為《假面的告白》的Homo男主角自殺了。這種將作品和作者人生混為一談的態度固然粗枝大葉，犯了文學讀者的大忌，但是長久以來各國讀者一談到三島由紀夫其人其作就容易犯下這種謬誤，彷彿中了三島魔咒。二、「許多台灣文學作品其實隱隱約約脫胎於三島作品」。在「同志婚姻」議題火熱的二十一世紀初期，曾經被打入冷宮的《逃避婚姻的人》敗部復活，重新開始吸引今日讀者目光。但是剛才引述的讀者來信洩露了一點天機：《逃避婚姻的人》看起來就像是《假面的告白》的台版通俗版，畢竟全數內容就是一位男同性戀者戴著假面具（這位男同性戀佯裝跟女性結婚）的自我告白，而且跟《假面的告白》一樣將自己（不符合主流社會標準的）「不正常」上溯到童年。

藍玉湖（一九六八—一九九一，比邱妙津早一年出生，比邱早四年去世）在一九九〇年（也就是剛剛解除戒嚴不久）推出小說集《薔薇刑》（晨星出版社）：書中短篇小說主題都是男同志角色的性愛探險，書頁刊載作者本人的裸體照片。在《聯合文學》二〇一一年八月號「同志文學專門讀本」中，林寒玉與邵其邁整理的「台灣同志文學及電影大事紀」指出，《薔薇刑》因為刊載裸照而引起爭議；藍本人在二十三歲死於情殺。《薔薇刑》應該有意效法三島的同名寫真集，但受限於主客觀因素，台版《薔薇刑》的成果並不理想：作者的寫作功力，和當年的印刷水平，都太過稚嫩陽春。不過，《薔薇刑》這本台版小書仍然是值得參考的史料，讓人看見在解除戒嚴之後、網路興盛之前的一九九〇年代初期，怎麼在一書本的有限規格之內想像同志文字與影像。一九九〇年代初期和中期，雖然只隔短短幾年，但同志文學的「大環境」變動頗大：在一九九〇年代初期，仍然百廢待舉；在一九九〇年代中期，作家許佑生出櫃並大量出版同志圖文書籍，第一本同志商業刊物《熱愛》出現，ＢＢＳ的同志文學蔚然成風。相比之下，《薔薇刑》是簡陋卻大膽的先行者。除了這本小說集之外，在台灣比較資深的男體攝影師，以及樂於健身自拍的男性知識分子，恐怕都領教過三島《薔薇刑》攝影集的驚世駭俗魅力。

比藍玉湖晚一年出身的邱妙津喜歡在作品提及三島。在《鱷魚手記》中，三島、太宰治和村上春樹是書中主人翁相提並論的三位日本小說名家。在《蒙馬特遺書》，小說主人翁表示心儀太宰治並且嫌惡三島。但是我無法確認《蒙馬特遺書》是否認真排斥三島——三島其人其作很奇怪，經常被喜歡的人討厭、被討厭的人喜歡、被認為太陰柔而不陽剛，卻又被認為太陽剛而不夠溫柔。我只能確定，邱妙津跟她的同輩人（所謂的「五年級」文藝青年）一樣，對三島耿耿於懷，但說不清楚她們對三島的情感是愛還是恨。我想要接著補充兩點：一，邱妙津著稱的小說文體是「告白」，《鱷魚手記》跟《蒙馬特遺書》都是以告白形式寫成。而熟讀《假面的告白》的邱妙津（以及她的同輩人）很難否認《假面的告白》在邱妙津作品留下鮮明的烙印。二，邱妙津跟三島之間，還夾著一位法國作家尤瑟娜（Marguerite Yourcenar），這三人也形成一個三角關係——這個三角關係的每一角都跟自殺有關。許多台灣讀者第一次看到「尤瑟娜」這個名字，就是在《蒙馬特遺書》書頁裡。後來讀者們漸漸察覺，尤瑟娜這位作家的畢生代表作就是《哈德良回憶錄》，書中高潮就是羅馬皇帝哈德良怨嘆他的同性愛人自殺身亡。但比較不被台灣讀者知悉的事實是，三島和尤瑟娜是兩位很投緣但從未正式會面的作家。三島生前曾表示想要親自翻譯尤瑟娜作品為日文，尤瑟娜也說她想要翻譯三島作品為法文。尤瑟娜倒是在三島去世之後寫了一本討論三島的法文書，《三島：見空是空》（*Mishima ou la vision du vide*），還到日本企圖訪問三島家屬。尤瑟娜曾向人埋怨，她覺得三島遺孀恐怕不愛三島，結果旁人大感不解，追問尤瑟娜原因。她說，按照三島作品的邏輯，丈夫切腹自殺，那麼妻子也該跟著自盡才是；可是，三島自己都切腹身亡了，三島的妻子怎麼還活得好好的呢？台灣讀者不妨將邱妙津—尤瑟娜—三島三人作品合併閱讀，說不定可以得到整合的、更豐富的體悟。

《美與暴烈：三島由紀夫的生和死》其實不是新書而是出版幾十年的舊書，跟台灣讀者相見甚晚。我強調這本書是舊書，並不是要低估它的價值，而是要說它歷久彌新。我記得我在美國留學的時候，自己的藏書就包括這本書較早的一個英文版本。在美國研究東亞但沒有專攻日本的博士生難免會選購這本極具代表性的三島傳記，給自己壯膽，彷彿手上有這本書就比較有信心認識三島，並且比較有信心透過認識三島來認識戰後日本。西方讀者長期看重三島，無非也是打這個如意算盤：藉著掌握三島的知識來掌握戰後日本的知識。（當然，戰後日本千奇百怪，怎麼可能這麼容易被西方讀者掌握呢。）

我重讀《美與暴烈：三島由紀夫的生和死》，還是有意想不到的收穫。雖然我並不盡然同意這位西方記者對於三島其人其作的詮釋（例如他說三島主演的《風野郎》絕對是爛片但是我覺得《風野郎》仍然有值得注意的價值），我也不喜歡這位記者屢屢聲稱他是許多三島忘形表演的唯一一位西方目擊者、是三島最信任的西方心腹（沒有證據可以證明這位記者是不是在吹牛），但是這本書還是很有參考價值（任何一種具有參考價值的書刊都不是完美無瑕的，都有可以被挑剔之處）。畢竟這本書詳實紀錄了、評議了三島的生平和所有代表作。對於剛認識三島的新手讀者還是已經熟悉三島的老字號讀者來說，這本書都是實際有用而且大致可以信賴的參考書。書中對於三島是不是同性戀的詮釋（其實可能是流傳幾十年的常識）尤其讓我震動：無論三島本人是不是同性戀者，民間與國際媒體越是渲染三島的同性戀緋聞就對戰後日本官方越是有利。如果各國讀者很在乎三島的同性戀傳聞，就不會太追究（甚至會忘記追究）三島的極右派言行跟日本官方的互惠關係；如果各國讀者不關心三島緋聞，那麼他們就會開始在乎日本官方如何利用三島來做極右派意識形態的宣傳機器。為了維持世界跟日本的和平，各國讀者還是繼續耽溺在三島的男男世界就好。三島由紀夫提供買一送一大拍賣，讀者怎麼好意思說自己不滿足呢？

平岡公威，8 歲。當時就讀於學習院初等科三年級。攝於 1933 年。
他有著符合學童身分的平頭，面容卻神似年華早逝的老人，露出甜蜜而哀傷的表情。（日本近代文學館）

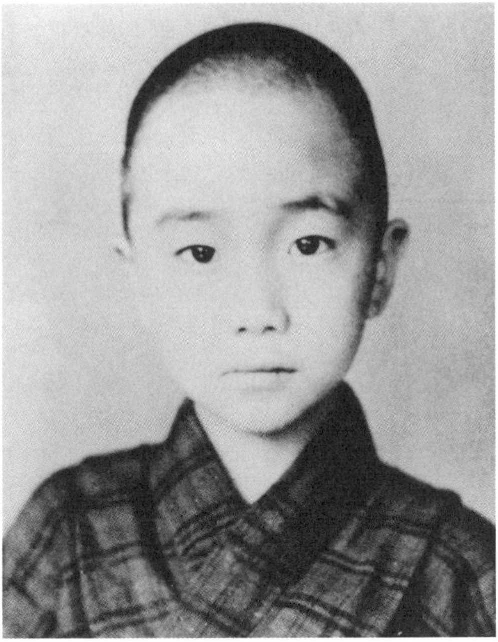

平岡公威，15 歲。當時就讀於學習院中等科。攝於 1940 年。
這時的他孱弱而蒼白，同時還飽受貧血症之苦；但在校成績始終名列前茅，在各方面都表現得相當優異。（日本近代文學館）

平岡公威，21 歲。當時就讀於東大法學部。攝於 1946-1947 年。
儘管受到川端康成賞識，卻因世人對其作品反應平淡而大受打擊，決定走上仕途，而後進入大藏省就職。（日本近代文學館）

平岡公威，31 歲。攝於 1956 年。
這段時期野心勃勃的三島發表了其巔峰之作《金閣寺》，樹立起當代日本最傑出作家之一的形象，同時在海外翻譯出版，奠定了在西方世界的聲譽。（日本近代文學館；攝影：青山四郎）

三島由紀夫與母親平岡倭文重。攝於1950年12月8日。倭文重在後來一直把三島稱作自己的「戀人」，三島則同樣以深厚的愛情回應母親。正如三島曾寫到「母親從我小時候就一直庇護著我」，倭文重甚至會拿著寫好的原稿去拜訪知名作家請對方指點，在暗地裡鼓勵並支持兒子繼續追求文學之路。（Getty）

三島由紀夫與太太瑤子在麻布國際文化會館舉辦的結婚典禮。攝於1958年6月11日。三島要求未來的太太既不能是個裝作有學問的女學者，也不能是追逐名利、好出風頭的女人，他還列出了五項基本要求……（Getty）

三島由紀夫和諾貝爾文學獎得主川端康成。攝於 1968 年 10 月 18 日。
三島一得知川端獲獎的消息後，立刻趕往鎌倉，成為第一個前去祝賀川端康成的朋友。他笑著祝福道：「我早就覺得這次一定是你得獎。」川端則像平時一樣，羞澀地笑著回答：「我是代替你領這個獎的。」（Getty）

1968 年上映的《黑蜥蜴》劇照。由丸山明宏（美輪明宏）主演，三島由紀夫也在戲中客串一角。
三島時常光顧銀座的一間名叫「布魯斯威克」的同性戀酒吧，在那裡結識了十七歲的丸山明宏 ，丸山當時剛成為同性戀酒吧裡的紅人，後來進軍演藝界，以美麗的女裝姿態聞名。更被被三島由紀夫稱讚其美貌為「天上界之美」。
（Getty）

市谷總監部陽臺上高聲演講的三島由紀夫。攝於 1970 年 11 月 25 日。
正午，三島由紀夫現身於陽臺之上。他大步走向陽臺邊緣，從遠處可見他一身棕黃色楯之會制服的小小身影。下面的人只能看到他的腦袋，以及繫在頭上的頭巾，那輪鮮紅的旭日圖案不偏不倚地落在他的眉心上。
三島一躍而起，站上了陽臺邊緣的牆柱頂。瘦小而結實的身形終於完全顯露在眾人面前。制服上的鈕扣反射著 11 月的陽光，而雙手的雪白色手套上沾染的血跡令人怵目驚心。（Getty）

三島由紀夫在楯之會內部成立的小隊。攝於 1970 年 11 月 19 日，也就是「三島事件」事發前幾日。
三島坐在前排，後排左起：森田必勝、古賀浩靖、小川正洋、小賀正義。他們身著楯之會制服，在東條會館拍攝了集體留影，而在這個攝影館裡，婚紗照才是最主要的客戶群（三島還和四人開玩笑說，東條會館的攝影師們就是有本事把每個人都拍得漂漂亮亮的）。（Getty）

三島由紀夫於築地本願寺的公開葬禮，攝於 1971 年 1 月 24 日。
參加這場追悼會的民眾大約有一萬多人，是日本歷史上參加人數最多、規模最大的作家葬禮。（Getty）

重現三島由紀夫的書房。鋼製書桌、桌上擺著萬寶龍及派克鋼筆、鏡面房門。

三島宅邸庭院中的阿波羅雕像複製品。

三島由紀夫紀念館建築外觀。

展示珍貴的 99 本三島由紀夫著作初版書。

「山中湖文學之森・三島由紀夫紀念館」位於日本山梨縣。是唯一一間三島由紀夫的文學館，創立於 1999 年。館內收藏三島由紀夫的手稿、創作筆記、書信、畫作、照片、著作、學術書籍、翻譯書、雜誌、影視資料等，致力於收集、保存三島由紀夫的相關資料。透過這些珍貴的館藏可以親身感受到三島由紀夫戲劇般波瀾萬丈的生涯及文學之美。

（以上照片皆由三島由紀夫文學館提供）

# 目次 CONTENTS

目次

CONTENTS

序言

# 個人印象

美……美的東西如今對我而言是仇敵。

——三島由紀夫，《金閣寺》

我第一次見到三島由紀夫是在一九六六年四月十八日，在東京外國記者俱樂部的一次宴會上，他作為貴賓在餐後發表演說。他的名字讀起來短促有力，三個短母音都是重音。那時候他正值四十一歲，風華正茂，是位公認必將榮膺未來諾貝爾文學獎的著名作家。他的太太瑤子也隨行出席。三島夫婦落座於主席位，身旁坐著美聯社的記者約翰・羅德里克——他是當年的俱樂部主席。我的座位距離主桌還有些距離，但並不影響我對三島的觀察：他身材瘦小，但體格結實，風姿凜冽，頭髮剪得極短，幾乎是平頭的造型，肌膚則略顯孱弱的蒼白。當時我便想：毫無疑問地，他過於操勞了，我知道他經常通宵寫作。三島的英語非常流利，瑤子夫人卻剛好相反。她的身形同樣瘦小，比丈夫年輕十歲，從相貌上也可以看得出來。瑤子夫人苗條纖弱，圓圓的臉龐，那時已育有兩個年幼的孩子，她始終沉默寡言。

是夜，羅德里克先行致詞，簡略講述了三島由紀夫的諸多文學業績。三島生於一九二五年，原名平岡公威，是東京一個富庶家庭的長子，三島由紀夫則是筆名。他在校成績優異，一九四四年以班級第一的佳績從供貴族就讀的學習院畢業時，年僅十九歲便得到裕仁天皇親自授予的銀懷錶作為獎賞。次年，也就是一九四五年，三島接到徵兵入伍通知，但因沒有通過體檢而並未入伍。戰後，他從東京帝國大學法律系畢業，又通過了最艱難、最嚴格的職業面試，終於順利地進入大藏省[1]工作。但不久之後，正當他有望調任地方稅務局局長時，卻毅然辭去了官職，決定當一個職業作家——這是一個更具挑戰性的職業選擇。三島就此抓住機遇，完成了令其成名的長篇處女作小說《假面的告白》，觸及同性戀的主題，於一九四九年正式出版。日本文壇盛讚這位二十四歲的文學天才，而由此開始，三島由紀夫的作品也以驚人速度一本接一本地問世。其中最傑出的作品包括《潮騷》（一九五四年），一部日本版的《達芙尼與克羅伊》[2]；以及《金閣寺》（一九五六年），取材自發生於京都的一起著名縱火案——戰後不久，因一名僧人縱火，使得京都最著名的古剎毀於一旦。這兩部作品都有被翻譯成英文並於五〇年代在美國出版（雖然是《假面的告白》的譯稿最先完成，但擱置幾年後才出版發行，於是才讓《潮騷》這本相對來說較無爭議性的小說搶先面世，奠定了三島由紀夫在西方文壇的顯赫地位，被評論界公認為一位不同凡響的新銳作家。）羅德里克說，三島不只是一位小說家。他還是劇作家、體育家和電影演員。他剛剛完成一部根據他的短篇小說《憂國》改編的電影，並飾演作為主角的一位三〇年代的日本年輕軍官。故事描述了軍官和妻子共同自殺的過程——軍官切腹，妻子則割喉自盡。羅德里克總結道，三島在各方面都展現出才華，就好比是現代日本的李奧納多．達文西。這段有關達文西的讚美略顯誇張，得到的是三島慎重而含蓄的微笑。

接著，三島站了起來。他的演說主要是在談論自己的戰時經歷。他描繪了東京在一九四五年三月遭受的轟炸，熊熊大火吞沒了整個城市，成千上百的東京市民在這個恐怖之夜喪生。「那是我所見過最美麗的煙火表演。」他以一種詼諧的語氣說道。當演說進入尾聲，他用鏗鏘有力但語法未必正確的英語慷慨陳辭，最後竟突然提到了他的太太（「反正瑤子沒有想像力」——說完，他微笑地扮了個鬼臉。）來為演說作結：

儘管在這平和的日子裡（三島在談論他的婚後生活）——我們有了兩個孩子——有時候逝去的記憶仍會反覆浮現於我的腦海。

那就是戰時的記憶。我還記得一個戰時的場景，那時候我在飛機廠工作。為了讓做工的學生們娛樂一下，那天放了一場電影，內容是根據橫光利一先生的小說改編的。時間可能是在一九四五年的五月時節，戰爭迎來了最終階段，當時我才二十多歲，和所有的學生一樣，無法相信我們能從這場戰爭中倖存。我記得電影裡有這樣一幕，畫面裡有一條街道，是戰前銀座的街景，霓虹紛豔閃爍，美麗極了；雖然螢幕上的霓虹光彩奪目，但我們都堅信此生無法看盡這般景

1 大藏省，日本財政部門。

2 《達芙尼與克羅伊》（Daphnis et Chloé），為古希臘作家朗格斯的作品，主要描寫了牧羊人達芙尼與牧羊女克羅伊的愛情故事。知名作曲家拉威爾也曾以此為題材創作芭蕾舞組曲。

致，也再無可能見到這樣的景致。可是，正如各位所知，我們現在確確實實地**看到**了，就在銀座的大街上，霓虹燈變得越來越多。可是有時候，當戰時記憶重現於我的腦海，思緒中便多了些許困惑。在戰時電影中的那些霓虹燈、以及在銀座街道上的真切的霓虹燈——我無法分辨哪一個才是幻覺。

這可能就是我們……我最基本的主題，也是我關於文學最本質上的浪漫主義觀念。那就是死亡的回憶……還有關於幻覺的難題。

三島說得很慢，一字一句都力圖清晰。他的英文發音很古怪，極有特質，會把「artist」（藝術家）讀成是「urtist」。儘管他的英文無論是發音還是語法都說不上準確，但這似乎根本不會令他困擾。他完全沒有裝腔作勢——在這一點上，他實在不像日本人。

三島一坐下來，大家便開始提問。我想知道的是，以如此隨意的口吻談論戰爭的三島由紀夫是如何看待日本發動了戰爭？在我看來，那顯然是個瘋狂的決定。對此三島的解釋十分繞圈子，他將我們拉回到一九三六年的二·二六事件[3]，追溯這一未遂政變對後來珍珠港事件的影響。對我來說他的思路難以理解：你可以感覺到他自己對這個問題有過深入思考，但向外國人解說的時候，又無法明確闡述他的結論。接著，我的一位同行，《芝加哥論壇報》的記者山姆·詹森提出了另一個問題，他想知道日本的「切腹」(Seppuku)儀式，也就是西方人所知的「腹切り」(Hara-kiri)的由來。對此，三島又作出了別具一格的回答(在此我稍微修飾了他的英文)：

曾經，英國電影人巴索·萊特先生也問過我這個問題，我寫信答覆他說：「我無法相信西方的原罪，因其並不可見；但在封建時代，我們相信罪惡潛駐於身體之中，因此，如有必要揭示自身的惡，我們必須剖開肚腹，將**可見的**罪惡掏出來。這也是武士意志的象徵所在；眾所周知，切腹自殺是最為痛苦的死法。他們願以如此悲壯殘忍的方式赴死，正是武士勇氣之最好證明。這種自殺方式是日本獨創的，任何外國人都無法模仿炮製！」

三島侃侃而談時，聽眾間不時發出哄堂大笑。而他也會加入他們，笑聲聽起來獨特而乾啞。哈——哈——哈！這般發自喉嚨深處、充滿緊張感的嗓音令聽者也不禁一陣心癢。他留給我的第一印象是一個古怪、卻讓人頗為好奇的男人，夾雜著令人不安、不自在的感覺。由

3 即一九三六年二月二十六日在日本東京由陸軍「皇道派」青年軍官發動的政變，以「尊皇討奸」為口號，於該日清晨率領近一千五百名士兵襲擊政府重臣及軍方「統制派」高層。本書於後文另有詳述。

此開始歷經數年，直到一九七〇年三島自殺身亡，我一直關注著他的一言一行，並作為倫敦《泰晤士報》的記者，將「理解三島」這件事視為己任。三島由紀夫無疑是他所處時代最有國際知名度的日本人；這不僅是因為如羅德里克在當晚所提及的他在各個領域展現的多才多藝，可能還有別的魅力，比方說演說時的氣魄。甚至於在他去世後的二十五年裡，他仍然是代表日本的聲音，彷彿他根本不曾離開，仍在接受媒體一次次的採訪。對於祖國，他自有一幅獨一無二的願景，並將自己置於強烈尖刻的形象中，這在現代日本找不到第二個人，也沒有人像他那樣徹底地表達自己。日本有句俗話說：「出頭的釘子被錘打。」日本人並不喜歡站出來發聲，因為他們害怕成為眾矢之的；但三島由紀夫是一個例外，他是一個看似如此、又絕非如此的人物，當那個時刻來臨時，他把自己「錘平」了。

一切就留待讀者們自己發掘吧。本書再版之際[4]並未加以任何刪改，除了「後記」部分改寫於一九九五年。

亨利·史考特·斯托克斯

東京，一九九五年二月

4　本書由美國Farrar,Straus & Ciroux出版社於一九七四年發行初版，後由Cooper Square Press出版社分別於一九九五年和二〇〇〇年兩次再版。本文是作者為再版所作序言。

# 第一部

# 最後時日

## 出發

一九七〇年十一月二十五日，三島由紀夫起了個大早。剃鬍時，動作緩慢而謹慎。這將是他死亡時的臉龐。絕對不能有一點醜陋的瑕疵。

他沐浴全身，穿上一條雪白簇新的日本傳統兜襠布，繫好腰帶。然後直接套上了楯之會[1]的制服。

三島的太太，瑤子，此時正好外出送孩子們去上學了。在這棟位於東京西南郊區的西洋式屋宅裡，三島獨自一人。

他檢查了當日所需的一切物品，用一隻深棕色手提箱裝進了短刀、文件和其他必要物件，以及一把日本刀。

最後，他將一只沉甸甸的信封放在大廳的桌子上。裡面躺著他耗費六年苦心創作的長篇小說——《豐饒之海》的最後定稿。信封上寫著新潮社編輯小島千加子的名字，她將根據約定的時間，派人於午前時分來取走書稿。

十點鐘，他打了幾通非常簡短的電話。三島通知了一些記者朋友，希望他們能見證當天將要發生的事件，但他並沒有講明究竟會發生什麼。

十點過後沒多久，他看到一個楯之會的學生穿過大門，走上花園小路。此人名叫小賀正義，五短身材，但鼻子很挺。三島走出家門，迎接他的到來。

他遞給小賀三個信封。信封上分別註明交給小賀正義、楯之會第五班副班長的古賀浩靖以及擔任楯之會旗手的小川正洋，一個蒼白高瘦的學生。

「帶上信，到車上去」，三島對小賀正義說道，「我馬上就出來。你們現在就把信讀了吧！」

小賀於是掉頭離去。

三島再次確認了一遍所帶之物——棕色提箱和日本刀。他將日本刀佩戴在左側腰間，接著大步地走出家門。

此時，隔壁的一棟房子裡，有一個滿頭銀髮的老人看到了他的出行。這人正是三島的父親，平岡梓。

「啊！他又要去參加楯之會的集會了。」平岡梓心裡這樣想著，有些不以為然。

三島走上了郊區安靜怡人的街道。

1 楯之會（楯の会）是三島由紀夫於一九六八年十月五日正式成立的右翼民兵組織，宣揚日本傳統的武士道以及保衛天皇的精神。

楯之會的學生們乘坐的是一輛中型的白色豐田轎車，而車子就停在路邊。

三島坐進前排的副駕駛座，身旁的司機是小賀。他轉過頭去，看向車座後排的古賀和小川。與他們同坐的第三個學生面色沉鬱、體格健碩、有著厚實的下巴，名叫森田必勝，在楯之會的地位僅次於三島本人，也是三島的親密朋友。

「你們讀過信了嗎？」三島問道，「都明白嗎？你們不能自殺。這一點都清楚了嗎？好好注意總監的言行舉止，留心不能讓他自殺了。就這樣。」

三島和森田將進行切腹儀式，其餘三個年輕學生則需要活下來。依據三島信上所言，他們將肩負在法庭上向世人闡明楯之會精神的責任，並追隨「七生報國」（永遠報效國家）的信念——那曾是戰時所用的帝國主義口號。

三島還在每個信封裡放入了相當於一百二十美元的現鈔——三張一萬日圓的紙幣，作為給三位學生處理此事的活動經費。

「好吧，我們走！」三島說，「開車！」

## 總監室內的爭鬥

轎車載著三島由紀夫和四位楯之會青年抵達位於市中心的新宿區市谷本村町陸上自衛隊東部方面總監部[2]，時間離十一點還差一點。

總監部門口的守衛看到前排坐著三島，便朝小賀揮手，示意通過。並同時電話通知總監部，三島由紀夫一行人已經到達。

從正門通往總監部的是條上坡路，小賀正義發動轎車一路往小山坡上開去，最後停在總監部前面一片寬闊的閱兵場角落。

五人陸續下了車。三島朝著總監部大樓走在最前面，手裡依然緊緊提著棕色提箱，日本刀照樣懸掛在左側腰間。

自衛隊東部總監部大樓表面呈灰黃色，共有三層樓高。位在盒狀建築正中間的便是主要出入口，矗立著一座較為低矮的門廊。其上便是二樓附帶的寬敞陽臺，這裡正對著閱兵場，也就是此時三島帶著四位學生經過的地方。

2　日本自衛隊分陸上、海上和航空自衛隊。其中陸上自衛隊按照地區防務又分為北部方面隊、東北方面隊、東部方面隊等七支部隊，東部方面隊負責關東地區防務。總監部即總部。

出來迎接他們的是澤本三等陸佐，他是陸上自衛隊東部方面總監益田兼利陸將[3]的副官，身穿藍灰色的自衛隊制服。

「快請進吧，」他對三島說，「益田總監正在等候您。」

澤本三佐在前領路，楯之會一行人跟著他，走進幽深的大廳。接著，走上螺旋型樓梯，爬上二樓。

「請稍候片刻。」澤本說完，走進位在樓梯口的二〇一室，也就是總監室。

楯之會一行人站在外面等候。

左右兩邊都是又長又黑的走廊，天花板很高。在這一層樓辦公的都是自衛隊東部方面隊的高級長官，負責東京和關東地區的事務。

二〇一室的房門兩側都裝有磨砂玻璃窗。區隔走廊和總監室的只有這層玻璃。

澤本三佐再次出現在門口，說道：「請進。總監在等你們。」

於是三島一行人終於走進了總監室。

澤本指了指門邊排成一列的四把椅子，對著四位學生說道：「你們請坐吧。」然後就退出了房間，將門關上。

三島走上前去問候益田總監。總監頗有威儀，頭髮灰白；他當時五十七歲，曾參加過太平洋戰爭，為人舉止並不高傲，而是穩重而謙遜。

「又能見到您真是太高興了。」他對三島說道。

總監室並不寬敞，頂多四十五平方公尺左右。有著挑高的天花板以及朝南的高大窗戶，往外便能看到陽臺。明烈的陽光穿透玻璃灑落屋內。

這間辦公室有四個出入口：除了連通走廊的主要出入口以及通往陽臺的窗戶，另外在房間兩側牆壁都各有一扇門，一扇通向幕僚長，另一扇則直通副長的辦公室。

「請過來坐下吧。」益田總監對三島說道，並指著一張矮桌，周圍擺放著扶手椅。

三島在益田身邊落座。

「你們請坐吧。」三島對四位穿著棕黃色制服的學生說。根據三島的暗示，他們將椅子朝房間中央處挪動，然後坐成一排。

「總監，我帶這些楯之會成員來見您。」三島說，把四人一一介紹給益田。

益田也點頭示意。

「我們剛剛結束在富士山的集訓。這次訓練活動中，有一些人受傷了，但今天跟我前來的

3 陸將為日本陸上自衛隊自衛官的軍階，相當於上將或中將。佐官相當於校官，總監即司令。

這四位青年表現出眾，還負責將傷者背下了山。」

「啊，是這樣嗎？」

「我想讓他們有幸來見見您。」三島繼續說，「所以才提出今日的會面。今天稍晚我們還有一個楯之會的例行集會，到時將予以這四位嘉獎。」

「嗯，我明白了。」

「我們今天會穿著楯之會制服前來也是因為要參加每月一次的例會。」

「我了解了。」

三島在坐下之前已經摘下了日本刀。此時刀就倚靠在一把椅子上，且在益田總監的視線範圍之內。刀柄上垂掛著一條橘色的流蘇飾帶。

「我說，」一直注意著這把刀的益田開口問道，「你隨身帶著的這把刀是怎麼回事？你進來的時候難道沒有人問起嗎？我不是很清楚刀劍相關的規定，但連我們自己也不會隨時攜帶軍刀了。」

「這把刀不要緊的，」三島答。「這是一件古董軍刀。我帶著藝術鑑定書。」說著，他拿出了一張紙。「經鑑定，這把刀是十七世紀由關孫六打造的真品。」

總監又瞥了一眼這把長刀。刀柄上精緻的菱形凹槽鑲有珠母貝，的確是件珍寶。

「您想看看嗎？」三島問。

「好。」益田答道，「這是三本杉[4]嗎？」這裡指的是關孫六刀刃上特有的波狀紋理。

「讓我來吧。」三島站起身來拿起刀，熟練地將刀抽出刀鞘。他慢慢舉起這件閃爍著銀光的利器。

益田和三島花了一些時間觀賞這把名刀。刀刃的表面上有一些保養的油漬。

「小賀，」三島叫著小賀的名字，「手帕！」

這正是給小賀正義的一句暗號。

小賀起身離座，朝著位於桌邊的這兩人走去。手裡拿著一條輕薄但強韌的手巾。

這就是所謂的「手帕」。按照原計劃，這條手巾是用來制服益田的。小賀本該用這條手巾從背後勒住他。

然而這時，總監突然從「關孫六」旁走開了。他走到自己的書桌，拿了些紙巾來擦拭油漬。

小賀頓時顯得進退兩難。他又不可能在原地等待，那樣就和原定計劃不符了。小賀並未

4　日本刀的刀刃在進行淬火步驟時因溫度差形成的紋理稱為刃紋，而呈現連續的尖角波浪狀的紋理即稱為「三本杉」，也是關孫六系日本刀代表性的刃紋。

臨機應變做出任何反應。

他把手巾遞給了三島，又走回原座。

三島擦拭刀刃的手法十分純熟；他將刀身豎起，欣賞著銳利的鋒刃。這把刀的確是無可挑剔。

這時，總監已經重新走回三島身邊。三島把刀遞給他，益田總監便舉起刀，對著陽光觀察刀刃。

「是啊。我看到了。」總監的視線落在弧形的鋒刃上，上頭繚繞著朦朧的三本杉刃紋。

「太棒了！」益田讚道，「我從沒見過這樣出色的刀啊！」

然後，他將刀遞還給三島，坐了下來。此刻正是十一點〇五分。

三島朝著坐成一排的學生們使了個眼色。小賀正義於是第二度起身向前，三島只是默默地看著他，發出無聲的命令。

小賀正義一個箭步繞到了益田的背後，猛地出手，扼住了他的脖頸。

小賀一出手等於是給了其他人行動的指示。

古賀浩靖和高瘦的小川正洋也上前協助小賀，從口袋裡取出兩捆繩子，將益田的手腳捆在椅子上。

三島移動到房間的正中央，手裡高高地舉著「關孫六」。

此刻，森田必勝的任務是堵住所有門戶。他用鐵絲和鉗子悄聲地封住了門把。實際上現場並沒有什麼牢固的東西可以固定住鐵絲，而他做得也不算完美。幾個人於是合力搬動益田沉重的桌子擋住其中一扇門，又用小書桌和椅子封堵了另一扇，最後還加上了一座小型盆栽。

被縛住的益田總監嘴裡塞著手巾，目睹著這一切。一開始他以為這必定是三島他們的演習。然而當他看向三島的雙眼時，他立刻明白這絕非一場演練。

只見三島直挺挺地站在房間中央，雙目熠熠有光，將刀高舉在空中。

但三島不知道的是，房間設有一個窺視孔。在靠走廊的門左側的磨砂玻璃窗上貼有透明膠帶，可以由此模糊地看見益田辦公室內的狀況。

沒過多久，三島一行人的行動就被發現了。澤本三佐從相鄰的辦公室裡走出來，對著小孔朝裡面張望，想看看他們是不是都就已經就座，可以準備端茶進去。起初澤本的第一個反應是以為幾個學生要幫益田總監做肩部按摩，但再次仔細一看，他便意識到事情不對勁——他看到了繩索和封口用的白色手巾。於是，澤本急忙去找他的直屬上司——原勇一等陸佐。

兩人企圖從正門闖入辦公室，發現已被牢牢封堵，又立刻通知了幕僚長山崎皎陸將補（即少將）等人。當時，山崎正好在益田總監隔壁的辦公室裡和十幾位幕僚舉行會議。他們先是一個個從窺視孔裡觀望益田總監的情況，接著全部集合在山崎的辦公室內。

從這裡自衛官們能清晰地聽到隔壁辦公室裡挪動傢俱的聲響，同時他們正在緊急商議該如何應對。

「這到底在玩什麼把戲？」有人忍不住問。

「我們要進去，把事情問個明白！」山崎說。

至此為止，四位楯之會青年學生已經盡全力設置好障礙物。三島準備進入下一個步驟，也就是要求益田總監下令召集陸上自衛隊東部方面總監部的近千名士兵，以最快速度在總監部大樓外的閱兵場上集合。而三島本人將在二樓陽臺上以楯之會會長的名義發表愛國演說。

然而，事態的發展卻逐漸偏離三島的期望。

十一點二十分，好幾個人猛力敲擊山崎陸將補連通總監室的房門。他們大聲喊著：「開門！開門！」

三島用手勢示意幾位青年站在他的身後，一同緩緩靠近房門，依然威嚴地高舉著日本刀。而小賀正義則握著從褐色提箱取出的短刀，站在益田身旁。他得到的指令便是守著作為人質的總監。

自衛官用拳頭使勁砸門，繼續高聲喊叫：「把門打開！裡面發生了什麼事情？快開門！」

一位自衛官抓著門把，奮力往裡推。門後並不堅牢的障礙物應聲倒塌，五名軍人，包含三名陸佐和兩名士官立刻衝入房內，領頭的正是原一等陸佐。

三島挺身往前，擋住他們的去路。「出去！」他大聲喝斥。

自衛官們已經相當接近三島，但顯得猶疑不定。沒有人帶著槍械武器，只有原一佐握著一把陳舊的木劍，是他衝進來前隨手拿取的。

「都給我出去！」三島再次大聲喝令。

但誰也沒有動彈。

三島猛地揮動手中的日本刀，刀刃帶著風聲劃過自衛官們的頭頂。有人小步躲閃，也有人不禁退縮了。然而幾名陸佐和士官還是緩緩地逼近三島。

「出去！出去！出去！」

突然，三島發動了攻擊。利刃劃出一道斜長的冷光。一名陸佐急忙往後避開，但三島的刀還是劃傷了他的背部。他下意識抬起手臂來抵擋，也沒能躲開第二刀。另一名衝向三島的士官的手腕也受到重傷，差點就要被砍斷了。

「都給我出去！」三島依舊吼叫著。

他怒目而視，狂野至極。

三島再次出手，砍中了另一位陸佐，刀刃飛快地落在他的左右手臂和背部。原一佐只能舉起手中的木劍試圖抵擋來勢兇猛的利刃。

一群人扶著傷者離開了辦公室，房門在他們離去後再次緊閉。被抬出去的自衛官血流如注。

自衛隊緊急集合，立即召開第二次會議。自衛官們相當激動，根本無法釐清思路；對於這場突如其來的騷動他們毫無招架之力。他們的首要考量自然是益田總監的生命安危，其次，他們也在擔憂自己將來的仕途受到影響。一次駭人事件正在發生，究竟誰該為這次事變負責呢？三島由紀夫究竟想從中獲得什麼？正是由於山崎陸將補並未認識到第二個問題的重要性，導致了他後來不明智的舉動；他決定帶領第二個小隊衝進總監室，但既沒有制定周全的行動計畫，也沒有武裝，就連可以抵擋刀劍的棍棒都沒有。山崎挑選了六名部下和他一起執行這次行動。

以山崎為首的一群人於是強行推開了幕僚副長室直通總監室的門扉。山崎第一個衝進房間，而三島就在他眼前，手裡仍舉著沾染了鮮血的利刃。山崎感到遲疑——就在三島的身後，總監部的最高指揮官被綑綁在椅子上動彈不得，持有短刀的小賀正義就守在他的右側。

三島的身旁站著另外三位學生；瘦高的小川正洋持有一根警棍，在他身後的古賀浩靖手裡拿著一個沉甸甸的菸灰缸。最貼近三島的森田必勝則攥著一把短刀。

山崎早已料想到會遭遇這樣的情況，但他仍然難以相信眼前所見。

三島的目光掠過山崎身後的一隊人。在這些人之後還會有多少人衝進來呢？利用手中的日本刀，三島將他們逼往屋子的角落，不允許他們從兩側接近。他帶來的青年學生們並不是訓練有素的軍人。

三島喊道：「好吧，現在你們都看到了！好好看著！如果你們再不離開，我就殺死總監！」

山崎的視線立刻越過三島，看向自己的上司。他希望能得到益田本人的指示。

「再重複一遍，」三島依然高聲警告，「看是要出去，還是要他死！」

「別再幹這種蠢事了！」山崎也扯開嗓門喊道，「你要冷靜！」

「出去！」三島再次大喊。他又朝前逼近了一步，將刀鋒指向山崎。

「別再演戲了！」山崎說。

「你們不離開的話，我就殺死益田總監。」三島毫無退縮之意。

山崎一行人小心翼翼地往前移動，想逼退三島。後面領頭的人已經爬過堆成路障的傢俱，其餘的人則跟在他身後。接著傳來了玻璃碎裂的刺耳巨響；自衛隊的其餘士兵擊碎了位在總監室門口與走廊之間的磨砂玻璃窗，從外往裡頭探視。

剎那間，三島迅速地後退一步。他需要更充足的空間揮舞他的刀。

山崎再次開口：「我們不明白你到底想要幹什麼。說吧。」他試著談判。

三島卻懷疑其中有詐。對方人多勢眾，連同山崎在內共有七人。他自己這邊卻只有三人；小賀正義不得不守在總監身旁。

三島揮刀朝山崎砍去，但故意偏離目標。「出去！」

山崎身後的自衛官們始終蠢蠢欲動。其中一個直接撲向森田。

三島展開了進攻姿勢，他再次將刀高舉至肩頭，腳步向後退了一步，直直朝山崎砍去。山崎試圖彎下腰躲避，但還是被三島砍傷了後背。雖然只是輕傷，但山崎仍一個踉蹌，一名部下見狀趕忙從後面扶住他。

一位自衛官正在和森田徒手廝打，想奪下他手裡的短刀。

另外三個人幾乎同時撲向了三島。

前、後、左、右……三島向四方揮舞著刀，準確地落在他們的手臂、肩膀及背上。

鮮血湧出，染紅了三位陸佐的軍服。

森田敗給了對手，短刀離了手。

「都出去！」三島再次喝令，橫刀劈過他們的頭頂，重申他簡單的要求。「出去！否則我殺了他！」

山崎和其部下已經沒有時間和餘地去思考三島此言是真是假。

「出去！」三島繼續大喊，同時砍向另一位過於逼近的陸佐，直擊他的手臂。

這些自衛隊成員無法理解，三島究竟在幹什麼，究竟要幹什麼？難道，他瘋了嗎？

三島根本不想給他們一絲一毫的時間。他揮動手中的武器令他們節節後退，直到徹底將他們逐出房間。

七位自衛官跌跌撞撞地撤退，剛踏入幕僚副長辦公室，房門就被三島一方關上，再次傳來搬動傢俱的聲音。

山崎雖然沒受重傷，但已是身心俱疲。這時，改由幕僚副長吉松秀信一等陸佐擔起指揮的職責。他傳令集合，並和自衛官們商討對策。

此時，一直從走廊透過玻璃窗口觀察室內的原一佐採取了主動。「你有什麼要求？」他盯著三島大聲問道。兩人隔著破碎的玻璃窗，相距不過咫尺。

雙方開始以喊叫的方式對話。三島堅持讓自衛隊員在總監部大樓外的閱兵場上集合，但原一佐表示這種事情他是做不到的。最終，三島遞給原一份手寫的字條，上頭條列了他的要求。原於是趕忙拿著這張紙前往鄰近的辦公室向吉松一佐報告。雖然他們打電話請示了位於三公里外的防衛廳[5]，得到的指示卻是要他們穩住局面、見機行事。

在總監室內，三島感到焦急。由於自衛隊的兩次進攻，事態已經完全超出了原定計劃。原本他計劃將益田挾為人質迫使對方命令全體自衛隊員在閱兵場集合，然後在十一點三十分發表演說。

但現在正是十一點半。三島擔心自己會錯失良機，行動計畫很可能會付諸東流。

他用布把刀上的血跡擦拭乾淨。然後走向益田，將刀高舉在總監的頭頂。

「拿下封口的手巾。」他對一個學生說。

「總監，現在請聽好，」他對益田說，「我有一些要求。只要您全部接受，我保證您的人身安全。但如果您拒絕，我會先殺了你，再切腹自殺。」

「為什麼要做這種荒唐事？」益田反問。

「把我們的要求念給總監聽。」三島下了命令。一個學生從提箱裡取出一份文書，寫在上面的幾項要求成了益田活命的唯一條件。

「唸！」

立刻讓駐紮於市谷基地的所有自衛官——包含東部方面總監部、第三十二連隊以及通信隊等約千名隊員於正午前在總監部本館前的閱兵場集合。

三島將在總監辦公室外的二樓陽臺上發表演說。

不得有任何干擾打斷演說。全場必須保持肅靜。

自衛隊還需召集正等候在市谷會館(位於基地外的自衛隊集合中心)中的四十位楯之會成員。他們也必須親臨三島的演說。

演講期間為休戰階段,大約持續九十分鐘。期間內自衛隊必須承諾不得攻擊三島和楯之會成員。

演講結束後,三島會安全釋放益田總監。但若休戰協議被打破,或是有此傾向,三島都將殺死總監本人,再切腹自殺。

以上要求必須即刻執行。

「這太愚蠢了,」益田聽罷,說道:「這樣做對你有什麼好處?」

5 防衛廳,日本國防最高機構,二〇〇七年日本政府已將防衛廳升格為防衛省,相當於其他國家的國防部。

三島沒有理睬他的提問。他說：「我會把這份文書遞交給你的屬下。你要命令他們完全遵從我的吩咐。」

他不能在益田身上再浪費寶貴的時間了。已經太晚了。

三島走到了破碎的玻璃窗口前，朝走廊裡張望。

「這裡誰負責？」他大喊，「帶他到這裡來！」

一名自衛官趕忙衝去通報吉松。過沒多久，吉松一佐出現了。「由於山崎陸將補負傷，現在開始由我全權負責。你想說什麼？」

兩個男人隔著玻璃窗注視著對方。吉松看了一眼三島手中的日本刀。

「我已經列出了所有要求，」三島回答，「如果你們不答應，我會殺死總監，再自殺。」

吉松趕忙探頭往房間裡看，果然，益田被綁縛在房間另一頭的椅子上。

「總監命令你們執行我的所有要求。」三島說。

益田默默地點點頭。

「什麼時候？」吉松問。

「現在。馬上！」

這時，已是十一點三十五分。

吉松疾步回到自己的辦公室。自衛官們一致決定要呼叫外援。於是，東部方面總監部致電市谷基地旁的警察局，也叫了救護車。同時，他們也向位於六本木的防衛廳彙報了他們的行動和現況，並決定好由誰去通知全自衛隊隊員；千名士兵將在警方趕到後再行集合。

與此同時，三島和四個楯之會學生則安靜休息了片刻。三島並沒有想到自衛隊叫了警察。

學生們依次從提箱裡拿出了幾條頭巾，正中間都畫上了鮮紅色的日之丸圖案，旁邊還用毛筆寫上了「七生報國」，這是源自日本中世時期一位武將的名言。

「解開衣領，把頭巾繫上吧。」三島對學生們說。

他們的一舉一動走廊裡的自衛官們都看在眼裡。但三島根本毫不在意。他還從放在提箱裡的菸盒裡抽出一支香菸點上，輕鬆自在地吞雲吐霧。

擴音器傳來通知全自衛隊員隨時準備集合的聲音。此刻的三島一行人能做的，就只有等待。

到了十一點三十八分，傳來了警笛聲。起初只是微弱、遙遠的迴響，沿著坡道朝著位於坡頂的總監部而來。接著警笛聲越來越接近，顯然警車已經爬上山坡，進入了基地內部。

一排車停在大樓外的閱兵場上。戴著白色頭盔的醫護人員從救護車上魚貫而下，跑進大樓內，消失在門廊後面的大廳裡。全副武裝的員警也隨行而入。

「來參加集會的客人還不少嘛。」三島說道。

此話剛落，擴音器又響了起來——所有隊員到總監部大樓前的閱兵場集合！一時之間自衛隊員們從基地的四面八方湧現，沒多久就幾乎全體集合完畢。

大樓裡，現場改由警方接管。穿著深藍色制服的員警們出現在破玻璃窗口，緊緊盯著三島。

「他們手上有什麼武器？」警方需要瞭解具體情況。

「三島有一把日本刀。還有一把短刀——益田總監身旁的學生拿著呢。」一名自衛官回答。

警方冷靜地接受了雙方已達成的休戰協定。

他們在樓梯上、走廊裡和每一扇能通往總監室的門口都配置了警員。警方並沒有想過使用槍械武器；三島早已被他們重重圍困。

警方的鑑識人員也在破玻璃窗口待命，他們拍攝的現場照片將在法庭上作為證據使用。三島和森田都被拍下了清晰的全身特寫。

現場情況被隨時通報給六本木的防衛廳以及同樣相距約三公里，位於皇居附近的櫻田門的東京都警視廳。

十一點四十五分，第一批直升機抵達。飛機從皇居方向朝北飛來，其中警方的直升機降落在東部方面總監部後方的停機坪，其餘由報社和電視臺派來的直升機則在大樓上空盤旋，記錄下自衛隊員集結於閱兵場上的情景。媒體還將鏡頭對準了總監部大樓以及二樓的陽臺，以及不斷被擔架運上救護車的傷患。

但是，楯之會的四十名成員卻不見蹤影。稍早其領頭人物拒絕聽從自衛隊的命令，不願前往市谷基地閱兵場集合，因為他們並不知道這道命令其實來自三島。

時針即將指向正午。終於，一個寬矮的身影出現在陽臺上，那是森田，身後跟著小川。兩人是從總監室的窗戶直接進入陽臺的，手裡抱著一些紙張和捲起的布條。

這個陽臺相當寬敞，從總監室的窗戶到陽臺前沿約有九公尺的距離。

森田和小川都穿著棕黃色的楯之會制服，束著頭巾，繫帶長長地垂在腦後，一路走向陽臺前沿探身出去，面向閱兵場上的人群放下長長的布條，用繩子繫在欄杆上。垂下的布條飄盪在半空，上面所寫的正是用以保障益田生命安全的演講條件。

儘管條件之一是全場肅靜地聆聽三島的演說，然而此時的喧囂已經震耳欲聾了。閱兵場上隊員們激動地交談著，警方的巡邏車及救護車的引擎聲大作，同時始終有新的車輛趕到，包括飄著公司旗幟的媒體採訪車。尤其每當直升機一靠近拍攝，更是發出巨大的噪音。

這時，森田和小川開始向下面的人群拋發傳單。有的紙張就這麼乘著微風，散落於閱兵場上。

這些傳單是三島即將發表演說的檄文影本，也是他人生中最後的宣言。其體裁模仿了日本在一九三〇年代由青年軍官發動的一系列軍事政變中所用的聲明格式。

檄文的內容大致如下（節錄自約兩千字的原文）：

我們楯之會成員一直以來受到自衛隊的善待。為什麼對於培育我們的人，今日卻要反咬一口？

這其實很簡單，因為我們崇敬自衛隊。武裝力量才是日本的靈魂。

我們已經看到，國家領導人只把自衛隊當作玩物。因此，自衛隊所要保衛的，恰恰是否認其存在的章程——和平憲法[6]。

更正這個致命錯誤的機會已然失去。一九六九年的十月二十一日，自衛隊理應出動，投入針對反戰示威的戰鬥中。那個時候自衛隊就該奪回權力，要求修訂憲法。

良機已失。國家的榮譽已經危在旦夕。自衛隊是違反憲法的；沒有人採取措施予以挽救[7]。

作為日本人，我們的根本價值正受到威脅。天皇之於日本的地位也得不到扶正。

我們已經白白等待多時，始終沒有看到自衛隊的反抗。如果再不採取行動，西方勢力必將在下個世紀徹底控制日本！

檄文的結尾是這樣的：

讓我們找回日本真實的姿態，並為此犧牲。你們會僅僅重視生命，卻眼看著靈魂死亡嗎？……我們將會讓你們看到，有什麼比尊重生命更為崇高！不是自由、也不是民主。而是日本！日本，存有歷史和傳統的土地。我們深愛的日本。

6（作者注）即一九四七年正式施行、由盟軍起草的日本憲法。

7（作者注）三島指的是根據日本國憲法第九條，日本將永不保持陸海空軍及其他戰爭力量。

閱兵場上的自衛隊員撿起傳單，有人讀了，有的人則將其塞進口袋。大多數的人困惑不解；這些自衛隊員幾乎都很年輕，沒有經歷過戰爭。日本從戰後至今經過了二十五年的和平期，和美國的聯盟、日本的外交政策原則都只受過左翼的批判。對這些年輕人來說，根本沒有什麼經驗能應對來自右翼的這種攻勢。很多隊員知道有「楯之會」的存在，但卻完全不知道楯之會組織的精神和企圖。同樣地，他們也不明白為什麼三島由紀夫——一個聞名於世的作家——會參與其中。而從大樓裡陸續抬出的傷患更增添了他們的困惑：為什麼三島要攻擊、傷害他們的長官呢？

時間來到正午，三島由紀夫現身於陽臺之上。他大步走向陽臺邊緣，從遠處可見他一身棕黃色楯之會制服的小小身影。

下面的人只能看到他的腦袋，以及繫在頭上的頭巾，那輪鮮紅的旭日圖案不偏不倚地落在他的眉心上。

三島一躍而起，站上了陽臺邊緣的牆柱頂。瘦小而結實的身形終於完全顯露在眾人面前。制服上的鈕扣反射著十一月的陽光，而雙手的雪白色手套上沾染的血跡令人怵目驚心。

三島精神一振，挺起胸膛，雙手叉在腰間。

「天皇陛下萬歲！」

「不得不在這樣的環境下對自衛隊演講，實在是不幸的事情。」三島開始了演說。直升機的引擎聲響徹天空。大多數人根本聽不到三島的聲音。

「我一直認為，」三島不顧一切，繼續說道：「自衛隊是日本最後的希望，是日本精神最後的要塞。」

他的話語被直升機的轟鳴所淹沒。

「但是……今天的日本人只想著金錢，只想著賺錢。現在，我們的民族精神到哪裡去了？政客們並不關心日本。他們只知道貪圖權勢。」

三島繼續說道。

「而自衛隊，必須成為日本民族精神之所在。是士兵們！是軍隊！但是……自衛隊卻背叛了我們！」

人群中有人在高聲喊叫。

「別說了！」

「你這混蛋！」

「蠢貨！」

三島被激怒了。「你們聽著！都聽著！聽我說！聽啊！聽我說完！」

他繼續自己的演說。「我們認為，自衛隊是民族榮譽的靈魂所在！」

下面的叫囂聲也在繼續。

「快從那裡下來！」

「我們不認同你說的！」

三島不服輸地回應：「日本現在失去了精神支柱。這就是為什麼你們不同意我的觀點！你們不懂日本民族。自衛隊必須重整是非！」

然而下面的喊聲越來越激烈。

「聽我說！」三島大喊，「請你們安靜！聽我說！」

「混蛋傢伙！」

三島打算不顧一切，繼續演講。

「滾蛋吧你！」有個隊員在下面喊。

「你們沒聽到嗎？」三島也開始反擊，「我叫你們肅靜！聽我說！」

「別再扮英雄啦！」下面有人激動地反駁。

「你們仔細聽好！」三島怒斥。「去年發生了什麼事情？就在十月二十一日那天？有一個示威活動，一個反戰的示威活動。就在去年十月二十一日的新宿。是警方鎮壓了活動。是警察！那已經證明，從那時起一直到將來，都沒有機會再修正憲法了！」

「那又怎麼樣？」

「這說明自民黨和政客們已經認定他們只需要動用警察的力量。警方將負責處理示威遊行。這樣你們懂了嗎？」

「那就快報警啊！誰快去撥一一〇啊！」

三島頑強地抵抗下去，「好好看看吧！政府根本不需要動用自衛隊。全副武裝的部隊就這樣傻待在基地裡。憲法將永遠維持，再也沒有機會修正它了。你們難道不明白嗎？」

「不！完全不明白！」

「我們聽不懂你在說什麼！」

「不！」

「好吧。」三島說。「聽好了！自從去年十月二十一日，自從那時起，是你們在保護著憲法。要是自衛隊維護否定自身存在的憲法，那就再也沒有機會修正了。至少二十年內都不會有！自衛隊一直在等待這樣的機會，熱淚盈眶地等了這麼多年。但現在，一切都太晚了！」

「日本處於和平時代！」

三島看了看手腕上的錶。他的演講還不到五分鐘。

「為什麼你們就不明白呢？想想去年的十月二十一日吧！從那時起我們就一直在等待自衛隊有所行動！你們究竟要到什麼時候才能清醒過來？我一直在等。但不會再有機會修正憲法了！自衛隊將永遠不可能成為國家的軍隊！自衛隊沒有根基，沒有砥柱！可是，自衛隊必須要重振起來，為什麼？」他繼續說著。

「下來！下來！」

「為了保衛日本！你們必須保衛日本！沒錯，要保衛日本！維護日本的傳統！我們的歷史與文化！維護天皇！」

但下面的人群又叫又鬧，不乏嘲笑他的人。

「聽著！都聽好了！聽我說！」

「現在有一個男人正賭上自己的性命向你們訴求！你們聽見了嗎？明白我的意思嗎？如果你們不跟隨著我等一同奮起，如果自衛隊再不清醒，就永遠不會有修正憲法的機會了！」他停頓了一下，「你們只會變成美國人的海外傭兵。變成美國人的軍隊！」

「混蛋！」

「住口！」

「下來吧你！」

在越來越猛烈的喧鬧聲中，三島的聲音幾乎被淹沒了。

「我已經等待了四年！是的，四年！我熱切地希望自衛隊能重振奮起！四年了！」

「我已經走到了生命裡最後的半個小時，」三島說，「是的，最後三十分鐘。我一直都在等待，我希望……」

他的話語被直升機震耳欲聾的轟鳴聲所掩蓋。

「**你們是武士嗎？**你們是男人嗎？你們是軍人啊！那麼，為什麼你們要站在憲法那邊？你們所支持的憲法否定了你們的存在啊！」

嘲笑聲和斥罵聲此起彼落，響徹在人群中。

「那你們就沒有未來可言了！」三島怒吼著，「你們永遠都無藥可救了！這就是結局。憲法會永遠維持下去。你們完了！」

他再次重申重點：「你們是違憲的！聽好了！你們是非法的！自衛隊是違反憲法的！你們通通都是不合法的！」

沒有人對此有所反應。

「你們怎麼還不明白？難道看不出來發生了什麼嗎？你們不明白嗎？正是你們在維護憲法啊！為什麼？你們為什麼不明白呀！我一直都在期待你們的覺醒。但為何你們不願清醒？你們就只管待在自己的小世界裡，根本對日本毫無貢獻！」

「這就是你砍傷我們同志的理由嗎？」

「是因為他們有所抵抗。」三島立刻回道。

「別蠢了！說什麼『抵抗』？」

三島又一次對人群疾呼。「你們之中會有人跟隨我一同奮起嗎？」他停頓了十秒鐘，等待著隊員們的回應。

「混蛋！」

「誰會跟**你**一起奮起啊？」

「瘋子！」

「一個人都沒有嗎？」三島問。

「那**你**又算個男人嗎？」

「說得好！你們沒學過武士道精神嗎？你們明白刀對於日本人的意義嗎？……換我問你們！你們這樣還算是男人嗎？還算個**武士**嗎？」

這時，三島的聲音變得沉穩。「我已經看到答案了，你們都不是。你們是不會覺醒的。你們無所作為。憲法對你們來說根本不具意義。你們根本不感興趣。」

「我對自衛隊的夢想已經破滅了！」他又加了一句。

「下來！」

「去把他揪下來啊！」

「為什麼沒有一個人去阻止他？」

「混蛋！」

猛烈的叫囂聲仍不斷持續，但其實大多數人都只是靜默地看著陽臺上的三島。

「向天皇陛下致敬！」三島激動地喊道。

「天皇陛下萬歲！天皇陛下萬歲！天皇陛下萬歲！」

這時，一直默默站在三島身後，從下方只能看到其頭部的森田也一起高呼萬歲。這兩位楯之會的領袖隨著喊聲，三度高舉雙手。

「擊斃他！」

**「擊斃他！」**

三島這時已經跳下側壁，回到陽臺的地面上。森田緊跟在他的身後，兩人回頭走向總監室。三島彎下腰從窗口進入房間，就此離開了媒體鏡頭的視野；森田則跟隨其後，窗戶被緊緊地關上。

## 切腹

三島走下一小段鋪有紅地毯的階梯，回到總監室。

「他們根本聽不清楚我的話。」他對另外幾個學生說。

森田也跟著他進了房間。

三島開始解開制服鈕扣。他站在總監室連通幕僚長室的門附近，這裡正好是守在破玻璃窗口的警察和自衛隊員看不到的位置。

封住益田嘴巴的手巾已經被取下。他看著三島一把扯下了制服，原來他沒有穿內衣，露出了赤裸的上半身。

「住手！」益田大聲喊道，「這樣做毫無意義。」

「我必須這樣做。」三島回答。「你絕不能跟我一樣切腹自殺。你無須對這件事情負責。」

「快住手！」益田以命令的口吻喊道。

三島不顧他的這番命令，已經解開了靴子上的鞋帶，將脫下的靴子放在一旁。森田走過去，並撿起了日本刀。

「住手！」

三島從手腕上解下手錶，遞給另一個學生。他跪坐在紅地毯上，距離益田只有約兩公尺遠。接著，他脫下長褲，露出白色的兜襠布。三島此時幾近全裸，結實有力的胸膛大幅起伏著。

森田舉刀，在他身後找好位置，站定。

三島拿出一把刃長約三十公分的「鎧通」[8]短刀，握在右手。

小川又拿來一支毛筆和一張白紙。三島原本計劃在紙上用自己的鮮血寫下臨終訊息。

「不，我不需要這個了。」三島說。他用左手在自己左腹上揉出一個紅點，然後用右手的短刀瞄準了這個位置。

森田則把刀高高舉起，朝下凝視著三島的脖頸。他的前額掛著大顆的汗珠，手裡的刀鋒因為顫抖的雙手不斷搖晃。

8 鎧通（鎧通し），為日本刀的一種。通常刀尖部分會比靠近刀柄處的刀身薄上許多，因為可以用來在格鬥時刺入對方鎧甲間的縫隙而得名。一般多為直刃，且長度較短。

三島最後高喊對天皇的敬意。「天皇陛下萬歲！天皇陛下萬歲！天皇陛下萬歲！」

他向前屈身，深深地吐息。背上的肌肉也緊張地隆起。接著，他用力地深吸了一口氣。

「啊——！」三島用盡肺部所有的氣息，發出了一聲狂野的喊叫。

他使出全力將短刀刺進了自己的身體。隨著這一擊，三島的面孔失去血色，右手開始劇烈地顫抖。他弓起身子，準備朝水平方向劃穿腰部；當他試圖扯動在體內的刀刃，身體的肌肉卻想將刀身推出去，使得握著短刀的右手因而劇烈抖動。他於是將左手壓在右手上，一邊抑制住顫抖的刀柄，直直地朝右腹切去。鮮血從刀口噴湧而出，順著腰腹一路流淌至膝蓋，在剎那間把雪白的兜襠布染得血紅。

在最後的奮力之後，三島的頭向前垂下，露出了脖頸。

森田已經準備好揮刀砍下三島的頭顱[9]。

「別讓我痛苦太久。」三島事前就曾對他這麼說。

森田用力握緊刀柄，他眼看著三島面朝著紅地毯倒下。

森田於是揮刀，但太遲了。雖然下手的力量夠大，但這一刀卻偏離了方向，砍在紅地毯上，讓三島的後背和肩頭都受到重傷。

「再來！」另外三位學生大喊。

三島倒在地毯上，發出痛苦的呻吟，浸染在自己的鮮血之中因劇烈的痛楚不停地扭動。腸子正從腹裡流出。

森田揮下第二刀。這一次，他又失敗了。他砍到了三島的身體，但不是脖子。傷口之深十分駭人。

「再來一次！」

森田已經沒有多少力氣了。他第三次舉起寒光四射的日本刀，用盡全力砍向三島的脖頸，卻還差了一點。這一刀幾乎砍斷了脖頸，但三島的頭顱依然垂掛在身體上，鮮血像湧泉般噴出。

古賀浩靖趕上前來。他精通劍道。

「把刀給我！」他對森田說。

古賀補上了俐落的一刀，終於切斷了三島的頸部。

學生們一同跪下。

「向他敬拜吧。」益田說著，盡其可能地朝前彎腰，深深低下頭。

9 森田擔當的是「介錯」一職，即切腹之後執行斬首儀式的人。

學生們默默地念佛。

此時，房間裡只能聽到年輕人的抽泣聲。淚水滑落他們的臉頰，遺體還在湧出鮮血，從脖頸處不停淌瀉而出，浸染了紅地毯。

房間裡充滿著濃重的血腥味。內臟已經流淌到了地毯上。

益田抬起頭來，發現學生們還沒有結束任務。森田正在脫去上衣；另一個學生從血海之中取下三島緊握在右手裡的短刀。三島用它切開了自己的身體，此刻，這把武器被交給了森田。

森田必勝跪在地上，褪下長褲，像三島一樣高聲喊出最後的敬意：「天皇陛下萬歲！天皇陛下萬歲！天皇陛下萬歲！」

森田雖然試圖將短刀刺入身體，但他的手已經沒有足夠力氣，刀刃只在肚子上劃開淺淺的一道傷口。

古賀站在他身後，高舉著刀。

「來吧！」森田說。

隨著古賀的一揮，森田也身首異處了。頭顱滾到了地毯上。鮮血從脖頸處湧動而出，軀體重重地朝前傾倒在地。

學生們再次跪坐敬拜，泣聲不斷。

益田在一旁觀望了整個過程，驚叫道：「夠了！停止吧！」

「請不用擔心。」其中一名學生說。「三島會長告誡我們不能自殺。我們必須把您安全地交還到自衛隊手裡。這是他的臨終命令。」

「你們必須停止，」益田還是叫嚷著，「你們必須停下來！」

學生們於是將益田鬆綁。益田一邊揉捏著手腕一邊站了起來。除了有一隻手嚴重擦傷之外，益田在這場騷動中幾乎是毫髮未傷。

「把遺體弄得體面些。」他吩咐幾個學生。

剩下的學生拿起兩人脫下的制服，蓋在屍體上，遮住了殘缺的軀體。又把兩具屍體擺放整齊，腳對著辦公室的正門口。

接著，三名學生將頭顱立放於被鮮血浸濕的地毯之上。頭顱上還依然綁著頭巾。

三人又在兩顆頭顱前進行了第三次念禱。

敬拜完畢，他們起身走向正門口，將障礙物搬開並打開了房門。

三人站在門口，朝外面望去。走廊上的警察緊盯著他們。三人的楯之會制服都濺染著鮮血，臉上則爬滿了淚痕。

一時之間沒有一個人動彈。

一名自衛官衝上前去問候益田：「總監，您沒事吧？」

益田點點頭。但實際上已是心力交瘁。

警方還是沒有人行動。

「好了，」終於，一位警察的現場指揮官喊出聲：「逮捕他們！」

驗屍官進入了房間。十二點二十三分，他們確認了三島由紀夫和森田必勝死於切腹自殺，且頭顱已被砍下。

對於媒體，在總監部也召開了記者會。一樓的小房間裡聚集著五十多家新聞媒體的記者和攝影師，我是其中唯一的一位外國人記者。

一個自衛隊長官站到了房間前面的講臺上。他宣佈說：「他們死了。三島和另外一個人。」

「什麼叫做他們『死了』？」

「他們的頭被切下來了，是的。我重申一次，他們的頭被切下來了。」

## 「他一定是瘋了！」

人們聽聞三島由紀夫這次行動，第一個反應都是感到難以置信。戰後至今，日本不曾再有過切腹自殺的行為；如果大多數日本人曾經思考過這個問題，也都會認為這種傳統已然滅絕。更何況三島由紀夫可是這個國家在當代最知名的人士之一。

警方對此百思不得其解。一開始，東京都警視廳的官員們根本不相信第一時間得到的現場回報。一名警方高層還派人傳令：「只要身體還有溫度，你們就要盡一切可能挽回他的生命。」

日本媒體同樣徹底陷入茫然狀態。日本知名報紙《每日新聞》的記者為了趕上當天的夕刊，從現場打電話回報社口述了報導內容。但辦公室裡接電話的編輯卻敦促他「再去確認一下事實情況！」一邊先將標題擬為「三島重傷，急送醫院」。

身在東京近郊家中的平岡梓——三島由紀夫的父親——正悠閒地抽著菸、看著電視，這時，電視螢幕上跳出了「三島事件」的即時新聞。

「三島由紀夫……襲擊了市谷自衛隊基地。」

平岡梓心想：「這下不得不去向警方還有其他牽涉其中的人道歉了。真是個大麻煩！」

結果，螢幕上又出現了另一個字眼：「切腹（割腹）」。平岡梓開始擔心：「拿筆的右手可別受傷了才好。但無論如何，現代醫學總會有辦法的吧。」

但下一個畫面，出現的卻是：「斬首（介錯）」。

「我當時沒有特別驚訝。」事後平岡梓回憶起此事，這麼說道。「大腦拒絕接受這個消息。」

有關日本政府對於此事件的見解，在第一時間做出表態的人正是首相佐藤榮作。

佐藤首相身材矮壯，穿著一身正裝，瀟灑地走出議場。他剛結束在秋季召開的臨時國會的演說，天皇也有出席此次會議。佐藤不僅認識三島，也曾給予他間接的幫助，讓自衛隊訓練楯之會團體。

大批記者將剛出來的首相團團圍住，問道：「請問首相大人對於三島事件有何看法？」

「他一定是瘋了。」佐藤說完，一腳跨進黑色的總統型座車，朝首相辦公室揚長而去。

過沒多久，警方公佈了三島和森田的驗屍報告。三島在自己的下腹部切開了一道十二．七公分長、深五公分的傷口。森田的傷口則相對較淺，可見他當下已沒有足夠力量將短刀刺進自己的身體。

究竟是什麼原因迫使這兩人切腹自殺？答案顯然並不像佐藤首相說的那麼單純。

第二部

# 年少時期

1925—1939

但我的內心時常會走向死亡、黑夜、鮮血。

——三島由紀夫，《假面的告白》

三島在最後幾次與我的對話中談到，外國人要想理解日本，實際上是不可能的。他說，我們這些西方人一直以來都忽視了日本文化的「暗面」，並過度聚焦於日本傳統中柔美的一面。這也是三島後半生經常提到的主題；他時常如此闡述自己的觀點：人們對於日本文化中「菊花」所象徵的藝術美已有過多的強調，但關於尚武傳統，也就是「刀」的一面，卻關注得不夠。三島之所以「菊與刀」來作比喻，是出自他對於美國著名人類文化學家露絲．潘乃德之著作《菊與刀》的贊同；這本書在那些對日本文化深感興趣的外國人之間具有深遠的影響。三島一貫致力於闡述日本傳統文化之雙重性，因而對潘乃德讚譽有加，認為她也領悟到了這種二元特質。

我認同三島的觀點。在二戰結束之前，西方社會對於日本的評價幾乎只集中在尚武傳統的部分，普遍認為日本人是天生的戰士——他們野蠻而殘忍，能毫不猶豫地犯下駭人聽聞的暴行，如一九三七年的南京大屠殺。然而到了戰後，西方學者們改變了思路，自一九五〇年以後與日本相關的著作大多著重於探討日本美學。無論是從日本古典文學、禪宗、還是茶道的角度，學者們的論述都意在描寫日本民族對於「美」的獨特感受。然而單一領域的考察並不能完整呈現出日本的全貌；這正是因為日本的傳統同時傳承了文與武的雙重性格。

對我來說，三島由紀夫既是一位作家，也是一名士兵。要想徹底理解這個人，就必須理解他的美學。他在武學領域的耕耘與成就不僅令人感興趣，也顯露他的確擁有某種作為武人的特質；但他在步入成人後的大部分生涯仍是投注於寫作之上，而非自衛隊或者楯之會。在此我想探討的，便是三島在年少時期所發展出來的美學意識。

我對三島早期生活的研究線索主要來自他的自傳體小說《假面的告白》。在三島的諸多著作中，這本書尤為傑出，同時也比他筆下其他任何作品都更好地傳達出他的性格以及成長歷程，將三島獨特的美學觀念表露無遺。《假面的告白》描繪了三島心中的浪漫主義源頭，也就是直接影響他最終決定切腹自殺的理念——在年輕時迎來暴烈的死亡便是究極之美。三島汲取了日本人自古以來認為美來自其暫時性的啟發，這種日本民族獨有的觀點在諸多古典文學中都有淋漓盡致的表現，例如八世紀描寫日本古代史的《古事記》和《日本書紀》，以及最負盛名、成書於十一世紀的長篇小說《源氏物語》。然而，三島又為這種傳統加上浪漫的轉折；他對於西方現代文化——比方說西方搖滾樂和電影中的暴烈傾向——有著與日本古典傳統同等的共鳴。三島從青少年時代起就接觸許多西方觀念，以及西方人耳熟能詳的童年經典讀物。其年少時代最明顯的特徵便是他深受西方文學的影響，諸如安徒生童話、雷蒙・哈狄格[1]的小說與奧斯卡·王爾德的劇作。三島比起同時代的日本人都更加熟悉西方文化，而這也是他很容易就能和外國人結為朋友的原因。

## 出生

三島由紀夫本名平岡公威，生於一九二五年一月十四日，誕生於東京的祖父母家。其祖父名叫平岡定太郎，祖母名為夏子，而他的父母親也同樣住在這裡。平岡家的社會地位在當時堪稱中上階級，不僅定太郎是高級公務員，他的獨子平岡梓——也就是三島的父親——亦是政府高官，這在深受儒教思想影響的日本可說是最為人尊崇的職業。定太郎與出身名門的夏子結婚後，又更加鞏固了平岡家在社會上的高級地位；雖然三島的祖父原是農家子弟，但在階級流動劇烈的十九世紀晚期，他的卑微出身並沒有成為阻礙。自一八六八年明治維新以來，

1 雷蒙·哈狄格（Raymond Radiguet，一九〇三—一九二三），二十世紀初的法國天才作家，十四歲開始寫詩，其後並發表劇本、短篇小說與詩作。二十歲時因傷寒病逝。著有小說《肉體的惡魔》（Le Diable au Corps）以及《歐傑爾伯爵的舞會》（Le Bal du Comte d'Orgel）。

日本的全盤西化促成了社會變革以及工商業的蓬勃發展。在這個全新的時代，有能力的人無關出身都能獲得重用，定太郎於是先是在內務省擔任事務官，後來甚至成為首任樺太廳[2]長官。

三島的母親倭文重是東京一所中學校長的女兒，與梓結婚後在二十歲時懷孕生子。長子公威出生七天後，家庭裡舉行了傳統的命名儀式「御七夜」。三島在《假面的告白》中寫道[3]：

在出生後的第七天晚上，他們讓我穿上法蘭絨的襯衣、奶油色的紡綢內衣、碎白花的縐綢和服，祖父在一家人面前，將我的名字寫在奉書紙上，置於供臺，擺放在壁龕內。

然而，三島的幼時記憶幾乎都不太愉快。他不喜歡他出生的房子，地點位在東京的四谷，「從山坡上看是兩層樓，從山坡下看是三層樓，感覺既昏暗，又不起眼，一棟錯綜複雜、威儀十足的房子。有許多昏暗的房間，六名女傭，加上祖父、祖母、父親、母親，一共十人。」他將原因歸咎於祖父平岡定太郎在被捲入一次貪污醜聞後為了負起責任而辭去樺太廳長官一職，才使得「家中經濟便一落千丈，就像哼著歌溜下斜坡一樣，輕鬆而又飛快。龐大的債務、扣押、變賣房產，然後隨著日漸窮困，病態的虛榮也日益高漲，宛如一股黑暗的衝動般。」

**平岡家系譜**

祖先：兵庫縣農家

平岡定太郎（一八六三～一九四二）——永井夏子（一八七六～一九三九）

祖先：武家名門

平岡梓（一八九四～一九七六）——橋倭文重（一九〇五～一九八七）

平岡公威（三島由紀夫）（一九二五～一九七〇）

平岡美津子（一九二八～一九四五）

平岡千之（一九三〇～一九九六）

三島的祖父從樺太廳回到日本本土後，打算以經商重振旗鼓，可惜事與願違；最後甚至

2 樺太即庫頁島，一九〇五年日俄戰爭後日本獲得該島南部（北緯五十度以南）。日本政府於一九〇七年設置樺太廳管轄該地區事務，在二戰後放棄其主權。目前庫頁島全島都屬於俄羅斯領土。

3 本章節引文若無特別註明，皆摘自三島由紀夫著《假面的告白》，高詹燦譯，木馬文化，二〇一八年。

不得不變賣位於兵庫縣志方町的田地——這是其祖輩從十七世紀就一直傳承下來的財產。時值三島出生的一九二五年，平岡家已是家道中落，「就這樣，我在民風不佳的市街一隅的老舊租屋處出生。」他如此描述這棟現已拆除的舊屋：「這房子有唬人用的鐵門、前庭，以及和市郊的禮拜堂一樣寬敞的西式房間。」

三島的童年無疑是陰鬱的，但這不僅僅是因為祖父定太郎的失敗以及平岡家的衰落，更根本的原因是來自家族內部由三島的祖母夏子引發的矛盾。「出身名門的祖母對祖父既憎恨又輕蔑，她有著堅毅不撓、狂野中帶有詩情的靈魂。」夏子的個性一直都是這個家庭裡最為強烈的，不僅淩駕於丈夫定太郎之上，也完全壓抑了兒子梓的生活。她對丈夫的憎恨多半源自於對其卑微出身的不屑；定太郎並不具備夏子的祖輩和世家所懷抱的武士精神與自尊。他是個開朗快活又略帶輕浮的男人，而三島也繼承了這些特點。不過，夏子嫌惡丈夫還有另一個原因：「她的陳年宿疾——腦神經痛，以拐彎側擊的方式一點一滴侵蝕她的神經，同時為她的理智增添了無益處的清晰。在她嚥氣前，始終如影隨形的狂躁症狀，竟是祖父壯年時所遺留的罪孽，這又有誰會知道呢？」根據奧野健男所著的三島傳記《三島由紀夫傳說》，夏子因為定太郎而染上梅毒，大腦神經也因此受到感染。如此不幸的她還長期飽受坐骨神經痛的折磨，必須仰賴拐杖才能行走。

公威的出生彷彿給夏子帶來了一絲曙光。這是因為公威的父親梓儘管成功進入農林省工作，充其量也只能算是個盡職盡力的普通公務員。對自己兒子的碌碌無為深感失望的夏子於是轉而將所有希望寄託在剛出生的長孫身上。她決意由自己全權負責撫養公威，實際上就是從親生父母的手中將孩子奪走。「我父母住二樓，祖母以二樓養育嬰兒很危險為藉口，在我出生第四十九天，便從母親手中將我搶走。」在傳統的日本家庭裡，婆婆對於兒媳握有絕對的權力；而且，那時候倭文重才剛滿二十歲，身體也非常虛弱，眼看著兒子的嬰兒床都被搬進了婆婆病房裡，卻也無力奪回自己的孩子。「在祖母那終日緊閉、充斥著疾病和老人氣味的病房裡，我的床鋪和她的病榻擺在一起，我就此被養育長大。」到了夜裡，則由護士接手更換寢具等照料工作。

不過夏子無法完全取代母親的地位。哺乳仍由倭文重負責，但就連這種時候也要在夏子的房間裡由她親自監督。根據在三島由紀夫死後其父親梓所撰寫的回憶錄[4]中倭文重的回想：「我們住在樓上，母親〔夏子〕整天都把公威關在她的房間裡，每隔四小時就按動一次電

4 （作者注）即《倅・三島由紀夫》，著者為平岡梓，自一九七一年在《諸君！》雜誌開始連載，於隔年出版成冊。

鈴，鈴聲大到足以讓二樓的我聽到。公威的哺乳時間一定要間隔四小時，而每次的哺乳時間也都被事先規定好了。」只要時間一到，倭文重就必須回去二樓。這種情況持續了將近一年，倭文重迫切地想要奪回兒子，但此時一次正如婆婆夏子早先擔心會發生的事故卻徹底摧毀了她的心願。

倭文重是這麼回憶的：「有一天，母親外出去看歌舞伎，公威不小心從二樓跌落撞到了頭，流了好多血。我們趕緊把他送往醫院，並打電話通知母親。當她一踏進家門，便大聲呵斥：『已經不行了嗎？』那時她臉上的表情至今仍令我膽顫心驚。」關於這段情景，三島由紀夫在《假面的告白》裡亦有類似的描寫：

祖母返家後，站在大門處，以右手的枴杖拄著身子，看著前來迎接的父親，語氣出奇冷靜，像刻字般一字一字緩緩說道：

「死了嗎？」

「不。」

祖母踩著巫女般自信的步伐，走進屋內……

夏子以其無可撼動的威嚴，在之後也不斷地阻撓倭文重想奪回兒子的企圖。此外令人感到好奇的是，她竟然把三島當成女孩子來撫養，而非一個男孩。三島的身邊始終都有護士陪同，儘管這讓他感到厭煩；祖母也禁止他外出，就連在屋子裡跑動都不行；他還必須整天待在一樓，身旁不是有祖母作伴，要不然就是女傭。這個孩子根本無法隨心所欲地自由玩耍。倭文重描述「公威很喜歡拿著尺或是雞毛撢子等長條的東西揮來揮去，但母親總是以太過危險為理由當場沒收。對此公威從來都是默默順從，反而讓人覺得十分可憐。」

這些嚴苛的規矩其實原因都出自夏子：「母親的坐骨神經痛讓她對聲音特別敏感，尤其是神經痛發作的時候。諸如玩具車或是玩具手槍等會發出金屬碰撞音的東西都一律禁止。」但夏子依然嚴厲駁回任何可能威脅到她對小孩控制權的舉動。「每當外面天氣晴朗的時候，我都試著想帶他出去走走，但總是無疾而終。母親會突然從睡夢中驚醒過來，禁止我們外出。因此公威始終待在她那晦暗、充滿疾病氣息的房間裡。」

到了一九二八年二月，倭文重生下了第二個孩子，命名為美津子。但這次祖母夏子完全沒有想要佔有這個女孩；家裡於是形成了兩個孩子分別被限制在一樓及二樓活動的荒謬情況。

若要說倭文重對重抱親生兒子還留有一絲希望的話，那麼這份期望可以說被一場突如其來的惡性疾病給完全粉碎了。一九二九年的元旦，年僅四歲的三島突然病倒了。根據其母親的回憶：「公威患上嚴重的自家中毒症[5]……病情實在太過危急，家裡聚集了所有親戚。我甚至收拾好他平日喜歡的玩具和衣服，準備一起放進他的棺材裡。當時，我在千葉醫科大學擔任系主任的兄長也在現場，他突然驚呼：『看啊！他排尿了；他說不以定會好起來的。』又過了一陣，公威排出了大量的尿，我兄長才說：『已經沒事了！』」這裡的自家中毒症（Autointoxication）並不是西方人常見的醫學術語，而是從日文直譯而來。在《假面的告白》中，三島描述了當時的症狀與急救過程：

> 我五歲那年元旦的清晨，我嘔出一口像紅咖啡似的東西。主治醫生前來診治後說「我不敢擔保醫得好」。然後像在插針似的，朝我注射樟腦液和葡萄糖。我的手腕和上臂都測不出脈搏，就此過了兩個多小時。

根據一位日本小兒科醫師的分析，「這種病常見於敏感、聰敏、又被過度保護的孩童身上，且他們的母親通常很想把他們培養成『好』孩子。」雖然引起公威發作的原因不明，但依我推測這與祖母夏子暴怒無常的脾氣不無關聯；這種病症到了後來也反覆出現，不斷折磨著年幼的三島。

就這樣，三島長成了一個身體孱弱的小孩，我們可以從一張攝於一九二九年夏天的照片看出端倪。照片上的他難得被帶去動物園遊玩，騎在一匹驢子身上，顯得神情渙散，身形瘦弱得宛如洩了氣的氣球；他穿著一身水手服向前臥坐，下巴抵在胸前，看起來就好像隨時都可能虛弱地倒下。

## 童話與幻想

三島自述其病症「平均每個月發病一次，症狀時輕時重。」病情數度十分危急；「後來光聽疾病走近的腳步聲，我的意識便能分辨那是逼近死亡的重症，還是離死甚遠的小病。」祖母夏子依然不允許他外出，也因此從平岡家鐵門之內所能窺見的外界對幼小的三島來說更是具有

5 自家中毒症，即周期性嘔吐綜合症，好發於二至六歲的幼童。發病後會引起連續性嘔吐，嘔吐物包括咖啡狀液體及血絲，導致全身虛脫、意識不清或脫水症狀。

非凡意義。這個面色蒼白、體型瘦弱的男孩對周遭事物異常敏感，哪怕只是匆匆一瞥，任何所見所聞都會在他心裡留下深刻的印象。三島在《假面的告白》中如此描述道：

我最早的記憶以難以置信的清楚影像困擾著我的記憶，就是從那時候開始。

〔當時他大約四歲〕

……走下坡道的是一名年輕人。前後都挑著水肥桶，頭上纏著一條骯髒的手巾，他擁有氣色紅潤的漂亮臉頰和炯亮的雙眸，雙腳承受著重量，一步一步走下坡來。他是專門清屎尿的挑糞人，腳下穿著膠底布襪鞋，下半身搭一件藏青色緊身工作褲。

……藏青色的緊身工作褲清楚呈現出他的下半身線條，感覺他以柔美的動作朝我走來。我就此對他的緊身工作褲感到難以言喻的傾心……

這是因為我從他的職業中感受到對某種強烈的悲哀、令人扭曲掙扎的悲哀，所產生的一股憧憬。若純就感覺的涵義來說，我從他的職業中感受到「悲劇性之物」。

這種情緒，實則出自三島本身。他意識到自己完全被排除在日常人群之外，例如幾次難得的外出途中他所看見的花電車（以假花裝飾的路面電車）司機和地鐵剪票員制服上成排的金扣，也都令他聯想到這種悲劇感。

我的感官極力追求、而我又加以拒抗的某個地方，在與我無關的情況下進行的生活、事件，以及人們，這些就是我對「悲劇性之物」所下的定義。而我永遠被排除在外的悲哀，總是夢想著能轉化至他們以及他們的生活上，我勉強透過自身的悲哀，想要加入他們的圈子。

這麼一來，我感覺到的「悲劇性之物」，或許只是我感覺到自己被排除在外的預感，所帶來的悲哀投影。

即便是成人之後，三島仍在與這種疏離感搏鬥；儘管他能夠融入最普通的日本民眾之間——像是計程車司機、酒保或者自衛隊員，卻無法擺脫幼時家族教育的影響。日本有句俗話說「三歲看一生[6]」，由於夏子對家世的自傲以及家裡其他人同樣看重家族顏面，他被灌輸了大

6 日文原文為「3つ子の魂百まで」，指一個人從小養成的個性或觀念就算隨著年齡增長也難以改變。

量與日本社會現狀不符的錯誤印象，絲毫不知日本早已成為比他所想的更為平等的國家。在公威的認知中，日本社會還是一個由其祖母的祖先松平家[7]以及曾統治日本長達兩百五十年的德川家等家族圍繞著至上的天皇所構築而成的。

三島另一個幼時記憶來自一本圖畫書。「在為數眾多的繪本中，當時我唯獨對那本書裡的一張跨頁圖畫情有獨鍾。」他時常可以盯著這頁圖畫看上好幾個小時都不會感到厭倦：

> 那幅圖畫的是騎乘白馬、高舉長劍的騎士……身上的白銀鎧甲，印有美麗絕倫的紋章。從頭盔中露出他秀麗的臉龐，威風凜凜地拔劍舉向藍天，與「死亡」，或是某個擁有邪惡力量、飛向天際的對象展開對抗。我深信他下個瞬間就會慘遭殺害。

這個孩子完全沉浸在美麗的騎士即將迎來死亡的想像之中。然而護士卻告訴他這個騎士其實是被稱作聖女貞德的女性，徹底粉碎了他的幻想。「我大失所望。我一直以為他是男人，沒想到竟然是女人。這麼俊美的騎士竟然不是男人，而是女人，這有什麼好？」三島認為這名騎士必須是個男性，否則他的死就無法撼動人心。他在《假面的告白》中引述了奧斯卡・王爾德的文字來印證自己的觀點：

縱使命喪葦藺間

騎士之美不曾改

三島從此時就已經對死亡感到著迷。不過：

我還有另一個記憶。那就是汗的氣味。汗的氣味驅策我、激起我的憧憬、支配了我……操練歸來的軍隊從我家門前通過……士兵的汗味，那宛如海風般、炒成金黃色的海岸空氣的氣味，朝我鼻子直撲而來，令我沉醉。

當時他的年齡還不足以理解汗水味所隱含的性暗示，但「士兵的命運、他們職業的悲劇性、他們的死、他們應該放眼的遙遠國度、我對這些事物的感官慾望，都因這氣味在我心中

7 三島的祖母夏子之父名叫松平賴位，出自水戶德川家的支系。水戶德川家屬於德川御三家之一，是江戶時代地位僅次於將軍家的家系。

緩緩又確實地甦醒。」三島極為重視這些在幼年時期以「精心雕琢的完好形象」呈現於他面前的奇異幻象；「儘管日後我從中探訪自己的意識或行動的泉源，一樣沒有任何缺陷。」

暴烈之美、以及青年歷經劇烈苦痛之死成為三島後來多部小說的主題，從一九四六年的《中世》到一九六九年的《春雪》，三島始終認為死得越殘暴、越痛苦，就會越美。他尤其推崇聖塞巴斯提安（St. Sebastian），並從日本傳統的切腹自殺儀式感受到極致的美感。在三島一九六九年發表的小說《奔馬》中，主角飯沼勳最後也是靠著切腹而成為英雄。

孩提時代的三島有很強的表演慾。對他而言「幼年時代是時間與空間相互糾結的舞臺。」他在《假面的告白》接著寫道：

> 我不覺得這世界比堆疊的積木更複雜，也不認為日後我將前往的「社會」，會比童話裡的「世界」更光怪陸離。一個限定就在潛意識中產生。而所有的幻想一開始就是為了抗拒這個限定，以致出奇完整地滲出近似對熱切祈願的絕望。

比方說三島曾看到「夜晚」的幻影：

包圍我床鋪四周、不斷延伸的黑暗中，浮現出金光燦爛的都市……深夜返家的大人們，在他們的言談舉止間還留有某種像暗號或共濟會的東西，而且臉上帶有某種晶亮閃耀、令人不敢直視的疲憊，猶如那用手指碰觸後就會沾上銀粉的聖誕面具，要是伸手碰觸他們的臉，似乎就能明白夜晚的都市為他們彩繪所用的顏料色彩。

接著，一位女魔術師的身影浮現眼前，出自他曾經看過的一場舞臺表演：「我目睹『夜』在我眼前掀開了簾幕。那是松旭齋天勝的舞臺。」三島目不轉睛地注視著這位女魔術師，如此寫道：「她豐腴的身軀裹著一件宛如啟示錄裡的大蕩婦穿的衣服，在舞臺上悠然漫步。」

這個男孩於是渴望把自己裝扮成天勝。我取出母親和服中最華麗、最耀眼的一件。用油畫顏料在腰帶上頭繪上紅豔玫瑰，我像土耳其的大官般一圈又圈地纏在身上，再用縐綢包巾纏在頭上……我將小鏡子插在衣帶裡，臉部抹上薄薄的白粉。」打扮妥當後，他興高采烈地跑去祖母的房間，屋裡正好有訪客，他的母親也在坐在一旁。

「我是天勝！我是天勝！」他一邊跑來跑去，一邊大喊。

三島接著描述：「我的狂熱全集中在自己所扮演的天勝正受到眾人注視的意識上，也就是說，我只看到自己。」但就在下個瞬間，他與母親對上了視線：

我突然瞄到母親的臉。她臉色略顯蒼白，一臉茫然地坐在原地。而當她與我四目交會時，她倏然低頭望向地面。

我頓時曉悟，眼中滲出淚水。

這時我曉悟了什麼，或是被迫曉悟了什麼呢？「罪惡前的悔恨」這個日後的主題，這時便已暗示了端倪嗎？還是說，我從中得到「置身在眾人慈愛的目光下，孤獨看起來是多麼不像樣」的教訓，同時也從它的反面學會我自己一套拒絕愛的方式。

這種裝扮癖一直延續到九歲，後來有一次公威還在弟妹（弟弟千之於一九三〇年出生）面前，裝扮成在電影裡朝著羅馬城前進的埃及豔后。「（她）一身超乎自然的服裝，以及從波斯地毯中露出半裸的琥珀色胴體。」

公威五歲時便學會認字，他讀遍了身邊所有童話書，卻「從來不愛公主」。他只對王子有興趣，「尤其喜愛遭殺害的王子，以及命中注定得死的王子。所有會被殺害的年輕人我都愛。」他讀過日本童話作家小川未明[8]的故事書，也看過許多安徒生的童話作品，然而：

為何在為數眾多的安徒生童話中，唯獨《玫瑰花精》裡那名正在親吻愛人留給他當紀念的玫瑰時，被壞蛋用刀刺殺並砍下首級的年輕人，在我心中留下深刻的陰影？……我的內心時常會走向死亡、黑夜、鮮血，無法攔阻。

此外還有一個匈牙利童話讓他十分喜愛。故事裡穿著黑色緊身衣褲與薔薇色外衣的王子在被龍咬殺之後奇蹟似地復活，接著又「被大蜘蛛逮住、朝體內注入毒液，大口吃進肚裡。」而後王子再次起死回生，這次卻「投身至無數把尖刀排成刀山的洞穴裡。」

三島也喜於沉浸在自己戰死沙場——這或許直接影響了他選擇自殺來迎接死亡——或遭殺害的假想之中。然而，他對死的恐懼卻又比一般人都來得強烈：

有天早上，我欺負一名女傭，把她惹哭了，但她仍舊若無其事地以開朗的

8 小川未明（一八八二—一九六一），日本著名童話作家，被稱為「日本兒童文學之父」。

笑臉伺候我吃早餐，我見狀後，從她的笑臉中看出各種含意。這只給我一種感覺——那是擁有十足勝算才會流露的惡魔微笑。她可能是企圖毒殺我，以此向我報復。我因恐懼而忐忑不安……當我早上有這種感覺時，我絕不碰味噌湯。

終其一生，三島由紀夫都很擔心自己會食物中毒。一位曾在一九六七年和他一同前往曼谷的朋友告訴我，他總是處在極度戒備的狀態。「在當地餐館，他除了煎雞蛋以外什麼都不吃，泰國菜連碰都不碰。回到旅館後還會用蘇打水使勁地刷牙。」自從自家中毒症發作之後，祖母夏子對其飲食的嚴格控管可能導致他日後對食物中毒的恐慌：

以前提到魚，我只知道比目魚、鰈魚，以及鯛魚這類的白肉魚，而說到馬鈴薯，也只知道搗碎過篩後的馬鈴薯，而說到點心，包餡的一概不准吃，所以只吃口味清淡的餅乾、威化餅乾、乾菓子，水果則只知道切成薄片的蘋果和少量的橘子。

三島的母親倭文重則曾如此描述婆婆夏子立下的嚴格規定：「等到公威五、六歲的時候，母親允許我在無風晴朗的日子裡帶他外出。我丈夫曾為了帶公威出門的條件和母親發生好幾次爭執，這才讓母親終於作出了讓步……母親還精挑細選了三個女孩來家裡陪公威玩耍。他們會待在母親的病房裡，而且只准玩像是搭積木、折紙或扮家家酒之類的遊戲……到後來我幾乎不抱任何希望，只給他讀讀故事、陪他畫畫。公威就此迷上了畫畫……而且他在五歲的時候就開始學寫字，讓大人們相當吃驚。」

在《假面的告白》中也能看到與這段回憶相關的敘述：

> 些微的噪音、用力開門關門的聲響、玩具的喇叭聲、摔角，所有音量大的聲響都會引發祖母右膝的神經痛，所以我們的遊戲勢必得比一般女孩玩的遊戲還要安靜才行。

這也難怪年幼的三島會投向童話的懷抱，喜歡獨自看書、玩積木，以及「恣意沉溺於幻想中，或是畫畫」。倭文重倒覺得這個兒子有點古怪：「我們為他買了一台留聲機，但他卻連著兩個小時都在反覆聆聽同一首童謠。」不過這或許只是因為三島缺乏音感也說不定。想必播放留聲機那天祖母夏子並不在家，否則她絕對不可能容忍這種「噪音」。

這時的三島幾乎對祖母言聽計從。從一張攝於一九三〇年夏天的照片上，可以看見五歲的三島站著握住一輛手推車，身後的祖母夏子則將一隻手搭在他的肩膀上。從夏子陰鬱的面容可以想見她深為病痛所苦，有著清楚的下巴輪廓與銳利有神的雙眼，表情十分懾人。但她身前的三島似乎絲毫不以為意，露出了開心的笑容，眼裡閃爍著光芒。雖然他的弟弟和妹妹並沒有接受祖母隔離式的教養，所以相較之下就跟一般孩子一樣自由自在地成長，但據三島所言，「我並不羨慕他們的自由和粗野。」

一九三一年的早春時節，邁入七歲並準備上小學的三島隨祖母拜訪了堂親家，夏子也允許他可以和兩個小堂妹一起遊戲：

在她〔堂妹〕家中，我比在自己家裡還要自由好幾倍。由於可能會將我奪走的假想敵（亦即我的父母）不在這裡，祖母也才能放心讓我自由。沒必要像待在家裡時那樣，時時刻刻將我掌控在視線範圍內。

然而，受此特別對待的我無法徹底享受這樣的自由。我猶如一個大病後首次下床走路的病人，被迫履行看不見的義務，備感拘束。我反而懷念起那可以讓我偷懶怠惰的床鋪。在這裡，我在沒人明說的情況下，被要求展現出男生應有的樣子。

於是，三島邀請兩位堂妹一起玩打仗遊戲。他在庭園來回奔跑，一邊模仿機關槍發出「噠噠」聲，直到逃進屋內並佯裝中彈倒下。當時他「想像自己身體扭曲倒臥地上的模樣，非常愉悅，對自己中槍後慢慢死去的狀態有種難以言喻的快感。就算真的中彈，我可能也不會覺得痛吧……」

三島對於此情節的另一段感想，可以說完整地反映了他的人生觀：

從這時候起，我開始隱約明白，在別人眼中覺得我是在演戲，對我而言卻是想要回歸真實本質的表現，而看在別人眼中覺得是自然的我，反而才是我在演戲。

我那非出於本意的演技，讓我說出「我們來玩打仗遊戲吧」這句話來。

## 校園生活與思春期

一九三〇年代的日本，社會狀況紛亂且時有暴動。但這種局勢並沒有對平岡一家造成太大的影響；三島的父親梓繼續擔任公職並獲得升遷，而年少的三島仍對東京的動盪不安一無所知。一九三六年某日早晨，他在上學途中聽到遠方傳來的軍號聲——這便是在三〇年代震撼日本，規模最大的軍事政變「二．二六事件」。三島記得很清楚那是二月一個積雪的日子，而後也在寫作上把下雪的街道與革命相連結。不過，這起事件並未影響當時平岡家位於中上的社會地位，過著一如往常的生活。

一九三一年四月，三島進入貴族學校學習院就讀，開始了校園生活。他仍然身在祖母的嚴格監控下——夏子顯然無意將孫子的管教權交還他的生母。不過根據倭文重的敘述：「公威開始上小學之後，母親允許我每天親自接送他。能和他一起去四谷公園散步、撿橡果或是唱歌，實在太高興了！」她會買三島最愛的冰淇淋給他吃，尤其每次要帶兒子去看牙醫之前都一定會買冰淇淋來哄他。但孩子的例行作息還是由祖母夏子決定；等三島與母親回家後，必須先和祖母享用三點的下午茶，接著待在夏子的床邊完成家庭作業。夏子無論何時都要求享有比孩子母親更高的優先權；倭文重如此回想道：「要是公威有事先喊『母親大人』再喊『祖母大人』，馬上就會惹得母親相當不悅。也有時候當公威說要找我或是表現出有求於我的態度，我和公威都會受她嚴厲斥責。」

儘管當時學習院是只有貴族、富家子弟以及皇族才能就讀的學校，在教育傳統上仍有自由的一面。每到夏天校方都會帶學生去海邊游泳，以二戰前普遍嚴格的日本學校來說算是難得的享受。但夏子堅決不讓孫子參加這種遠足活動；三島曾在一九三二年（小學二年級）寫下一篇作文表達自己的無奈和遺憾：

去江之島遠足

我沒有去遠足。
今天醒來，我想著現在大家應該都已經在新宿車站準備搭電車了吧。
我總是不禁會這麼想。
我去找了祖母和母親大人。
只要想到他們可能都抵達江之島了，我就好想去啊。
因為我從來沒有去過江之島，所以真的很想去。
我從早到晚都這麼想著，
等到晚上睡著後還做了夢。
夢中的我和大家一起去了江之島遠足。
在那裡玩得好開心，但我卻一步都動不了，因為處處都是石頭。

然後，我就醒來了。

據他的母親回憶，三島第一次遠足是去鹿島神宮。「那時他非常開心，還寄了一張明信片給母親，但很少會寄給我。」終其一生，三島都十分熱衷於造訪他從未踏足之地；無論是新開張的餐廳、還是新落成的摩天大樓，只要有機會，他一定比任何友人都搶先前往。童年被壓抑的強烈好奇心在成年後得到釋放，令他展現出一股特殊的童趣。若有人拿這件事跟他開玩笑，他便會不開心地轉過身去唸道：「別說了！」

可是，在家的日子依然並不好過。如同三島在一九五一年發表的自傳體短篇小說《椅子》中所描述的九歲男孩，他過著毫無樂趣的家庭生活，每當被嚴厲的祖母狠狠責罵之後，都會哭著跑去找母親。無情的責罵讓年幼的三島既害怕又消沉，但祖母夏子仍然不讓他和父母單獨相處，堅持要他回到自己的病房裡。再也忍無可忍的倭文重於是在某天早上把椅子拖到二樓窗口，往樓下房間窺視——她知道這時候兒子必定乖乖地坐在夏子的病床邊。「我看見他的頭，他正在等待祖母和攙扶她的護士從廁所回來。」然而，這時三島的心境並不如母親為他感到難過的那樣，一心只想著逃離這間病房、和其他小孩一樣外出玩耍。事實上，三島喜歡和病重的祖母待在一起，享受那幾近絕望的深切愛情。他具備孩童特有的感知愛意的本能，甚至後來在作品中寫道：「如今我還是習慣在書桌前通宵伏案、過了中午才起床；我的內心仍對那幽暗的房間和病床有所偏好。」當他的母親從二樓守望著自己和護士的時候，三島並不悲傷，反而從心底感到滿足。只不過對於護士他偶爾會湧上一股厭惡感，因為「她總是對我說些下流笑話」（他沒有詳述是怎樣的笑話）；他唯恐母親看到這種尷尬的場面。「我很難解釋自己感受到的憎恨，儘管人們總是希望身邊的人能知曉我們的痛苦和悲傷，但我卻總在掩飾痛苦中隱含的快感。」

隨著夏子臥病在床的時日增加，倭文重決意要找機會從婆婆身邊把兒子奪回來。有一天，她讓一名工讀男傭趁著夏子午睡時偷偷把三島帶出來。時值一九三三年十二月，當天外頭刮著寒風，若按照規定孱弱的三島絕不可能在這種天氣出門。倭文重帶著他去了照相館拍照，「母親的手心裡滿是冷汗，十分冰涼，聲音也異常地悲戚。她似乎本來下定決心要帶我去做某件事，但又在返家途中改變了主意。」這張照片攝於三島八歲的時候，他有著符合學童身分的平頭，面容卻神似年華早逝的老人，露出甜蜜而哀傷的表情。

翌年，平岡一家決定搬家並分開居住。三島陪同祖父母一起搬進新家，父母和弟弟妹妹則搬去相距幾條街道外的另一間房子。在日本，年邁的父母到了一定年紀就要從家裡搬出去，象徵將家主之位交由下一代，稱為「隱居」，而定太郎和夏子正是遵守了這種傳統。然而祖母夏子的身體狀況逐漸惡化，幾乎已經無法親自照看三島。一九三七年三月，從小學畢業的三島終於重新回到父母身邊，此時他的雙親已經搬到另一處距離學習院中學更近的居所。但夏子直到最後都不肯放棄：

> 祖母日夜抱著我的照片暗自飲泣，並和我訂立每週要回來過夜的約定，如果我沒履行約定，她便馬上發病。十三歲的我有位對我深情不移的六十歲愛人。

搬離祖母家之後，三島遵照約定每週都去探望一次祖母；有時候還會陪伴她一同外出。夏子會邀三島一起去劇場看戲；當時三島第一次欣賞歌舞伎的劇目便是《忠臣藏》，講述了在一七〇四年四十七名浪人[9]為前主公復仇後切腹自殺的故事。此外他們也會去觀賞能樂。三島自小就愛好舞臺戲劇，他的家人也予以支持，但由於夏子認為這不適合小學生——也許她腦海中浮現了歌舞伎的流血劇情——因此至今為止都拒絕讓他欣賞歌舞伎和能樂。然而對年過六十的夏子而言每次看戲都相當消耗體力，加上痼疾纏身，身體狀況於是越來越差，三島前往探病的次數也逐漸減少。到了一九三八年秋天，夏子的病情急轉直下，才剛過了年就離開人世，享年六十四歲。

祖母夏子對於三島的影響力無比深遠，她一方面把他當作一位日本女孩來培養，另一方面又教他做人的傲氣，灌輸他自身家系所繼承的武士精神。夏子就曾對他說：「你必須盡一切可能保持高尚。」三島的言行舉止也同樣反映了其祖母的影響力。就算是在成年之後，三島反而覺得「放鬆」是困難的；雖然他主動去學著抽菸、訓練自己的酒量，但卻並不享受菸草和烈酒帶來的樂趣，這可能便是受到夏子希望他嚴以律己的意志所影響。夏子高壓逼人的個性也在某種程度上壓抑了三島的人格；即便他已是功成名就的大人，在他以武士自居的面具下仍存在著敏感而脆弱的一面——容易受到傷害或為他人所影響；儘管無法明確主動地表達愛意，還是渴望別人能好好愛他。然而一旦真的獲得了回應，卻又會馬上逃開。

是祖母塑造了他如此雙重矛盾的個性。一個三島個性強硬、敢於決斷，將自己的身體改造成機器一般，並訂立明確的目標，充分地追求性以及物質上的滿足。相較之下，另一個三島面對生活卻十分消極而畏縮。我在和他的來往中多少感受到了這兩個三島的存在，但幾乎所有人看到的都是強悍的三島，而非他心中另一個害羞、膽小的男孩。在他人生的最後時日裡，三島為自己賦予了強烈的武士形象，但若不是有另一個三島的存在，他就不會寫下《假面的告白》這部透徹剖析自身軟弱和病態想像的著作，同時將自身結合了鮮血意象和性暗示的頹廢浪漫美學連綴其中。

三島的美學中，還夾雜著一種絕望的幽默感。在青春期他飽受性慾的衝動，寫下「我得到奇怪玩具所產生的孩子的煩惱，一直困擾著我。」在他十二、三歲時第一次有了勃起的經驗，「那個玩具常動不動就體積變大，向人暗示著，只要使用得對，它會是個樂趣無窮的玩具。」面對肌肉發達的男性，不論是「夏日海灘上看到的裸體青年、在神宮外苑的泳池見過的游泳選手、與表姊結婚的那名膚色略黑的青年……」都會令他感到性興奮。這讓人聯想到前述他在《假面的告白》提到自己熱衷於「死亡、黑夜、鮮血」，正如他接著提到一系列圖片是如何刺激他青春期的慾望：

> 封面畫有血淋淋的決鬥場面、年輕武士切腹的圖片、中彈的士兵緊咬牙，緊抓著軍服前胸，鮮血從指縫間流淌的圖片、相當於小結[10]的位階，沒有太多肥肉，肌肉緊實的力士照片……看到這些圖片後，玩具馬上好奇地擡頭。

獨自在家時，年少的三島會以奇特的方式發揮自己的繪畫天賦。「要是覺得講談雜誌的封面畫構圖有不足之處，我就先用色筆臨摹，再充分地修正。那是馬戲團青年胸口中了槍傷、跪倒在地，以及走鋼索特技師跌落後摔破頭蓋骨、半邊臉都是血、倒臥地上等圖片。」他把這些畫都藏在書櫃抽屜裡，但常常連在學校上課的時候都害怕會被家人發現，因此根本無法專心聽課。

三島就是在這種微妙的青春期重新搬回了父母家。一位和平岡家族有三十多年交情的友人向我描述了在即將進入青春期的年紀重回母親身邊對三島造成的影響：「當公威和母親同住之後，他深深愛上了這個不幸曾被婆婆殘酷對待的美麗女性。由於他們被迫分開許久，這次母子之間的團聚一點都不普通。何況公威正好處在即將邁入青春期的敏感年紀。」倭文重在後來一直把三島稱作自己的「戀人」（在他切腹自殺之後倭文重曾說：「我的戀人回到我身邊了」），三島則同樣以深厚的愛情回應母親，情感之深彷彿在他一生中都不會和他人有如此親密的連繫。正如三島曾寫到「母親從我小時候就一直庇護著我」，倭文重甚至會拿著寫好的原稿去拜訪知名作家請對方指點，在暗地裡鼓勵並支持兒子繼續追求文學之路。但這些事她都瞞著丈夫進行，

10 相撲的位階。排在橫綱、大關、關脇之後。

因為三島的父親梓一心想讓兒子繼承家族傳統在未來擔任公職，反對三島從事文學創作。對於處處庇護他的母親，三島在一九五三年的散文《繡球花的母親》中如此抒發自己的感情：「母親年輕時是一位非常標緻的美人。這些話由我來說可能有點古怪，但我的確為她的年輕和美貌深感自豪。只要和朋友的母親一比較，我便會產生一股優越感。」

三島死後，倭文重這樣回憶起二戰後兩人的母子關係：

要是我因感冒臥病在床，公威就會非常擔心我是不是快死了。他急忙拿來羽毛被、請人從「濱作」和「福田屋」（當時東京最好的餐廳）送料理過來，還提議我改用西式衛浴，或是幫我換掉家裡那台噪音很大的舊空調，買一台新的……在他還沒結婚之前，他索性就坐在我床邊，一邊寫稿，一邊照顧我。

每當有人送花給他，他都會請女傭（從隔壁的家）搬來我屋裡。有一次我用了秋天的七草來插花，公威很捧場地讚聲連連。

他出去旅行的時候從來不會忘記帶土產回來給家人甚至女傭……如果是在日本國內旅行，只要到了目的地他就會馬上打電話回家分享見聞，並說好回東京的時間。

有一次他提議去奈良的神社參加三枝祭，說那裡在祭典期間會裝飾許多美麗的日本百合。（由於倭文重沒辦法去）當他回來時，手上除了大包小包的行李，還小心翼翼地拿著一枝纖細的粉色百合。當我知道那是他一路從奈良帶回來給我的禮物，我真的非常開心。

公威每個月都會邀請我去看各種演出，像是外國歌劇或是有趣的展覽，一有新開張的餐廳也會迫不及待地帶我一起去。多虧了他，我才能見識到這些地方。

三島自一九三七年進入初中之後，就定期在學校刊物《輔仁會雜誌》上發表作品，母親便是他最忠實的頭號讀者。相較於小學時期他的作文風格被老師批為過於大膽（他喜歡使用冷僻的詞語跟特殊的句式），上了中學才總算獲得肯定，而且身體狀況亦有所改善，成績也越來越穩定。他再也不是學習院小學裡那個經常缺課的羸弱男孩了。

然而，三島的父親堅決反對兒子的寫作志向，因而和支持兒子的母親倭文重時常發生衝突。平岡梓曾被外派到大阪整整兩年，這段期間都和家族分開生活，於一九三九年重新回到東京的時候卻發現三島對寫作的熱情有增無減，讓他氣得有一次直接衝進兒子的房間裡，拿起散落四處寫到一半的原稿，毫不留情地撕成碎片。後來是倭文重端著紅茶去安慰傷心不已的兒子，而此後三島便會把稿子藏在父親找不到的地方。

倭文重正如字面上是兒子的「庇護者」；這不僅僅是因為她對兒子寫作的支持和鼓勵。她出身於書香世家，儘管沒有投身寫作，但要是情況允許也有足夠資格走上這條路，而三島正是她的代言人。倭文重並不像婆婆夏子有明顯的文學偏好（舉例來說，夏子對泉鏡花[11]的異色奇譚情有獨鍾），但至少比丈夫更鍾愛文學和藝術。另一方面，平岡梓則無論如何都想讓才學兼備的長男成為公職人員。他不認為可以靠文學賺錢糊口，而實際上在二戰前的日本，作家也都需要資助者援助才能過活。父子兩人之間的關係稱不上親密，但梓的確為三島的少年時代帶來長期的壓力和影響。作為家中最有天賦的長子，梓期望三島能撐起這個家庭，反觀像個男人婆一樣調皮活潑的妹妹美津子以及穩重靦腆的弟弟千之則不是問題——畢竟在日本家庭傳統中，只有長子才是重點。

我們不難預想這位父親若知曉長男心底都在想些什麼以及他那些青春期所做的幻想，又會做出怎樣的反應。畢竟表面上三島看似一切正常，甚至堪稱模範學生。然而諷刺的是，正是父親平岡梓讓三島發現了令他日後一生魂牽夢縈的那幅圖畫，即聖塞巴斯提安的殉教圖。「某天，我趁著有點感冒而請假在家之便，將幾本父親從國外買回的畫集搬進房裡[12]，細細閱讀……我將所剩不多的頁面往左翻，結果角落裡出現一張圖片，就像是早已等在那裡，專為我而存在。」那是收藏在熱那亞紅宮（Palazzo Rosso）由雷尼[13]所畫的《聖塞巴斯提安》（*San Sebastiano*）。三島在《假面的告白》中如此形容這幅畫：

> 一名俊美絕倫的青年裸身被綁在樹幹上，他雙手交叉高舉，束縛他雙手手腕的繩索緊連著樹幹。此外，沒看到繩結，而遮掩青年裸體的就只有鬆垮地纏在他腰際的白色粗布。
>
> ……要不是他左腋和右邊側腹有深深射入體內的箭，他看起來就像一名羅馬的競場鬥士在向晚時分倚著庭院的樹木，讓疲憊的身軀得以休息……箭深深嵌

11 泉鏡花（一八七三—一九三九），日本小說家。原名鏡太郎，生於石川縣金澤市。青年時期曾師從作家尾崎紅葉。以異色耽美的文風而知名，被視為日本近代幻想文學的先驅。代表性作品有《夜間巡警》和《外科室》、《高野聖》、《婦系圖》、《歌行燈》等。

12 （作者注）三島的父親平岡梓曾作為農林省官員外派歐洲視察，正如其他中產階級受過教育的日本人，深受西方文化薰陶。

13 圭多．雷尼（Guido Reni，一五七五—一六四二）。義大利早期巴洛克畫家，以其神話和宗教題材作品中所表現的新古典理想主義著稱。

入他緊實、芳香、青春的肉體內，以無比的痛苦和歡喜的烈焰從體內燒灼他的肉體。

於是少年三島不知不覺地將手伸向了「玩具」：

我感覺到體內有個黑暗的耀眼之物，正快步往上直衝而來。思緒甫一至此，頓時伴隨著一股天旋地轉的陶醉感爆發開來。

——稍頃，我環視我所面向的桌子四周，慘不忍睹。窗外的楓樹樹影清楚地落在我的墨水瓶、教科書、字典、畫集上的照片、筆記本上。白濁的飛沫灑在教科書的燙金書名、墨水瓶的提把處、字典的邊角上。它們有的慵懶地往下滴落，有的則是像死魚眼般發出黯淡的微光……所幸那本畫集被我迅速伸手擋下，倖免於難。

這便是三島人生中第一次射精。可見，聖塞巴斯提安的殉教圖帶給他多大的震撼！

二十五年後，三島模仿這張圖請攝影師筱山紀信幫他拍了一張照片；他赤裸著身子高舉雙手，在腰際纏上白色粗布，腰腹上插著兩支箭，另一支則深深刺進左腋下方。

三島在《假面的告白》中也描述了他在學習院的初戀，是一名比他年長，名叫近江的男孩。「他應該已經留級過兩、三次，骨架粗壯，臉部輪廓帶有一股我們所沒有、像特權般的年輕光采。他那無來由的高傲個性，就是比人強。」校內男同學間謠傳近江的「那話兒特別大」，這讓三島聽了心底油生某種宛如毒草般的念頭。當時十四歲的他迫不及待夏天的到來，「期望這個季節能賜給我欣賞他裸體的機會。其實我心裡深處還懷有一個更見不得人的渴望；就是想看他那個『大傢伙』的渴望。」而他也並非近江唯一的崇拜者；這個大男孩穿著學校類似於海軍士官的制服，壯碩的身軀「擁有能撐起制服的重量感和肌肉感。」三島繼續寫道：

> 隔著藏青色的嗶嘰布制服可以看出他肩膀和胸膛的肌肉，而懷著嫉妒又愛慕的眼神注視他的人，應該不只有我……我之所以開始愛上力量以及鮮血四溢的意象、無知與粗魯的手勢、粗野的話語、絲毫不受理智侵蝕的肉體所具有的原始憂鬱，都是他的緣故。

三島崇拜所有「那些沒被理智侵犯的肉體擁有者，亦即無賴、船夫、士兵、漁夫」，但卻註定「以強烈的冷淡，站在遠處仔細端詳著他們。」

某次和近江的相遇也讓三島意識到自己另一項癖好：白手套。當時學習院在舉行儀式的日子，按照慣例學生都會戴上白手套。「貝殼鈕扣在手腕處散發陰沉的光芒，白手套的手背處縫著暝想般的三條線，只要戴上它，就令人想起舉行儀式時，禮堂內的昏暗、離去時領到的鹽瀨餐盒，以及一天都過了一半，才能發出開朗的聲音。明明天氣晴朗，卻死氣沉沉地舉行儀式之日，這都是它給人的印象。」

學習院的操場上有一座浪木，男孩們常常在上面玩著讓彼此從適度搖盪的浪木上摔落的遊戲。有一天，近江站在浪木等著擊敗更多對手，在三島眼裡他看起來就像「被逼入絕境的刺客」，戴著醒目的白手套在浪木上搖來晃去。三島被這個場面攫獲了心神：

> 或許是精神上的暈眩，擔心我內心的均衡會因望著他危險的一舉一動而崩毀的不安。在這樣的暈眩下，還有兩股力量在互別苗頭。一是自衛的力量，一是想要讓我內心均衡瓦解的更深、更重的力量。後者是人們常在無意識下委身於它、微妙而又隱祕的自殺衝動。

三島於是主動上前加入遊戲，在浪木上你來我往，兩人的白手套碰撞了好幾次，最後幾乎同時從浪木上跌落。在這短暫的攻防之間一次四目交會，讓三島直覺地看出近江已清楚領會到自己對他的愛。隨後他們前往集合參加儀式，兩人站在同一排，過程中三島多次來回注視著自己與近江白手套上的泥汙；就在剛才落地的時候，兩人的白手套都被弄髒了。然而過沒多久，三島就期待著這段柏拉圖式愛戀的終結，甚至可以說因為預期這份情感必將飛逝而獲得了喜悅。

這份戀情在同年初夏（一九三九年）迎來了終結。那是在一次戶外體操課上，三島因為感冒患上支氣管炎而咳嗽不止，獲准坐在一旁見習，看著體操老師叫來最中意的近江為班上示範引體向上。那天天氣炎熱，近江脫下襯衫，只穿著貼身的白色背心。近江縱身一躍，三島回憶起他「那很適合紋上船錨圖案的雙臂將他的身軀吊在單槓上。」近江就這樣一口氣做了好幾個引體向上。同學們發出一陣讚嘆，三島也不例外。眾人尤其注意到近江腋下濃密的毛髮：

那裡長了這麼多毛，幾乎可說是多得超出需要，就像過多而惱人的夏天雜草，這些都是少年們第一次見識。宛如夏日的雜草覆滿庭院還不滿足，甚至一路往上長到石階上，它們長滿近江那深深鏤刻出的腋窩，一路長到胸部的兩側。

……生命力，那過剩的生命力令少年們為之折服……一個生命在近江不知不覺中悄悄潛入他體內、占領了他，穿破他的身體，滿溢而出，頻頻想要凌駕在他之上。

注意到身邊同學對近江的反應，三島心裡萌生了強烈的嫉妒心；他告訴自己，我已經不愛近江了。從這時候起，三島感覺自己需要斯巴達式的自我訓練，並立下了「必須變強不可」的原則。在往返學校的電車上，他不管乘客是誰都緊盯著直到對方別過視線，以此來證明自己的強度。然而近江引體向上的景象還是給三島留下了難以磨滅的印象；腋下茂密的毛髮成為慾望的象徵，他開始會在洗澡時佇立在鏡前許久，仔細觀察自己纖細的肩膀與單薄的胸膛，期望有朝一日也能擁有濃密的腋毛。儘管當時三島已經十四歲，體重卻連四十公斤都不到。不過隨著時間過去，他的腋毛變得越來越濃黑，足以激起少年心中的情慾；而後當他沉溺於「惡習」（自慰）的時候，也習慣望向自己的腋窩。

在三島剛進初中時認識的學長坊城俊民的印象中，他是「一個瘦弱蒼白的男孩。他這時就已經會發出後來很有名的大笑聲。他閱讀了大量的經典名著，所具備的學識讓人十分吃驚。

雖然我們相差八歲，但他完全理解我的話，有時還會指出我文章中的漏洞。在某種意義上，他從那時起便已是一名成熟的作家。」坊城是學校文藝部社團的成員，在三島第一次向由文藝部出版的校刊投稿時與他結識。三島的詩和短篇小說獲得文藝部學長們的一致好評，而三島也與他們志同道合。恃才傲物的他於是結交了許多上流社會的朋友，例如坊城便是出身貴族，另有一位親友名叫東健（文彥），以及曾建立江戶幕府的德川家後裔德川義恭。

三島上了初中之後，成績突飛猛進，同時展現了早熟的文學素養令他得以和學長們平起平坐，在每一期《輔仁會雜誌》校刊上連載作品。我們能從他在一九三八年發表的《酸模》中窺見與三島日後的文學風格極為相似的特色：充滿諷刺而優美、聚焦於上流社會、並在殘酷中享受癲狂般的喜悅。正如坊城描述「他從那時起便已是一名成熟的作家」，三島由紀夫的喜好與風格從青春期以來幾乎沒有改變。就連在他生命的最後時刻因為總監室內的爭鬥而染上血跡的白手套（這可以從三島在總監部陽臺上演講時的照片上看見），也與年少的三島和近江在浪木對抗中弄髒白手套的情節十分相仿。

三島在《假面的告白》中對近江容貌的描述，也令我想起與他共赴黃泉的楯之會學生領導者森田必勝：

他那微黑的圓臉臉頰有著倨傲的高聳顴骨，而形狀好看、肉厚、不會太過高挺的鼻子底下，有著像是用線漂亮縫出的嘴唇及結實的下巴，從中感覺得出他全身充盈的鮮血在流動著。眼前是一個野蠻靈魂的外衣。

小說裡近江的結局和森田也有酷似之處。在三島的幻想中，他「因而被密告，暗中遭人殺害。他在某個黃昏時分被剝光衣服，帶往雜樹林。在那裡，他雙手高舉，被綁在樹上，第一支箭貫穿他側腹，第二支箭貫穿他腋窩。」三島所想像的近江之死猶如聖塞巴斯提安的殉教，連同他本人和森田的死亡，無一不是流淌鮮血的景象。鮮血將三島領向性慾的巔峰——這既是他最重要的「告白」，也是其美學的核心。武士濺灑熱血之美，一直以來都被日本人比作飄散即逝的櫻花加以稱頌，而三島不過是以有別於傳統的形式，將死亡和鮮血極端浪漫化。

三島這個時期的頹廢風格在其一九三九年的小說《館》得到充分的體現，這也是他生涯中少見的未完之作。故事發生在中世的日本，描寫了一個只能從殺人中獲得快樂如惡魔般的貴族，與象徵神明的妻子之間的糾葛。三島想必企圖在這部作品裡延展他「殺人劇場」的構想，正如他後來在《假面的告白》中描寫的段落：

在那裡，年輕的羅馬鬥士就只是為了取悅於人，而獻上自己的性命。死亡必須充滿鮮血，而且得舉行儀式。我對所有形式的死刑和刑具感興趣。因為拷問道具和絞刑臺不見血，我將其排除在外，還有像手槍、步槍這種使用火藥的凶器我也不喜歡。我盡可能選擇原始且野蠻的武器，像弓箭、短刀、長槍這一類。為了讓痛苦能持續久一點，我鎖定腹部。

三島的美學堅信，鮮血是性感的極致。他的想像力被鮮血和死亡的意象所激發：「希臘的士兵、阿拉伯的白人奴隸、蠻族的王子、飯店的電梯服務員、男服務生、流氓、士官、馬戲團的年輕人等，都慘遭我幻想的凶器殺戮……他們倒在地上仍不住抽搐，我朝他們的嘴唇獻上一吻。」他還幻想出一台特殊的刑具：「將刑架固定在軌道的一端，另一端則是將數十把短刀裝設在人偶、立於厚板上，順著軌道滑行逼近。」甚至，他的想像還觸及了食人的場面，其中最為罪惡的幻想便是一名男孩的獻祭——那是他在學習院的同學，一位游泳技巧高超、體格健壯的少年。少年被勒昏、剝得精光，接著被放在一個和人一樣大的西式盤子裡，由廚師端上了餐桌。等待用餐的正是三島本人：

「這裡比較好切吧。」

我將叉子插向心臟。一陣血水直接噴了我滿臉。我開始以右手的刀子緩緩切下薄薄的胸部肉片……

相較於日本的古典美學，這種幻想恐怕有更多是來自西方文學的影響。三島在《假面的告白》也提到「殺人劇場」的構想是受到波蘭作家顯克維支（Henryk Sienkiewicz）在小說《你往何處去》（*Quo Vadis?*）中對古羅馬競技場的描寫所啟發。三島尋求著具現化這番景象的方式，也因此發現自己站在一條只能通向死亡的道路；若想要存活，他除了捨棄這種浪漫美學意識之外別無他法。

# 第三部

# 青春漫遊的時代

1940—1949

就連對自己死亡的預想，也會因未知的歡悅而令我戰慄。我感到自己擁有一切。

——三島由紀夫，《假面的告白》

# 浸潤於古典文學的少年

十五歲時的三島最大的興趣便是學業和文學。至於外貌則仍跟坊城俊民形容的兩年前的他一樣，孱弱而蒼白，同時還飽受貧血症之苦——他私下自認為這完全是由「惡習」引起的。但相對於小學時代，他的身體素質的確明顯提升，也擁有極高的專注力。他在全班六十名同學中成績始終名列前茅，各項科目都表現得相當優異。可是，這樣的優等生卻彷彿與周遭隔絕；他無法從同儕身上學到任何東西，只因三島早熟的才智使他在同齡學生間成為超然的存在。加上父母以他身體虛弱為由，向校方申請破例讓他不用遵守校規中要求在校寄宿兩年的規定，於是更加劇了三島和其他同學的隔閡。因此，他一進入初中反而結識了不少高年級的學長和老師，例如年長三歲的東文彥就成了他的親密好友，還有國文老師清水文雄積極鼓勵他勤於學業與文學創作。清水於一九三八年從成城學園轉往學習院任教，是三島初中時最親近的良師，他常會利用午餐或放學後的課餘時間接受清水的指導。

三島的文學素養因而日益深厚，他閱讀了日本著名小說家谷崎潤一郎、里爾克[1]、雷蒙·

1　里爾克（Rainer Maria Rilke，一八七五—一九二六），德語詩人。以發掘出德語的音樂性與可塑性而聞名，深刻影響了現代詩歌發展。

哈狄格和奥斯卡·王爾德的作品，並期許有朝一日自己能仿效哈狄格，同時也為王爾德的頹廢美學——《莎樂美》是他最喜歡的劇作——所深深吸引。三島由紀夫美學中對於死亡之美（正如二十歲便英年早逝的哈狄格）以及鮮血之美（施洗約翰被砍下的頭顱，沙樂美曾給予親吻）的意象自此成型，而里爾克的詩篇所描繪的天使則令他找到了「黑夜」的源頭。無庸置疑地，他的「內心時常會走向死亡、黑夜、鮮血」。

三島的文學修養在當時的日本青年之間堪稱異常出眾，但他原本就是一所特殊學校中的特異學生。學習院中之所以沒有人禁止他閱讀王爾德或哈狄格，僅是因為他們被視為次等種族的作家（當時官方帝國主義思想認為日本民族高人一等，註定要統治他人）；另一方面，因為對中產階級多有著墨而遭軍國主義者抵制的谷崎潤一郎在中產階級學子眾多的學習院則更不會受到批評。三島在校外也會接受指導，母親倭文重幫他引見了當時聲望很高的浪漫派詩人川路柳虹，此後三島便定期請這位導師指導他寫作；在這個時期他的作品仍以詩歌為主。三島很喜歡與川路老師一同創作，他在一九五六年《寫詩的少年》[2]中這麼寫道：「少年的心輕易脫離肉體開始思考詩句。這一瞬間的恍惚感。充實的孤獨。異常的輕快。徹頭徹尾的明晰酩酊。外界與內在的親和……」三島大部分詩作都是像這樣委身於感官想像世界的輕鬆小品，但也有例外。一首題為《凶事》的短詩便歌詠了黑夜：

每個夜晚
我佇立窗前
期許著異事發生
等待著邪惡的預兆
一場沙暴向街道襲捲而來
宛如懸於夜空的彩虹

三島死後，文學評論家江藤淳認為這首虛無主義的短詩為「三島所有文學作品的基調提供了線索。」

這時期的三島看起來仍保持著被動的同性愛傾向。他僅僅從遠處注視近江，也不會跟學校內這方面的風氣扯上關係。他實在太過靦腆，又不住宿舍，因此他的「機會」相對地也比其他同學少。和許多住宿學校一樣，學習院也有許多青春期男孩會被同性吸引，但主要還是對異性更感興趣。三島在《假面的告白》中寫道：

2 引文摘自〈寫詩的少年〉，《憂國——暴烈美學的極致書寫，三島由紀夫自選短篇集》，大牌出版，二〇一六年二版一刷。

單就那宛如烙印般的好奇心這個層面來說，我也一樣，青春期似乎一同造訪了我們。到達這個時期後，少年們想的全是女人，臉上直冒青春痘，滿腦子衝動，因而寫下甜美的詩句。

三島意識到自己和他們不一樣。當別的少年似乎從「女人」這個字眼感受到異常的刺激，「『女人』這個字眼對我來說，就像看到鉛筆、汽車、掃帚等字一樣，從未感受過更深的印象。」然而在此之前，他從未想過自己竟是如此與眾不同：

到頭來，我根本什麼都不懂。不知道除了我以外，每個少年入夜後，他們昨天在街角上看到的女人，一個個都一絲不掛地在他們的夢裡四處行走，不知道女人的乳房就像從夜裡的深海浮出水面的美麗水母，一再浮現於少年的夢中……

他對自己的性傾向感到不安，因而讓「接吻成了我的固定觀念」，並說服自己相信這種慾望不過是肉慾，盡全力偽裝真實的內心。對此無意識間感到的內疚於是執拗地迫使他「有意識地演好這齣戲」。

學業、文學與青春期衝動佔據了三島此時的生活，這段期間他也持續和東文彥以書信交流感情。然而，外在的國際局勢迅速惡化，日本轉向與英美敵對。一九四〇年七月，許多駐日英國僑民被以間諜罪遭到逮捕，同年秋天日本與德國、義大利在柏林簽署《德日義三國同盟協約》，緊接著又於翌年四月與蘇聯締結了《日蘇互不侵犯條約》。一九三〇年代，日本軍方內部就戰略方針分裂成兩派；一邊是認為對日本來說最大的威脅來自蘇聯，因而鼓吹向北方進攻的「北進派」，但這一派在一九三六年的二·二六事件之後便聲勢銳減。另一派則是認為應該向南方英國、荷蘭和法國在亞洲的殖民地發動攻勢，稱為「南進派」，在後來也逐漸掌握了政權。隨著一九四〇年德國納粹橫掃歐洲的計畫得逞，南進派人士更加確信自己主張的策略是正確的。然而美國仍然是個大問題；想要在軍事方面壓倒美國是不可能的。日本軍方於是指望羅斯福政府能專心面對太平洋區域的僵局，而希特勒最好能給予英國致命的打擊，以便日本直搗澳洲和印度，徹底摧毀大英帝國的勢力版圖。依循此一大方針，自一九三〇年以來就掌控了日本政府的軍方於是決定向美國艦隊發動先制攻擊，計畫偷襲珍珠港，甚至直到襲擊前夜仍在外交上佯裝與美國談判，導致後者毫無防範。一九四一年十月，東條英機被任命為內閣首相兼陸軍大臣，後又兼任內務大臣、軍需大臣和總參謀長等軍政要職，為全面戰爭做好了萬全準備。

就在戰爭如火如荼進行之際，十六歲的三島正著手出版他的處女作《繁花盛開的森林》，該作品先是連載於其恩師清水文雄曾參與編輯的文學雜誌《文藝文化》。這部小說堪稱是三島文學才華的初次覺醒，展現了他過人的文辭天賦，字裡行間的富饒與浪漫讓他的師長和前輩們都為之震驚。清水文雄的同事蓮田善明在一九四一年出版的《文藝文化》九月號的後記中評論道：「《繁花盛開的森林》出自一位極為年少的作者之手。對於他的真實身份，我們打算暫時保密……這位年輕作者乃是悠久日本古典文化的寵兒。」受到蓮田如此盛讚的《繁花盛開的森林》的確是部傑作，全文以「祖先」為主題，分為五個部分，講述了生活在歷史上不同年代有著貴族氣息的祖先們各自的故事。其中第三節便描述了十九世紀末明治時代一位前伯爵夫人在與丈夫離婚後，維持近四十年宛如尼姑般的獨身生活經歷；另一節則描繪一位昔日的宮女所遭遇的神之意象。蓮田善明是個熱血的民族主義者，他之所以深為這部作品所打動，是因為三島的文字傳達了未受當時軍國主義瀰漫的庸俗風氣汙染之前的古典日本面容。其華美的文采流露出對往昔歲月的濃厚鄉愁，以一個十六歲的少年的文筆來說著實令人訝異。三島的語文造詣明顯凌駕於他的前輩們，而他終其一生在創作上也酷愛使用罕見的漢字，使他在同時代的作家之間獨樹一格。

《繁花盛開的森林》凝聚了日後三島文學開花結果的種子，不僅是三島初次在校外發表的處女作，還象徵著他本人悲劇性思考的成熟。在這部小說的末尾，一位故友前去探望年老的前伯爵夫人，請她說說當年對海的記憶，然而老夫人婉拒了，並說道：「那早已經不知都到哪去了。」這一幕，正好與三島在近三十年後的遺作《天人五衰》的結尾多有呼應。

以《繁花盛開的森林》為契機，本名平岡公威的少年開始使用三島由紀夫這個與他共度餘生的筆名。當時是一九四一年夏末，編輯部同仁在清水文雄位於目白的家裡開會時，考量到公威還太過年輕，清水提議發表文章時最好使用筆名。他提出「三島」這個姓氏，出自位於富士山和南方海岸線之間的一處地名，從那裡能看到最美的富士山雪景。清水文雄也想出了「Yukio」這個名字，靈感源自日文中的「雪」（yuki）。他們於是開始商議筆名該用什麼漢字，儘管「三島」兩個字並無爭議，但「Yukio」可以有很多種寫法。公威自己提出了「由紀雄」，文雄則建議將「雄」改為同樣發音的「夫」來為名字添增浪漫氣息，因為著名詩人伊藤左千夫的名字裡也有一個「夫」字（反對三島志向的父親梓後來聲稱這個筆名是兒子翻閱電話簿再用鉛筆隨便一指決定的，但這並不正確。）

就在《繁花盛開的森林》連載結束當月，戰爭正式勃發。一九四一年十二月七日的珍珠港事件點燃了太平洋地區的戰火，但促成這次襲擊的來龍去脈至今仍有爭議。有一次，三島對我說：「日本是被迫加入了戰爭。」這是當今有很多日本人都認同的觀點，但三島和我的對話發生在一九六六年上半，當時還沒有多少日本人敢公開談論二戰、以及一九四五年日本遭受原子彈轟炸後的慘痛戰敗。很多日本人仍相信珍珠港事件只是一次「防禦性軍事行動」，其目的是為了衝破ABCD包圍網（即對日本採取經濟制裁的美、英、中、荷四國）——由於美國羅斯福總統下令對日本實施石油禁運，日本是出於自衛才不得不襲擊夏威夷和遠東英國殖民地。且不論戰爭爆發的緣由為何，戰爭確實大幅左右了三島由紀夫的人生和他最後的自裁行為。一位與三島同一時代的歷史學家橋川文三就曾指出：「解釋三島由紀夫切腹自殺的最大關鍵，便在於參照他在年少時期的戰時經歷。」戰爭雖然沒有立刻改變了少年三島的生活，但他和其他學習院的同學都堅信當校園生涯結束之時，等待著他們的必定是入伍徵召，以及幾乎確信無疑的死。

## 對一切的反諷

起初，戰事還沒有直接影響到平岡一家。這時四十七歲的平岡梓已經過了被徵召的年齡，他終其一生盡其所能謀求更高的官職，於一九四二年三月從農林省退休，開始經營一家小型的律師事務所。這一年平岡家的大事便是梓的父親、也就是三島的祖父平岡定太郎在同年八月離開人世，享年八十歲。

一九四二年三月，十七歲的三島從學習院初中部升至高中部。至今為止他的成績十分優異，連續三年都在班上六十名學生之間排名第二，幾乎所有科目都拿到最高評價，只有一個學期的體育表現較差。部分成績表如下：

| 第一學期 | 第二學期 | 第三學期 | 平均成績 | |
|---|---|---|---|---|
| 排名 | 2 | 2 | — | 2 |
| 平均表現 | 甲 | 甲 | — | 甲 |
| 道德 | 上 | 上 | 上 | 上 |
| 國文 | 上 | 上 | 上 | 上 |
| 作文 | 上 | 上 | 上 | 上 |

其他像是書法、英語、歷史、地理、數學（幾何和代數）和化學也全都是「上」。只有體育類的體操、操練和武術得了「中上」。尤其相較於小學和初中，出勤率也有了明顯提高；病恙已幾乎不再影響他的學業。

但是在一九四二年四月進入高中部的時候，三島經歷了一次失望的打擊。他在《假面的告白》中寫道：

——戰爭開始後，偽善的禁慾主義風靡了這國家的群眾，高中生也不例外。我們從進初中時就憧憬的「蓄髮」願望，儘管日後升上高中，一樣還是實現無望。

儘管如此，三島仍被高中老師新關良三視為明日之星，在老師的指導下開始研習德語（文學和法律）。他加入了文藝部社團擔任委員，在不久後便成為委員長；同時還在班上擔任班長一職。身為公認的模範學生，三島在校刊上相繼發表了一些愛國短歌[3]。在四月刊登的詩作《大詔》中，三島表達了願意追隨皇室之祖天照大御神並效忠天皇的決心。另一方面，他在古典文學方面的造詣也愈加深厚，研讀了隨著戰時民族主義興起而重新受到注目的《古事記》和《萬葉集》[4]。到了夏天，三島發表了一篇關於《古今集》的論述，可以看出相較於文辭雄勁有力的

《萬葉集》，這本編纂於十世紀充滿纖細與哀愁情感的和歌集更符合三島的品味。同時他也與好友東文彥合作創辦了文學雜誌《赤繪》，用來刊登他們自己的創作。

與此同時，戰事愈演愈烈，若借用昭和天皇後來在《終戰詔書》中的形容，便是「戰局並未好轉」。一九四二年四月，東京上空首次出現美軍轟炸機，儘管這次空襲規模並不算大，但足以表明如果日軍在戰場上陷入不利，日本本土必將受到嚴重威脅。到了六月，中途島海戰扭轉了美日戰局，美軍一舉擊沉日方四艘航空母艦，摧毀了大批日軍戰鬥機，因而重創日本海軍，從此一蹶不振。這也連帶使得日本陸軍不得不放棄經由新幾內亞島入侵澳大利亞北部的計畫。實際上在中途島海戰之後，日本便已走上了戰敗之路。儘管在這之後戰爭又持續了三年，犧牲了無以計數的生命和財產，但早在一九四二年秋天的瓜達康納爾島戰役之後，日軍變得只能一味採取守勢。

這段期間，三島和相信這是一場「聖戰」的文人們來往密切。《文藝文化》的靈魂人物、比

3　短歌，日本和歌形式之一，由五・七・五・七・七的句體所組成。

4　《古事記》成書於八世紀，是現存日本最早以記載神話和歷史傳說為主的史書。《萬葉集》為日本現存最早的和歌總集，約成書於八世紀中期，書中收錄了四千五百餘首作品。

三島年長二十一歲的蓮田善明就曾向他提倡應為效忠天皇而死的理想。作為能將日本古典精髓詮釋到當代語境中的傑出學者，蓮田曾撰寫論文探討七世紀悲劇的皇族大津皇子；他在文中寫道：「我認為人就應該在年輕之時迎來死亡……並確信死於青春便是我們國家的文化。」蓮田因而對年輕三島寄予厚愛與摯望，他們的友人富士正晴曾撰文回憶某次蓮田與三島道別的情景（刊登於一九七一年二月的《新潮》雜誌）：「有次我們去拜訪蓮田先生，離開時他一路陪同三島前往車站，直到看不見列車為止都站在月台上目送三島。蓮田先生顯然對三島寄予厚望，將這名奇才視為自己珍藏的寶物。」

蓮田善明出生自九州熊本一個世代為神職的傳統家庭，是個清瘦而神經質的老師。他曾參與中日戰爭，後因負傷遣送回國，但到了一九四三年又再次接獲徵召，派往馬來西亞。三島在後來為一九七〇年出版的蓮田善明傳記[5]撰寫序言時寫道：

> 他（在日本）的敵人從未嘗試理解、也不曾想要瞭解蓮田先生暴烈的怒氣和絕不妥協的性情之源頭；一切純粹是源自他堅定的溫柔。
>
> 我有幸在少年時代就領受過蓮田先生的溫柔關愛，也親眼見識過他對著別人瞬時迸發怒火的壯觀場面……對我來說蓮田先生是一位詩人般的古典文學學者，

將從古代到近代的古典中流淌的抒情引流至現代，因而我對他憤怒的對象一無所知。

……當蓮田先生第二次被徵召的時候，實際上便是踏上了小高根先生所謂的「賜死」之旅，當時他在離去前必定將某個重要的信念寄託於我，然而天真的我長久以來都不明白自己到底被託付了什麼。至少在聽聞蓮田先生自殺的死訊時，我就應該要立刻有所領悟……

儘管還是個高中生的三島並不能完全理解蓮田，但他的確與蓮田的種種理想產生了深沉的共鳴。

圍繞著《文藝文化》形成了一個小規模的民族主義文學團體，而蓮田更激勵三島去接觸更多相信這個國家正在從事聖戰的高知識份子。這群人被稱為「日本浪漫派」，是由擅用華麗詞藻與自命不凡的學識造詣讚揚聖戰的評論家保田與重郎帶頭掀起的文學思潮。一九四二年，

5　原文出自小高根二郎著《蓮田善明とその死》，筑摩書房，一九七〇年。

三島蒐集了許多浪漫派作品，其中包括浪漫派代表性作家伊東靜雄的詩作，並開始與伊東靜雄保持書信往來。相較於保田與重郎的評論，三島對伊東的文風更有共鳴，但這並沒有阻止他於一九四三年專程拜訪保田與重郎。然而保田的思想對年輕的三島來說實在過於偏激，且文意晦澀難懂——這是浪漫派作家的通病，唯獨伊東靜雄除外。對浪漫派多有研究的學者江藤淳曾在與我的對話中歸納了浪漫派文學運動的中心思想：「他們篤信毀滅的價值，尤其是終極的自我毀滅；同時也看重『情感的純粹性』，儘管他們對此並沒有明確定義；他們呼籲肅清自私自利的政黨政治家以及唯利是圖的財閥[6]，以達到維護國體的目的。他們相信自我毀滅會與天皇的恩賜神秘相繫，進而帶來重生。日本民族在他們眼中具有絕對的優越性。」

浪漫派的激進主張深深迷住了年輕的三島。「浪漫派」這個名稱源自保田與重郎在一九三五年至三八年間主編的刊物《日本浪曼派》，其思想深受十九世紀德國浪漫派的影響，廣泛左右了當時的日本社會，並結合戰時日本的國學（最初由日本十八世紀著名古典思想家本居宣長[7]提出的類民族主義思想）復興思潮、甚至馬克思主義的元素。這種以獨特形式折衷的日本思維甚至受到軍政高層人物支持，保田與重郎更是出色地引領著這波風潮。保田的言論如今看來莫名其妙，但實際上在當時，他善用諷刺的表現手法——這是浪漫派的核心要素——也同樣令其觀點顯得模稜兩可、模糊不清。保田在戰前發表的知名反諷言論包括：「我僅僅以一個旁觀者的身份來發表意見：我認為假使德國打贏了戰爭，事情將變得更**有趣**，所以我希望德國能取勝。我從歷史的角度來看待文化，因而覺得每當要改朝換代的時候，神明總企圖讓歷史變得更趣味娛人。」「即便日本在這場戰爭〔指中日戰爭〕中落敗，日本仍可說是完成了一次名留世界歷史的壯舉。從意識形態而言，想像日本的戰敗便是最偉大的浪漫。」對保田來說，歷史事實並不是最重要的，而是被這些事實激發出的情緒才更為「有趣」。他強調這就像英雄的所作所為是否符合正義根本不重要，當事人也絕不會為此多想，因為所謂絕對的敗北或是完全的勝利本來就不存在，贏家在任何情況下同時也是個敗者。

三島尤其對浪漫派讚揚死亡和毀滅的思想有所共鳴。經由對一切的「諷刺」歸結出死亡——即世界的毀滅——才是終極價值，這正好與三島從年少時代就開始懷抱的幻想有異曲同工之妙。但三島並沒有完全追隨浪漫派的思維；年輕的他此時已經擁有極其理性的一面，而像浪漫派這樣好似在為即將面臨一番劫難的國家量身打造的意識形態並不能讓三島滿足。在

6 財閥，指以家族為中心出資並經營各項事業的大型企業集團。

7 本居宣長（一七三〇—一八〇一），日本江戶時代著名思想家，為日本國學的集大成者，大力推崇以神道為代表的原始日本文化精神，排斥儒學以人為方式訂立處世基準，主張回歸自然與神性。國學主在研究並宣揚未受外來文化影響前的日本固有文化思想，進而發展出日本為「神國」、「萬國之國」的理論，其中強調自身文化優越性的思維在日後也成為日本極端民族主義的溫床。

這個時期，他除了受到浪漫派的薰陶，也接觸了以二十世紀初日本著名作家森鷗外[8]的禁慾主義為代表的日本傳統倫理觀。

三島不僅嘗試模仿森鷗外的文學，也仿效其為人，根據他在長篇散文《太陽與鐵》裡的描述，這種傾向在一九五〇年以後尤其明顯。這部作品完成於一九六八年，書中以告白形式探究自身的創作，並說明他的文體受到了森鷗外的影響[9]：

> 我的肉體等同於孤立，我的文體也處於孤絕的邊界……毋庸置疑，這樣的文體逐漸地背離了時代的時尚。我的文體充滿對句，有著老派作風的威嚴感，並且也不乏品格，不論走到哪裡，我都要保持典禮式的莊重步伐，就連經過別人的寢室也要以同樣的步伐走過去。我的文體如同軍人那樣，始終抬頭挺胸。因此，我瞧不起別人那種駝背歪身或彎著膝蓋、更甚者或搖晃著腰肢似的文體。

然而在《假面的告白》的某些段落中，也能發現三島的確具有浪漫派的傾向：「這在這段期間，我學會了抽菸喝酒。話雖如此，抽菸只是學人做做樣子，喝酒也是。戰爭教會我們莫名感傷的成長方式。那是以二十多歲的年紀斬斷人生、展開思考。之後的事完全不去預想。」這種狀態使三島感受到極致的「愉悅」：

我的人生之旅，雖然老想著明天就要出發，卻是一天拖一天，數年的時間過去，始終不見動身的跡象。或許這時代正是我唯一可感到愉悅的時代吧。雖然不安，但那終究也只是模糊的感覺，我仍擁有希望，一樣能在未知的藍天下望見明天。旅行的幻想、冒險的夢想、我總有一天能獨當一面的自畫像、我尚未見過的美麗新娘畫像、我對名聲的期待……

生活在學習院這個和平又安全的環境下，這時的三島對戰爭完全抱持著肯定態度。

那個時代對我而言，就連戰爭也是孩子氣的歡悅。我當時真的相信，自己就

8 森鷗外（一八六二－一九二二），日本小說家、翻譯家兼醫學家。本名森林太郎，出生於日本石見國（今島根縣）。森鷗外曾任軍醫並派赴德國留學，歸國後開始翻譯外國文學以及文學創作，並創辦了日本最早的文學評論雜誌《柵草紙》。知名作品有《舞姬》、《雁》和《阿部一族》、《山椒大夫》等。

9 引文摘自三島由紀夫著《太陽與鐵》，邱振瑞譯，大牌出版，二〇一三年初版。

算中彈，恐怕也不會覺得痛，如此過度狂熱的夢想，現在一樣絲毫無衰退的跡象。就連對自己死亡的預想，也會因未知的歡悅而令我戰慄。我感到自己擁有一切。

三島將「對名聲的期待」寄予在《繁花盛開的森林》的出版上，為此他試圖接觸更多文壇人士。浪漫派著名詩人伊東靜雄引薦他認識了七丈書院的文學編輯富士正晴，這家位於東京出版社雖然規模不大，但十分具有影響力。富士正晴在後來回憶起一九四三年初次與三島由紀夫見面的情況，對他的印象是「面貌蒼白、頭很大，在粗黑的眉毛下睜著一雙圓圓的眼睛……是個相當注重禮節的高中生。」富士還把他介紹給詩人林富士馬認識，而當林向他勸酒的時候，三島禮貌而果斷的婉拒方式反而讓林更加中意他。

三島希望富士正晴能出版自己的書，但這實際上卻非常困難。當時的出版物都要事先經過軍方審閱，使得許多日本知名作家因此無法順利出書，不過這對三島來說並不成問題，因為他的小說至少是符合「皇國文學傳統」的。真正的問題在於紙張匱乏；幾乎所有資源都拿去作為戰爭之用，根本沒有多餘的紙可以印刷《繁花盛開的森林》。

一九四三年十月，三島接到一個壞消息——他的好友東文彥去世了。三島決定停辦兩人一起創刊的文學雜誌《赤繪》，還在學習院的季刊上發表了追悼文。這段期間，他感到自己的命運難以預測；軍方已經開始徵召大學生，而他也只剩下一年就要離開學習院了。

邁入十九歲的三島依舊是個浪漫的空想家。不僅如此，他的幻想變得越來越誇張、自戀。對此著有《日本浪漫派批判序說》的橋川文三曾如此評論：「他把自己設想成天才，相信自己能變幻自如——哪怕是成為日本天皇、大將軍、文學奇才，或是美的特攻隊。他認為自己潛藏著無限可能性。」然而，現實卻是殘酷的。此時外表仍然弱不禁風、「為自己瘦弱的胸膛和纖瘦蒼白的臂膀感到羞慚」的三島在一九四四年五月接受了徵兵站對適齡青年的體檢。當時他尚未畢業，還特地回到兵庫縣志方町接受檢查；這裡是他祖父定太郎的老家，也是平岡家的原設籍地，儘管那裡早就沒有任何家族地產了。檢查體力時，軍醫笑他竟然連一個米俵都舉不起來（當地的農村青年孩子都能輕鬆將米俵高舉過頭頂十幾回），但還是將他列為「第二乙種」。這意味著他通過了徵兵體檢，遲早都將被編制到部隊裡（假使三島是在東京接受體檢，他想必會立刻被編入部隊擔任軍官，但是父親平岡梓希望藉由讓兒子回農村老家體檢，看能不能拖延被送上戰場的時間；若是運氣夠好，說不定在三島入伍之前，戰爭就結束了也說不定。）到了一九四四年七月，三島和班上其他同學被送往鄰近日本海的舞鶴海軍機關學校，接受為期兩周的軍事培訓，這也是三島人生中第一次的軍隊生活。翌月，他又被派往東京附近的沼津海軍工廠進行三十天的義務勞動。此時的日本政府號召全國總動員來為與盟軍的決戰做好準備，就連部分學生也被強制投入生產工作；然而一九四四年七月東條內閣的總辭其實已暗示了包括天皇在內的日本領導人都對戰敗心裡有數，但仍不考慮投降。同年六月日本軍方提出召集自殺式特攻隊襲擊美國艦隊的戰術，並於一九四四年夏末秘密進行此計畫。

在學習院的最後一年，三島依然表現出眾。一九四四年九月，三島以第一名的成績從高中畢業，還榮獲由天皇親自授予的銀懷錶。三島在校長陪同下乘坐轎車前往皇居領獎，形容當時的校長是個「眼中積著眼屎的老先生」。多年後，三島曾於一九六九年在東京大學和學生的辯論會上回憶當時的情景：「我看著陛下坐在那裡，整整三個小時未動分毫，就在我的畢業典禮上。我從陛下手中接過了銀懷錶……這是我的個人經驗，而我無論如何都無法否定那時候留下的印象。當時的天皇儼然是個絕對的存在。」

典禮結束後，平岡家也慶祝了一番。這一天全家拍照留念，照片上的三島留著剃得極短的平頭，嚴格遵守戰時學校的髮型要求。在戰火蔓延的這幾年裡，他的形象有了極大的改變，不再是十五歲時那個面孔蒼白、有著閃亮雙眼以及粗黑濃眉的靦腆少年，而是變得外表成熟，有著清楚的下巴線條以及自信神情。照片上三島的家人圍繞在他身邊，十四歲的弟弟千之穿著短褲，才剛邁入青春期不久，臉上長了些痘子；一旁的美津子當時十六歲，輪廓深邃且顴骨較高，算不上是個美女；父親平岡梓是全家最顯英俊的一個，略見灰白的頭髮也剃成軍隊式的平頭；三十九歲的倭文重則看起來神色勞累，給人消瘦但精明的印象。這也難怪，因為她必須在戰時物資與糧食匱乏的情況下一手包辦家中事務，當平岡梓逍遙地享受退休生活之際，倭文重卻不得扛起維持家計的重擔。

照片裡三島的父親看上去意氣風發自然有其原因。他在這時贏得了一次勝利，即人生中第一次成功強迫兒子違背自己的意願、聽從他的安排報考了東京帝國大學[10]法律系，並專攻德國法律。三島本人本來希望就讀文學系，但無論如何都想讓兒子走上仕途的平岡梓堅持一定要選法律才行。對此後來三島曾表示，「父親唯一讓我覺得感激的便是他強迫我在大學裡攻讀法律。」平岡梓的選擇之所以正確並不是因為他所想的理由，而是因為三島最終發現法律有助於刺激他的創作思維。

眼看就連大學制服也陷入短缺，三島於是遵照當時慣例向前輩借用制服，並約好之後一定歸還。然而，大學生活時刻都遭受戰爭的威脅。他在《假面的告白》中提及：「我明明比誰都還要害怕空襲，卻又抱持著某個甜美的期待，等候死亡的到來。」並接著說：「戰爭時流行的

10 於二戰後（一九四七年）改稱東京大學。

死亡教義，令我產生感官的共鳴，萬一我『光榮地戰死』（這和我很不匹配），就能很諷刺地結束我的人生，而躺在墓地裡的我，可就有說不完的笑料了。這樣的我，每當警報響起，逃往防空壕的速度比誰都快。」

東京帝國大學無疑是日本全國最優秀的大學。實際上以學術水準而言，學習院並非是一流的。當初之所以選擇進入學習院，是因為祖父定太郎看中它是個充滿貴族氣息的學校，而這正是夏子所熱切期望的，不然其實倭文重的父親擔任校長的東京開成中學或是東京第一高等學校的水準還比學習院更勝一籌。也因此能從學習院考入東大，對平岡家來說顯然是值得慶賀的成就。東大自十九世紀末創建以來便培養出許多國家領導人才，而後一八八六年政府頒布的《帝國大學令》在第一條明定「帝國大學應以教授國家所需之學術技藝並研究其奧秘為目的」，將東大更名為「帝國大學」，其威名至此更加顯赫。拿到東大文憑等於擁有直接進入政府機構的「通行證」，無論是從政還是從商，東大畢業生都享有特權。不過東大作為高等教育學府也有其缺點，那就是與政界過於親近導致校風欠缺藝術與自由意識，甚至在二十世紀初還率先停止聘用海外教授。儘管如此，東大仍是日本的最高學府，很多其他大學、包括私立大學在內都不過是視之為模範的迷你版東大。

三島在一九四四年十月進入東大。一般來說他應該要等到隔年三月從學習院畢業後於四月升上大學，但戰爭打亂了原本的入學時程，甚至於中斷了三島的大學學業。才剛進東大沒多久，三島就被派往位於群馬縣距離東京約八十公里遠的中島飛機公司小泉工廠從事義務勞動。三島在學習院時代便經歷過兩次學生勞動，但期間都很短，相較之下這次的動員卻是無期限的。東大在實質上已和其他大學一樣，都被迫服從政府號召全國總動員為戰爭效力的要求。

這座飛機工廠主要負責量產特攻隊駕駛的零式戰機，因應一九四四年十月日軍決定派出「神風特攻隊」作為挽救頹勢的最後手段。三島在《假面的告白》中形容這座飛機工廠十分不可思議，甚至會讓人覺得這裡的經營者應該是個日本浪漫派思想家：

這座大工廠是在完全不必考慮資金回收的神祕生產經費下建造而成，奉獻給巨大的虛無。每天早上都會做的神祕宣誓，背後也有其原因（這宣言是敬獻給天皇的）。我從沒見過這麼不可思議的工廠：近代的科學技術、現代的經營方法、眾多優秀頭腦所產生的精密合理思維，這一切全部獻給一樣東西，那就是「死亡」。這座專門生產特攻隊零式戰鬥機的工廠，感覺就像會自己發出聲響、低吼、號啕、怒吼的一種黑暗宗教。

因為如此，這家飛機工廠很容易成為美軍轟炸的目標，每當空襲警報拉響，所有人都會直奔位於周邊松林的防空壕。三島也和其他人一樣匆忙撤離，手裡還不忘攥著寫到一半的新作品《中世》的原稿。同一時間，三島的處女作《繁花盛開的森林》在富士正晴的努力下於一九四四年十月由七丈書院順利出版，封面上描繪著叢花的扇形相當典雅，首印的四千冊在上市一周後便全數售罄，還在東京上野舉辦了一場紀念出版的慶祝會。能在戰爭最後一年出版一本書的確是項了不起的成就，三島由紀夫也因此在文壇一躍成名。

根據三島在一九六四年發表的自傳式散文《我青春漫遊的時代》，他因為預期自己不久後就會被徵兵入伍，而且大概很難活著回來，所以才想出版一本書當作紀念。對於世間對他的批評，三島也承認自己「現今重讀《繁花盛開的森林》初版的序文時，就感到不自在，雖然文中寫的不全然都是自己，但是在這些文字中，我發現到自己或多或少的投機主義者的影子。」令人慶幸的是《繁花盛開的森林》相當大賣，這才讓他「感到何時死亡亦沒有遺憾了。」

儘管如此，三島依然覺得自己還有事情要做。當時的他沉浸在自我陶醉的想像裡無法自拔，最後甚至幻想自己是室町時代將軍足利義尚的化身，並「開始撰寫『最後的』小說《中世》，因為我隨時可能接到徵召令被迫中斷寫作。」足利義尚（一四六五—八九年）是在京都興建了銀閣寺、但在政事上毫無作為的將軍足利義政之子。他意圖與被父親指定為繼任者的叔父足利義視爭奪將軍繼承權，雖然最終獲得了勝利，卻在年僅二十四歲的時候於一次征討中病逝。以繼承問題為導火線引發的「應仁之亂」似是日本歷史上最具破壞性的內戰，堪比中世紀歐洲的百年戰爭，長達十年的戰亂幾乎將京都化作一片焦土。三島正是藉由描寫這段首都因戰火變得殘破不堪的古史，來對應當時東京同樣在連日空襲下化作廢墟的處境；他擁有能找出事物驚人相似之處的洞察力。

三島預感堪比應仁之亂的劫難即將再次籠罩日本；他想著不管自己有沒有接到「赤紙」（即兵役徵集令），等待著日本的未來就只有如戰時口號所喊的「一億玉碎[11]」的悲劇。他後來也在《我青春漫遊的時代》中寫道[12]：「現在，我之所以感到隨時可能爆發核子戰爭，或許是出於過去某個時期的情感體驗而投射到未來的吧。二次大戰結束已十七年，我卻尚未有現實的感覺。如

11　為太平洋戰爭時日軍使用的口號。當戰線逐漸轉移至日本本土時，日本軍方以此號召全體國民人人皆兵，抱著必死的覺悟抗爭到底。所謂「玉碎」即是強調寧願自毀也絕不投降的精神。

12　引文摘自三島由紀夫著《我青春漫遊的時代》，邱振瑞譯，大牌出版，二〇一七年二版一刷。本章節引文若無特別註明，皆摘自此書。

果說這是因為我太過於憂患，那亦是我的性格所致，沒什麼話可說。然而，明天可能因為空襲而毀滅。事實上，經歷過空襲那種昨日存在的東西今天卻消亡的時代，它給人的印象之強烈，僅憑十七年的時間是難以抹滅的。」面對戰時無常的毀滅，三島只能「始終以自己的感性支撐著。至今回想起來，似乎有些愚蠢，但在當時，這是無可奈何的生活方式。」

三島待在飛機工廠的時候曾寄了明信片給清水文雄，告訴他自己正在努力嘗試把葉慈[13]的獨幕劇《鷹井之畔》(*At the Hawk's Well*)翻譯成能樂的腳本。但三島最終還是放棄了，因為他的英語水平實在不足以勝任這項艱難的工作。對此三島曾寫道：「僅此一例，也足以說明葉慈和戰爭末期的時代不是簡單的結合，我並非要把不能連接的東西，努力去把它們結合起來，而可能是我拚命地想要捨棄當時的現實，我身旁已經沒有文學的交際活動，因此盡可能投注於小小的孤獨之美的趣味吧。」

## 在恐懼的日子裡

一九四五年初，戰火的威脅開始逼近日本本土。美國海軍先是進攻了菲律賓的雷伊泰島並成功佔領，接著橫掃呂宋島，順利奪回了太平洋中部和西南部的諸多島嶼。此時天皇的幕僚已在暗中準備投降，但帝國軍隊仍負隅頑抗，試圖阻止盟軍的推進，傷亡極其慘重。三島一邊等待著不知何時會送來的徵集令，一邊在群馬的特攻隊戰機工廠義務勞動並持續創作。一九四五年二月，《中世》的第一回開始在《文藝文化》雜誌上連載。他在《我青春漫遊的時代》回顧當時的心境：

在這樣的日子裡，我的確有踏實的幸福感。一來不需擔心就業問題，二來不必煩憂考試，雖說配給的食物有限，但自己不需操心未來或為此負責，所以我覺得這生活過得幸福，在文學上也很滿足。既沒有出現評論家，也沒有競爭者，只有我獨自享受著文學的樂趣……那時期我不覺得那樣的自己是一種負擔。換句話說，我生活在無力狀態中……

但「赤紙」終於還是來了。那是在一九四五年二月十五日的深夜，當時三島正好暫時離開

13 葉慈（William Butler Yeats，一八六五—一九三九），愛爾蘭知名詩人、劇作家。曾於一九二三年獲頒諾貝爾文學獎。早期創作屬於華麗的浪漫主義，後期則轉向現代主義風格，畢生都熱衷於探討神祕主義。

飛機工廠，返回東京探望家人。徵集令上要求他前往老家兵庫縣志方町準備入伍，且隔天一早就得動身。三島於是在出發前寫下一封遺書：

遺書　　　　平岡公威

父親大人、母親大人、恩師清水先生
以及學習院和東京帝國大學在學期間承蒙指導的諸位師長
在此感謝多年養育教誨之鴻恩
另學習院同級及諸位前輩之友情亦沒齒難忘
願諸君前程似錦
妹妹美津子、弟弟千之請代替兄長
向父母傾盡孝心
尤其千之應謹記跟隨兄長步伐
盡早成為皇軍驍勇之士
以報唯一無二之皇恩
天皇陛下萬歲

次日清晨，母親倭文重含淚站在家門口目送他離開，他的父親也顯得相當沮喪。三島坐上開往關西的列車，但漫漫車途中他在飛機工廠時患上的感冒惡化，當抵達原設籍地志方町的親戚家時高燒不退，嚴重到讓他幾乎難以站立。吃過退燒藥休息了一晚後，三島隔天一早便前往軍營報到。（以下引文摘自《假面的告白》）

後來暫時被藥物壓抑住的高燒再度發作，在入伍檢查時，像牲畜般被脫得赤條條，四處走動的過程中，我打了好幾次噴嚏。一名菜鳥軍醫將我支氣管的喘息聲誤診為發炎造成的異響，而且這次的誤診還因我自己胡謅的病情報告得到確認，我接受了紅細胞沉降率的檢測。感冒的高燒顯示出高數值的紅細胞沉降率。我因「肺浸潤」的病名而奉命即日驗退返鄉。

一離開營門，三島便拔腿狂奔，順著冬日荒涼的下坡路一路回到了村莊。

三島在回程途中，順便拜訪了住在大阪曾提攜他出版《繁花盛開的森林》的詩人伊東靜雄，並在當夜坐上火車返回東京。他在《假面的告白》中記錄了這時的心境：

……坐在夜行列車上，我一面閃躲從車窗破裂處吹進的冷風，一面忍受高燒所帶來的發冷和頭痛之苦。我問自己要回哪兒去。家父對任何事都無法拿定主意，拜他之賜，我們現在仍未疏散避難，還住在東京；要回東京的住家嗎？要回到包圍著那個家、充滿幽暗與不安的都市嗎？要走進流露著家畜般的眼神、聚在一起互問「不會有事吧？不會有事吧？」的群眾當中嗎？還是回到那滿是感染肺病的大學生、以順從的表情聚在一起的飛機工廠宿舍呢？

同時他也回想起在軍營報到時的情況：

……我想在別人眼中光榮地死去……我所追求的是天然、自然地自殺。既然如此，入伍從軍不是很理想嗎？這不就是我對軍隊所抱持的期望嗎？為何又要那麼認真地對軍醫說謊呢？為什麼要說我這半年來一直有微燒、肩膀僵硬難受、咳出血痰、昨晚睡覺時還盜汗（這是理所當然，因為我吞了阿斯匹靈）呢？為什麼當軍方宣布我當天驗退返鄉時，我會感到臉頰浮現忍不住想要微笑的壓力呢？我步出營門時，為何會跑得那麼急？

但三島向軍醫撒的謊對於他的事業生涯至關重要。他因為這個謊言得以免除了兵役，要是他真的入伍了，哪怕只是在軍隊裡待上很短的時間，想必多少也會磨滅他日後人生觀的浪漫成分。對於自己面對軍醫時的舉動，三島在書中明確地表達了自己的看法：首先他覺得「面對軍隊所代表的『死』，我的前方並沒有足以令我逃離它的『生』在等著我」；但突然心中另一個聲音卻說服了他「應該從來沒有想死的念頭」。他之所以期待從軍，是因為「我對軍隊生活抱持一種感官上的期待……認為只有自己絕不會死的確信。」接著又表示「我寧可覺得自己是個被『死』拋棄的人。我喜歡像外科醫生在進行內臟手術那樣，集中自己複雜的神經，規規矩矩地注視著一名一心想死的人被死亡拒於門外的奇妙痛苦。這種內心的歡悅程度感覺已近乎邪惡。」

隨著戰爭尾聲急速逼近，平岡梓終於決定撤離，讓全家人從澀谷移往相對遠離市中心的豪德寺，暫時和親戚住在一起。這都是因為空襲情況益發激烈，尤其以三月九日到十日間的轟炸最具破壞性，約有十萬人因此喪生，才使得平岡梓下定決心搬家。這年春天少雨，再加上美軍B-29轟炸機所投下的無數燒夷彈，木造房屋密集的東京瞬間就化作一片火海。三島在《假面的告白》中如此形容空襲過後的淒慘景象：

橋上擠滿了戰火下的災民。他們裹著毛毯，與其說他們露出什麼也不看、什麼也不想的眼神，不如說單純只是露出一對眼珠。一名母親看起來就像打算用同樣的擺動幅度，永遠這樣搖晃她膝蓋上的孩子；而那頭髮上插著半焦黑人造花的女兒，垂靠在行李上，已沉沉睡去。

……儘管如此，我心中還是燃起了什麼。眼前這「不幸」的隊伍，給了我勇氣和力量。我理解了革命所帶來的激昂。他們看到規定自己存在的各項事物皆陷入火海，看到人際關係、愛恨、理性、財產，全在眼前付諸一炬。當時他們並非與烈火對抗。他們是與人際關係、愛恨、理性、財產在對抗。

……我從他們身上看到那齣驚人的戲在人類臉上留下的疲憊痕跡……人們高聲談論，甚至該說是語帶誇耀地聊起自己剛才經歷的苦難。他們是如假包換的「革命」群眾。因為這些群眾擁有光輝耀眼的不滿、盈滿胸臆的不滿、意氣昂揚、滿心歡騰的不滿。

三島如今無事可做，不僅大學早就停課，學生們也無須再在飛機工廠裡勞動。他於是和家人一起待在家，研讀能樂以及江戶前期劇作家近松門左衛門的劇本、泉鏡花和江戶後期文學家上田秋成等人的奇幻怪談，以至於《古事記》裡的創世神話。就正如他在《太陽與鐵》中曾寫道：「我是多麼熱愛暗黑的室內，多麼熱愛待在堆滿書本桌旁的『坑穴』啊！」

三島在心裡相信自己將死於戰爭最後一場浩劫。四月一日，美軍登陸沖繩本島，日軍出動了神風特攻隊令美軍傷亡慘重，雙方戰事一度陷入膠著，但孰勝孰敗已無庸置疑。在知曉大勢已去的情況下，日軍指揮官切腹自盡，士兵紛紛跳下懸崖集體自殺。此時三島再次接受動員前往東京附近的神奈川縣高座郡的海軍工廠義務勞動，並聽到人們傳言美軍很快就會進攻日本本土。他在《假面的告白》裡這麼形容：「我無比自在。平日的生活說不出的快活。據聞敵人就快要在S灣登陸，朝這裡席捲而來，而我對死亡的渴求，也比以前更加強烈而且迫近。在這種狀態下，我的確『對人生充滿希望』！」

有一次在東京近郊的防空壕裡，三島目睹了發生在五月二十四日晚上的另一場東京大空襲：「東京的天空燒得一片赤紅。不時引發的爆炸映照在天空上，從浮雲間露出藍得令人難以置信的晴空。在半夜出現短暫的藍天……無力的探照燈就像在迎接敵機前來……B-29轟炸機輕輕鬆鬆便來到東京上空。」他還看見一些躲在同一個防空壕的人每當看到有飛機被擊落時，也不管究竟是敵方還是我方的飛機都會發出喝采。「其中尤以那群童工最為喧鬧。他們從各處的橫向壕溝發出像在劇場裡的拍手和歡呼聲……我認為不論墜落的飛機是敵方還是我方，本質上都沒有太大不同。戰爭就是這麼回事。」

在海軍工廠的期間，三島開始創作新的小說《海岬物語》，故事原型取自於他童年時代去海邊度假的經歷。同年六月，在當時一流的文學刊物《文藝》上又刊登另一篇三島的小說，他也在這時候領到人生中第一筆雜誌稿費。為了在文壇尋求知己，此時的三島一有機會離開海軍工廠就會去拜訪作家前輩，因而結識了小說家庄野潤三[14]和島尾敏雄[15]。

到了七月，日本政府私下拜託蘇聯居中斡旋與美國和談；另一方面，隨著納粹德國瓦解，史達林、杜魯門、邱吉爾在德國召開了波茨坦會議，討論如何收拾戰局。自有一番計畫的史達林無視了日方的要求，率先撕毀先前與日本簽署的互不侵犯條約，出兵佔領了日本在中國東北的傀儡政權滿洲國及其他遠東地區，而日本則因不願和美國直接談判導致戰事繼續拖延。波茨坦會議結束後，盟軍即刻發表了《波茨坦宣言》，呼籲日本無條件投降。由於宣言中並未對天皇的未來提出任何保證，日本因此不予回應。

這年夏季異常炎熱。三島在《太陽與鐵》中曾寫道：「我最初無意識地與太陽相遇，是在一九四五年(日本)戰敗的夏天。酷烈的太陽照射在戰時和戰後分界線的茂盛的夏草上。」

八月六日，三島得知廣島遭到原子彈摧毀；三天後，另一顆原子彈則落在了長崎。根據《假面的告白》，他描述：

這是最後的機會。人們一直謠傳，說接下來就換東京了。我穿著白襯衫和白短褲走在街上。當走到窮途末路的地步，人們是以開朗的神情走在路上的。每分每秒都平安無事。就像對吹飽的氣球施加壓力，彷彿隨時都會爆破時，會有一種充滿期待的開朗心情。

接下來有一周的時間毫無動靜。「這樣的日子倘若持續十天以上，肯定會發瘋。」三島接著寫道。到了八月十四日，美軍戰鬥機出現在東京上空散發傳單，上頭寫有盟軍針對日本投降條件的回應，即同意保留天皇制，但其權力將歸屬於駐日盟軍總司令麥克阿瑟。此時的東京已是斷垣殘壁，日本也早就沒有餘力阻止盟軍進攻本土，日本政府終於決定宣佈戰敗。

當時人在豪德寺親戚家的三島正因為高燒躺在床上，他聽聞戰敗的消息，立刻就明白了一個事實：「我指的並非敗戰的事實。而是對我而言，恐怖的日子就此開始的事實。光聽到那名字便令我全身發抖，而且長期以來我一直欺騙自己，當它永遠不會到來的人類『日常生活』，從明天開始也將不容分說地發生在我身上。」

14 庄野潤三（一九二一—二〇〇九），日本小說家，曾於一九五五年獲得芥川賞。
15 島尾敏雄（一九一七—一九八六），日本小說家，主要作品有《出孤島記》、《死的荊棘》等。

八月十五日中午，收音機傳來天皇宣佈投降的錄音。由於音質較差，天皇的高亢嗓音幾乎被雜音所淹沒，沒有多少人能聽懂其中的內容。這是裕仁天皇第一次透過廣播向民眾講話，並向全日本和世界宣讀《終戰詔書》[16]：

……帝國所以宣戰英美兩國，實出於希求帝國自存與東亞安定；如排他國主權、侵領土者，固非朕志。然交戰已閱四載，朕陸海將兵之勇戰、朕百僚有司之勵精、朕一億眾庶之奉公，各盡其善；而戰局並未好轉，世界大勢亦不利我。加之敵方新用殘虐爆彈，頻傷無辜，慘害所及，真至不可測。倘繼續交戰，終不只招來我民族之滅亡，延可危害人類文明……

日本投降後，包含戰時陸軍大臣阿南惟幾在內有近五百名兵將自殺，以示對戰敗負責及向天皇謝罪。阿南在位於東京的白宅切腹後拒絕介錯（斬首），最後因失血過多而死。許多被派駐海外的士兵軍官都走上了自殺的道路，就連三島的友人蓮田善明也在槍殺批判了天皇的連隊長後，對著自己的太陽穴舉槍自盡，貫徹了他確信死於青春正是日本文化的信念。另外民間亦出現少數自裁案例，包括數十名狂熱的右翼團體「大東塾」成員執行集體切腹，其中有兩名成員擔任介錯人。

三島於是開始了「日常生活」。正如他在《假面的告白》所描述：「接下來的這一年，我在模糊不明的樂天心情下度過。敷衍地學習法律、機械式地上學、機械式地返家……對任何事都充耳未聞，任何事也都對我不聞不問。我學會像年輕僧侶般的老成微笑。感覺不出自己是生是死。」他先前「對天然的自殺（因戰爭而死）」所存有的渴望已經完全斷絕。二十歲的他處在一種茫然自失的狀態；「真正的痛苦只會緩緩到來。它就像肺結核，當自覺症狀出現時，病情已惡化到藥石罔效的程度。」後來，三島就經常提及自己如何度過戰敗後的歲月。「隨著戰爭的結束，不幸卻猛然向我襲擊而來。」（出自《我青春漫遊的時代》）儘管戰爭強加於三島以及和他同世代青年身上的死刑已經解除，但支撐他們的價值觀早已變得支離破碎。尤其這對三島來說更是致命的打擊。在戰時他一如當時的時代精神設想自己是個天造之才，然而等到戰爭結束之後，他也不過就是個普通的學生。橋川文三就曾說過：「一旦戰爭的壓力被排除，他（三島）就失去了平衡。」

正當三島沉浸於失落之際，摯愛的妹妹美津子的去世便猶如雪上加霜。美津子由於飲用

16　原文節錄自一九四五年昭和天皇發表的《大東亜戦争終結ノ詔書》。

井水而染上傷寒，在一九四五年十月不幸病逝。美津子住院時三島不辭辛勞地往返醫院照顧妹妹，在病床邊待上好幾個小時，手裡一邊捧著法律課本。「我永遠都忘不了遞水給她時，她對我說『哥哥謝謝你』時的聲音。」三島曾這樣對母親說道。美津子去世時才十七歲，當時正就讀東京的聖心女子學院。平岡家的一個熟人憶起當年，這麼告訴我：「美津子的死對公威來說打擊實在太大了。她展現出與嚴苛的祖母和溺愛孩子的倭文重完全不同的特質。美津子既頑皮又大膽，公威常常都會問『她這樣也算個女人嗎？』他並不了解平凡女人到底是什麼樣子。」

三島躲進了自己的世界，對外在社會的劇變絲毫不感興趣。他不看、不聽、也不談及世間的惡，對於戰後政府的改革同樣漠不關心。即便身為法律系的學生，盟軍總司令麥克亞瑟將軍為了在日本培植民主意識而在工業、農業、選舉、聯盟和法律教育等領域施行的大改革也提不起三島的興趣，更別說圍繞在他身邊的各種社會問題。戰後東京充斥著成千上萬因戰爭流離失所、缺衣少食的民眾，黑市交易因而興盛，許多非法商人皆從中謀求暴利。一般平民仍過著水深火熱的生活，靠著飲用甲醇自殺的例子也層出不窮。反觀三島卻只管將自己徹底封鎖於「小而堅固的城堡」之中，也就是他另稱為「坑穴」的書房。他對於外部世界極度冷漠，甚至連會影響天皇立場的重大決定都沒能引起他的關注。麥克亞瑟將軍除了同意保留天皇皇位，也拒絕讓天皇同戰犯一樣被送上軍事法庭接受審判，但交換條件是天皇必須公開否認戰時的意識形態。一九四六年元旦，裕仁天皇發表了《人間宣言》，以此否定自身的神性，詔告天下天皇並非現世的神明，只是一個普通人而已。宣言中提到：

> 朕與爾等國民間的聯繫，始終都由互信互愛而來，非僅依神話和傳說而生，也絕非基於天皇乃現世神明，且日本國民優異於其他民族，從而應該支配世界此等空想的概念。

這時的三島也總算抓住了開拓文學事業的線索；他在戰爭結束前曾將自己的手稿拿去給月刊《文藝》的編輯野田宇太郎審閱。野田後來在一九七一年二月的雜誌上如此回憶：「三島把《中世》的手稿帶來給我看。通讀之後，我的確感受到他與眾不同的才華，但畢竟文學並不是只靠才能，使得我無法百分百地讚賞他。他給我的感覺猶如一株奇異的植物，跳過了一般正常的生長過程，在只有最初兩片子葉的情況下直接綻放花朵。」野田也批評三島是個「惡質的自戀者」。他有一次拜訪了作家志賀直哉，這人是當時文壇備受尊敬的文學大師，三島也有試著與之接觸。這時志賀對於三島有著與野田同樣的見解：「志賀先生表示他在三島還是個年輕男孩時就略有所知，因為他女兒曾和三島同校過一段時間，而且也常看到三島往自己家的信箱投稿小說或信件。但是志賀不太看好三島的作品，認為『他的小說充滿夢幻而不具現實，這樣是不行的。』」野田後來把志賀的話轉告給三島，鼓勵他乾脆創作更極致的浪漫故事，希望能藉由書寫過剩的浪漫讓這個少年作家找到正確方向。「後來他拿著兩部浪漫短篇小說送來給我，那天東京正好下著大雪，我還記得很清楚在大雪紛飛中他認真的模樣。」

但是，三島下一次的新作卻讓野田相當失望，那便是他在戰末於神奈川的海軍工廠寫成的《海岬物語》。「那僅僅是篇經過精心安排的職業文壇小說。下次見面時我把這種想法告訴了他，他卻表示自己對這部小說很有信心。於是我接著問他是想當一個堅持自我風格的小說家、還是只想當一個眾所周知的文壇流行作家，他斷然地答道，是後者。」這讓作為編輯的野田大失所望，三島於是開始尋找新的贊助者。他渴望能盡快在戰後文壇打響名聲，為此也需要一個在文壇享有盛譽的作家前輩來當作後盾，否則只靠他一己之力恐怕很難即刻實現自己的雄心壯志。後來在野田的介紹之下，他終於有機會拜見日本文壇最知名的作家之一——川端康成。

野田回憶：「在他的作品登上《文藝》之後……他只來拜訪過我一次。而且就是為了來請我幫忙將他引薦給川端先生。」三島這種只要認為沒有利用價值就把對方甩掉的態度讓野田對他頗有微詞。「戰後，他如願成為了一個受媒體追捧的流行作家，但當年那個充滿熱忱且認真得幾近嚴肅的少年三島卻從此消失了。我感覺三島已經將平岡公威這個本名完全隱藏，徹底只以三島由紀夫這個筆名生存下去。筆名有時就彷彿一個真實之人的自戀投影，好比『香港花』一般。」香港花指的是戰後大量流入日本由香港製造的廉價塑膠花，與當時流入美國的日本廉價產品一樣，都被認為是仿造物——不過是真實事物的「影子」罷了。

## 川端康成的提攜

川端康成是日本歷史上第一位榮膺諾貝爾文學獎（一九六八年）的著名作家，於四十六歲那年初識三島由紀夫。川端康成生於一八九九年，起初他立志當一名畫家，後於一九二〇年以年輕作家的身分在文壇嶄露頭角，以兼具古典基礎與現代前衛風格的文風為人稱道。他也是少數在太平洋戰爭期間並未與戰時意識形態有所牽扯的第一線作家。他以寫作為生，結婚後定居鎌倉，著有《雪國》和《千羽鶴》等舉世聞名的小說，並十分樂於扶持他欣賞的年輕作家。在一九四六年的新年假期，身為法律系大學生的無名作家三島由紀夫帶著手稿來訪，川端對於其中一篇描寫學習院時期同性愛風氣的短篇小說賞識至極，便將其推薦給文學雜誌的編輯。

於是這篇名為《香菸》的短篇小說被刊登在當年夏天發行的《人間》雜誌，三島至此正式登上戰後文壇的舞臺。

能得到文壇巨匠川端康成的扶持讓三島欣喜若狂。新人作家要想立身於封閉的日本文壇，尋求前輩作家的提攜是最快的捷徑，而對於三島來說，可以直覺領會自己本質上纖細感性的川端正是最理想的人選。年輕的三島本以為能就此一夜成名，然而世間對《香菸》的反響平淡，甚至於一些他熟識的作家也都沒把這篇小說當一回事。這讓三島頗為心灰意冷，開始覺得或許正如父親所言，自己可能真的不適合走上文學這條路。

於是，三島準備參加高等官員特考，以此踏上仕途。顯然一個新人還是要先有點名氣才可能期待在文壇大放異彩。但在埋頭苦讀的同時，他仍努力拓展文學方面的人脈；三島時不時就去拜訪川端，並成為鎌倉文庫的常客——這是川端與其文友們一同創辦的租書店兼出版社。三島盡可能去結識更多著名作家，懷抱著終有一天能脫離仕途，專心致力於寫作事業。

三島在這個時期結識的眾多文人之一便是太宰治[17]。儘管他與這位知名的浪漫派作家僅有一面之緣，卻給他留下了極其深刻的印象。那是在一九四七年某夜，三島跟著一位與太宰治有私交的友人前去參加一場在銀座的聚會。當時三十八歲的太宰已是風靡日本年輕世代的當紅小說家，其最有名的小說之一《斜陽》通篇貫穿著一股絕望的氣息，反映了太宰作品中典型的陰鬱情調，在這方面多少也與三島的作品有共通之處。

然而兩人的諸多共同點令三島有所反感，但卻並非針對作品，而是單純對於個人的「生理上的反感」。他們同樣自命不凡，也都渴望能轟動世間成為大眾眼中的英雄人物，甚至都對自殺有異常的嚮往。在與太宰治見面之前，三島整裝待發，就像個要前去挑釁的「文學上的刺客」。和朋友抵達銀座的餐館後，他們爬上二樓，來到燈光昏暗、鋪有陳舊榻榻米的房間——這剛好是三島最不喜歡的環境——眼前坐著太宰和他一群崇拜者們正暢飲著劣質的清酒。當時戰後日本就只有這種酒能喝，若想喝進口洋酒就得去黑市用高價購買。那時沒在喝酒的三島立刻就被請到太宰跟前的位置；他靜靜地聆聽眾人的談話，企圖找到將心中想法一吐為快的機會。等到了談話間的空檔，三島當著太宰的面前說道：

「我不喜歡太宰先生的文學作品。」

話音一落，太宰治猛然凝視著三島，露出些許措手不及（但並不尷尬）的表情。然後，太宰治側過身去對著身邊的年輕人好似自言自語地說道：「你即使這樣說，可你終究來了。所以還是

17 太宰治（一九〇九—一九四八），日本小說家。原名津島修治，生於青森縣的大地主家庭。代表作品有《斜陽》以及自傳體長篇小說《人間失格》等。其作品大多反映了日本資產階級歷經戰敗和戰後社會運動的衝擊所產生的絕望情緒。於一九四八年和愛人山崎富榮一同投河自殺。

喜歡的嘛，對不對？你還是喜歡的呀。」這番話深深刺痛了三島，或許有部分是因為的確被太宰說中了。三島此後一直把這件事記在心上，不斷和別人提起這段故事，即便在過了二十年後仍相當執著於太宰對他說過的這番話。太宰治大概是少數能「壓倒」三島的人，卻在隔年的一九四八年與情人雙雙投河自盡，讓三島也因此永遠失去了反擊的機會。

三島和太宰治、以及和川端康成的人際關係若是拿來比較會發現十分有趣的事情。他只見過太宰治一次，卻對這個人反應過激；這位留著長髮、面色蒼白的作家若不是英年早逝，或許有機會跟三島成為莫逆之交；甚至於他的自殺也證實了兩人確有酷似之處。相比之下，三島和川端康成綿延了二十五年的交情卻顯得平淡許多。三島不論跟誰打交道都會保持一定距離，就這一點來說即便對方是川端先生也不例外；他們不過是在互相理解與認同的基礎上結成了一種文學同盟，而非友情。川端康成的個性比三島和太宰治都溫和許多，看起來也不像會考慮自殺的人（但實際上，川端卻在三島由紀夫死後十八個月含煤氣管自殺了。）

儘管興趣在於文學，三島還是發揮他一流的勤勉功力盡心修習法律課程，整日埋首書堆，展現嚴格的自我約束力。到了一九四七年春天，「剛好官員特考的準備已步步近逼，我盡可能讓自己成為枯燥乏味的書呆子。」他在《假面的告白》中寫道：「春天到來，在我平靜的外表下，暗藏著瘋狂的急躁。」在念書的空檔他也會出門散步，舒展一下筋骨，然而：「我那充血的眼睛多次感覺到旁人懷疑的眼光。在世人眼中，我每天都過著勤奮的日子，但是自甘墮落、放蕩、不知明天為何物的生活、極度腐敗的怠惰，在這一切的侵蝕下產生的疲勞感，我自己很清楚。」從此也能看出他強烈的自我意識。

在《假面的告白》中，他花費了相當長的篇幅記述一段無果的戀愛，對方是名叫園子的女孩。但「園子」實際上是三島融合身邊朋友的戀愛經驗以及幾位自己認識的上流社會女性的形象建構出來的人物。身為一個法律系大學生，三島偶爾也會參加同輩間的聚會，卻總是無法順利和其他年輕人交心。戰後他與家人馬上搬回了在東京的家，並繼續一起生活，這樣的他每次獨自返家的時候都會刻意在心神上自我折磨，告訴自己：「你不是人。你無法與人交往。你不是人，而是某種奇特的悲哀生物。」

那麼，三島是否也無法像正常的年輕人那樣經歷性愛呢？基本上可以確定的是，他直到三十歲出頭都沒有和任何女性發生過關係。著有三島由紀夫傳記的奧野健男就曾回憶，三島有次在大約凌晨兩點的時候打電話來，語帶興奮地說自己和一個女人睡過了，但這是到了一九五七年才發生的事。透過《假面的告白》幾乎不能否定三島具有同性戀傾向，但顯然到了戰後他除了男性也對女性展露興趣，甚至至少還求婚過兩次。然而像他這樣與母親關係過於親密的男性似乎並不一定受年輕女性歡迎。一位曾被三島求過婚的女子這樣告訴我：「我無法想像自己和他結婚，他和他母親太親近了。他母親對我很好，沒有任何令人不滿之處，但一想到結婚後要夾在他們母子中間，我就心有餘悸。更何況，他對我來說也不是真的那麼有魅力。」

一九四七年秋，三島通過了官員特考，正式進入大藏省擔任公務員，這讓父親平岡梓備感欣慰，因為大藏省可說是位居日本政府權力的中樞。三島白天在大藏省銀行局上班，到了晚上則犧牲大半睡眠時間伏案創作短篇小說。漸漸地，能發表作品的機會也越來越多了。三島當時的同事回憶他是個「有為的年輕公務員，付出一切努力想兼顧公務跟文學創作。」他的文學才識也受到官方賞識，很快就被任命加入大藏省內部刊物《財政》的編輯部，還負責舉辦講座向內部職員講授古典文學。根據三島的昔日同僚長岡實回憶：「有一次他為初階官員舉辦了一場演講，題目是『平安時代文學作品中的女性』。」三島顯然在官場也很有天分，如果就這樣繼續擔任官僚，坐上大藏省最高長官的位子似乎指日可待。他的思路清晰，辦事有條不紊，但偶爾又會露出風趣的一面，在同事之間也很有人望。「有一次他為大藏大臣起草的演講稿內容實在太過幽默，讓課長不得不拿著紅筆東刪西減以免丟了長官的面子。」儘管如此，三島對仕途並無野心。他把心思都放在下班後的短篇創作，隨著雜誌出版社的稿約不斷，常常一寫就到了淩晨兩點甚至更晚。日本的作家通常都會先以短篇小說樹立聲望，再正式跨足長篇或戲劇創作，而從下面這張三島在一九四八年截至九月為止發表的作品一覽中，我們可以看到他令人驚異的創作產量：

| | 作品 | 刊登雜誌 |
|---|---|---|
| 一月 | 〈馬戲團〉 | 《進路》 |
| | 〈相聞歌的源流〉 | 《日本短歌》 |
| 二月 | 〈盜賊〉序章 | 《午前》 |
| 三月 | 〈重症者的兇器〉 | 《人間》 |
| | 〈盜賊〉第五章 | 《新文學》 |
| 四月 | 〈殉教〉 | 《丹頂》 |
| | 〈家族合力〉 | 《文學季刊》 |
| 五月 | 〈哈狄格論〉 | 《世界文學》 |
| | 〈鳶尾花〉 | 《婦人文庫》 |

| | | |
|---|---|---|
| 六月 | 〈頭文字〉 | 《文學界》 |
| | 〈慈善〉 | 《改造》 |
| | 〈寶石買賣〉 | 《文藝》 |
| 七月 | 〈好色〉 | 《小說界》 |
| | 〈罪人〉 | 《婦人》 |
| 九月二十二日，辭去大藏省職務。 | | |

＊從作品標題也能看出他的寫作主題多半較為聳動。

既然已在文壇獲得了一片立足之地，三島毅然決然地辭去大藏省職務。對此父親平岡梓當然強烈表示反對，但此時他已沒有足夠權力干涉兒子的決定；三島靠著寫作賺進不少稿費，加上一直都是與父母同住讓他多少累積了一些財富，足以支撐他好幾年的生活。至於母親倭文重自然是完全支持兒子的決定，敵不過母子兩人的平岡梓於是拋下了一句典型的對白：「好吧，如果你想離開大藏省去當作家那就隨便你好了！但既然這樣你最好給我當上日本第一的大作家，聽到沒！」

三島仍然經常陷入憂鬱，他曾在這個時期的日記裡寫道：「即便原子彈再次落下，那又與我何干？我在乎的，只有地球會不會因此多一分美。」一九四八年十一月二十五日，他開始著手執筆《假面的告白》，欲以此分析他自身對於美的虛無主義，期待能用寫作征服內心的「怪物」；不可思議的是，這天也正好是二十二年後三島切腹自殺的日子。

如前所述，《假面的告白》略有一半的篇幅都用於描寫主角與園子之間的戀情。這部分並不見得是三島的自傳，但仍然揭示了其人格特質。比方說書中有一段情節發生在戰爭結束前夕，園子將主角視為固定觀念的接吻當作愛情的表現，因而期待著對方的求婚。於是主角便去找母親商量自己是否該跟園子結婚。書中的「我」很自然地向母親諮詢，並立刻接受了母親暗示的結論（即拒絕園子）。只要是熟識三島的人都無疑會認同這段情節擁有超乎自傳的真實——他的確總是依賴著母親的庇護。

書中最著名的場面應屬接近尾聲的時候，已婚的園子和主角在戰後的重逢。那是東京一個酷熱難耐的夏日，兩人走進了一間廉價的舞廳打發時間。在那裡，「我」看見了坐在中庭不遠處的一群年輕人，且被其中一名青年緊緊扣住了目光：

年約二十二、三歲，有一張雖然粗野，但相當端正的黝黑五官。他打著赤膊，重新將他肚子上那條被汗水浸溼的淡灰色棉布肚圍纏好。他不斷加入同伴的談話中，跟著發笑，同時很刻意地慢慢纏上那條肚圍。他裸露的胸膛呈現出緊實而凸出的肌肉。立體肌肉形成的溝痕，從胸膛中央一路連往腹部。側腹成排的肌肉，像粗繩般從左右兩側往中央變窄、糾緊；那光滑、充滿熱能的胴體，正以骯髒的棉布肚圍勒緊纏繞；曬成古銅色的裸露肩膀，像抹油似的閃閃生輝。腋窩處滿出的一叢黑毛，在陽光照射下，捲曲著散發金光。

緊接著當「看到他緊實手臂上有牡丹刺青時」，主角立刻被激起了情慾，甚至完全忘記了園子的存在。「腦中只想著一件事，就是這名男子打著赤膊走向盛夏的街道，與流氓打鬥；鋒利的匕首穿透肚圍、刺進他的身軀，那骯髒的肚圍因鮮血而染上美麗的色彩。他那血淋淋的屍體被擺在門板上，再度運回此地……」接著，全書以十足具有三島風格的描寫走向完結：

——〔與園子分別的〕時間到了。我站起身時，再次往那陽光下的椅子偷瞄一眼。看來，那群人已經跳舞去了，空出的椅子擺在灼熱的陽光下，灑落桌上的飲料發出耀眼的反射光芒。

《假面的告白》受到評論界一片好評，將之譽為天才之作。這本書奠定了三島由紀夫日後作為最傑出新進作家之一的盛名，不過仍有極少數的評論家察覺到存在於三島性格中深刻的矛盾與衝突，以及他試圖隱藏自身脆弱所經歷的掙扎；實際上，正是這種掙扎催生了《假面的告白》。

然而在這類針對三島文學的評論中，最直指核心的莫過於川端康成在三島早先並未打響名號的長篇小說處女作《盜賊》（一九四八年）中寫下的部分序言：

我為三島早熟的才華感到目眩神迷，卻也同樣痛心。他的嶄新之處並不好理解，或許就連三島自身也無法輕易理解。有些人可能從三島的作品看見無懈可擊的他，另有一些人則能從中窺見他身負著無數深切的傷痕。

川端康成看透了這位年輕作家的內心；他深知自己親手扶持的三島其實是多麼脆弱而不堪一擊。圍繞在三島周邊的所有人之中，就只有川端看穿了這一點，因此也就不難理解在二十二年後當三島親手結束了自己的生命，川端康成何以感到異常地自責。然而即便是川端，又如何能確信自己有辦法阻止三島走向悲劇？三島背負的傷痕是如此之深，對於人生的最後時刻也早有預演。

《假面的告白》所透露的另一個事實，便是三島在書中完全沒有提到任何影響他人生的政治事件。他從未試圖分析發生在自己青春時代的決定性事件，不論是戰時的經歷、還是日本帝國主義的崩壞。在當時的文壇三島就以對政治毫無關心而聞名，儘管身為評論家同時也是共產黨員的小田切秀雄仍曾經試著勸他入黨。一直要到一九六〇年代，三島才開始寫下關於天皇和戰敗經歷的文章。在此之前他之所以對政治問題保持沉默，可以解釋成是他不關心政治的表現，也可以歸結於他的思想實在過於複雜深刻。在我看來，這兩種觀點都是成立的——三島的確對日常生活中的政治不感興趣，但他在戰爭歲月的種種經歷，特別是浪漫派思想的薰陶，都深深地烙印在他心靈深處。三島從很早以前就算是某種意義上的帝國主義者了。

第四部

# 豐饒之海

1950—1970

或許我的存在就是詩本身。

——三島由紀夫，《假面的告白》筆記

所謂自殺就和偉大的藝術作品一樣，是在心裡默默醞釀而成的。

——阿爾貝．卡繆

## 展覽會上的照片

就在三島切腹前不久，他策劃了一次展覽會，主題就是他的一生。展覽地點選在位於東京池袋的東武百貨，展期從一九七〇年十一月十二日至十九日結束。三島在展覽手冊的第一頁寫道：

正值我耗時六年的超長篇四部曲《豐饒之海》即將完結之際，承蒙東武百貨邀請我授權他們開辦一場回顧我文學生涯的展覽。有鑑於我已筆耕有四分之一個世紀，的確是時候圖個整理，自然就允諾了這次邀約。身為一個作家要是回頭去看自己過往的作品就等於是到此為止了，但如果讓第三者這麼做倒是無妨。我唯一的提案便是把我充滿矛盾的四十五年劃分成由「寫作」、「舞臺」、「肉體」、「行動」所構成的四條河流，匯聚流向「豐饒之海」。

展覽會非常成功。參觀人次高達十萬人，且大多數都是男性。對此三島在寫給昔日學習院的恩師清水文雄的信中這麼說道：「看來我好像不怎麼受女性歡迎。」三島的母親倭文重也專程來看展覽，並對展場內展示了許多至今從未對外公開的資料感到十分驚訝，其中還包括一張她年輕時的肖像。不僅如此，清一色使用黑色布幔裝飾的場地也讓她很不解。回家後，他問兒子：「我看照片周圍全都佈置成黑色的，為什麼呀？」三島答道：「那麼做可以更凸顯照片的存在感，讓人看得更清楚。」

其實，這次展覽就是三島面向大眾舉辦的一次告別會。在展場一處顯眼的位置，可以看到擺放著關孫六的日本刀，這把刀將在不久後的十一月二十五日被用來砍下三島的頭顱。

在同樣以黑色為基調的展覽手冊上，三島寫下了這麼一段話：

來訪者可以選擇自己喜歡的河流，同時免於被不感興趣的河流洗禮。對於那些願意將四條河流都巡遊一遍的來訪者，我在此表達無盡的感激之情，儘管我相信這樣的人並不會太多。

# 寫作的河流

這條河流以其恩惠之水孕育了我人生的曠野，我賴以維生，但河水也時常氾濫，幾乎將我吞沒。隨著季節更替、時間流轉，這條河流都要求我抱有無限的耐心與日夜不休的艱苦勞作。寫作和耕耘是何其相像啊！無論是面對暴雨或霜凍，都不許精神有一絲鬆懈，只能不間斷地顧守這片田野，歷經詩與夢想無止境的耕耘，卻也無法預測自己是否能有豐饒的收穫。我創作的產物都已離我而去，也不曾滋養我的內心，只如無情之鞭催促我朝未來前進。為了這些成果，又究竟花費了多少個困苦掙扎的夜晚、多少個絕望無助的時刻？若是這些記憶繼續累積，恐怕必將使我瘋狂。然而如今我除了繼續一行又一行地寫下去，也再無其他生存的道路。

——出自〈三島由紀夫展〉展覽手冊

## 第一期：一九五〇—一九五四

三島在一九六四年發表的自傳體長篇散文《我青春漫遊的時代》裡詳盡描述了他剛成為職業作家的早期歲月。他說自己「並不是『振筆成書』那種類型的作家」，儘管表面上看起來自信高調，創作量也令人刮目相看，但是他反而用「銀行家型的小說家」來定位自己（或許是受到在大藏省銀行局工作的經驗影響），並且要大家不妨想像最近的銀行有著輝煌透明櫥窗的景象（日本有很多這樣的銀行分店），認為這最能代表自己的風格。他還提到德國作家湯瑪斯·曼[1]曾有名言：「小說家必須有銀行家的風采。」這就成了三島理想的文學形態。雖然「那種德國式的冗長囉嗦、過分細究的描寫」與三島的風格相去甚遠，但卻十分傾心於曼「兼具浪漫色彩的文學，及德國文學特有的悲劇性，因為他把崇高的藝術風範與通俗性巧妙地調和起來」。無異於多數其他日本作家，三島同樣熱衷於挑選欣賞的西方作家傑作，並加以模仿吸收。此外那時候的三島每當以作家身分舉行講座時，都一定穿著嚴謹的三件套西裝，頭髮則理得接近平頭，看起來像極了當時意氣風發的年輕銀行家或是實業家。

然而儘管得到文壇的認可，他並未因此獲得身心的寧靜：「一九五〇年，我二十五歲，依然努力地往返於幸福的山頂和憂鬱的深谷之間。」一直到一九五一年三島第一次出國旅行前，他經歷了一段情感激烈起伏以及飽受孤獨折磨的時日，並「因此嫉恨世間平凡的青春」，認為自己是「一個怪異而莫名嗤笑的二十五歲老人」。這段時間，他也遭受胃病所苦。離開大藏省不久，感到自己極度缺乏運動的三島開始練習騎馬，還加入了位於皇居內的貴族馬術俱樂部，從此時拍攝的一張照片便能看到三島騎著白馬的英姿。但騎馬運動根本不足以讓他恢復健康。仍時常鬧胃疼的三島想著自己必須不計一切離開日本。「我很想加入捕鯨船前往南極，曾透過報社內部的管道聯絡，但實現的可能性很低。」從《我青春漫遊的時代》也能看出他的焦慮：「從這個時候起，我產生了這樣的想法：作品與現實生活把我的熱情分成兩半，其緩衝區——就是日本所謂的社交，我必須做到不再為它煩憂。」說得更明確些，這時的三島很討厭「交際」。

一九五〇年的秋天，三島去一家書店買書，之後在書店前的咖啡館吃冰淇淋的時候發現書店門口聚集著一群人，原來是在看佈告欄上中尊寺的木乃伊照片。這一瞬間，三島只覺得眼前人群的面孔皆與木乃伊無異：「我為這醜惡感到惱火。想不到知識人竟是如此面目可憎！所謂的智識之士，看起來是多麼醜惡啊！」這次經驗讓他做出了一個大膽的決定；受到這種

1 湯瑪斯．曼（Paul Thomas Mann，一八七五—一九五五），德國作家，曾於一九二九年獲得諾貝爾文學獎。

「極度厭惡感」所驅使，三島下定決心自己必須前往希臘，也就是他夢想中的國度。一開始，三島認為這番對古典的憧憬來自「一種要調和自我糾結和矛盾的渴望」，但後來經過重新思考後又做出了訂正：「〔我〕發現自己大概是誤解了，因為這種對自身理性的厭惡，其實正是對自身怪物般的豐富感性的厭惡。若非這樣，我找不到自己逐漸成為古典主義者的精神軌跡。」當他談及旅行時，再一次展現了一種自我矛盾，畢竟他至今為止對自然並不感興趣：「此時，最能安慰心靈的就是旅行了……我覺得風景充滿著感官性的魅力。現今，在我小說中的景色描寫，可說與其他作家小說中的情愛場面具有同等分量。」

在各方面都偏向西方思維的三島於是在二十五歲前後碰上了同年齡的西方浪漫作家也會面臨的困境。這是一個影響他寫作的危機時期——從一九五〇年到一九五一年間，三島寫下小說《魔神禮拜》，卻被他自己評為失敗之作；接下去創作的《藍色時代》又遭他分析為「選題和結構以及文體都很粗糙」，並批評這之後的《禁色》充斥著不必要的繁雜。雖然在旁人眼裡他看似創作豐富，實際上卻已經亂了陣腳，而他「不喜歡這樣的創作狀態。」在這個階段（三島每年都會寫上兩、三部長篇作品），三島比較滿意的作品應該是《愛的饑渴》，且深受法國小說家莫里亞克的影響。三島曾寫道：「顯然沒有其他外國作家能像莫里亞克這般符合日本人的喜好。」西方第一位撰寫長文評論三島文學的美國學者唐納德・基恩（Donald Keene）這麼寫道[2]：「三島認為這（莫里亞克的影響力）反映了日本人對細緻描寫的著迷——比方說一名女性潸然淚下或隱忍淚水時所露出的表情、微笑時的嘴部線條、抑或是她轉身時衣裙上褶皺的痕跡。莫里亞克正是抒寫這類細節的大師，但是據三島所知，美國小說就幾乎沒有辦法體會到欣賞這種細節的愉悅，所以不受日本人歡迎。」根據唐納德對《愛的饑渴》的分析，他表示書中「洋溢著對細節的描寫，這不僅意味著三島深受莫里亞克影響，也暗示了傳統日本文學對他的薰陶。」

《愛的饑渴》的主角是一位三十幾歲名叫悅子的女性。在丈夫去世後，悅子便住進位於大阪郊外的夫家。故事就發生在二戰剛結束不久，當時正是社會劇烈動盪的時代。三島在小說開頭這麼描寫悅子：

> 悅子把購物袋挎在手臂上。她不顧購物袋窩彎的竹圈從手腕蹭著手臂滑落下去，依然用雙掌捂住臉頰。臉頰顯然發燒。這種情況是常見的。沒有任何理由，當然也沒有任何的病因，雙頰就突然間像著了火似的發燒了。本來她的手掌就纖

2　該文收錄於唐納德・基恩著《風景與肖像》（*Landscapes and Portraits*），由講談社國際於一九七一年出版。

弱，現在長了水泡，曬黑了，身體底子留下的纖弱，反而使手掌顯得更加粗糙了。她觸及熱烘烘的臉頰時，更覺自己的雙頰發燒了。[3]

而悅子走路的時候，則是「邁著孕婦般的倦怠步子，好像有點誇張。她自己沒有意識到這一點，也沒有人提醒她注意改正。這種步法，像淘氣的孩子在朋友的後脖上悄悄地掛上一張紙條，成了她被迫接受的一種印記。」她出身於東京中產階級家庭，因而對粗鄙的農村生活極度不滿。當她買完東西回家時，「府營住宅的家家戶戶都點燃了燈火。這裡屋宇無計其數，具備同樣形式、同樣窄小、過著同樣生活又同樣貧困而煞風景的村落。通過這兒的路，是一條捷徑，悅子卻總是回避走這條路。」（這段描寫可以看成是三島本人對戰後民主化的批判）

悅子迷上了住在家裡幫忙的園丁三郎，在經歷數個月的情愛渴望後，一次秋日的祭典終於讓悅子有了絕佳的機會接近三郎。三郎和其他年輕村民一樣打著赤膊，身上只穿著一條兜襠布，追著引領祭典隊伍前進的獅子頭一路朝村子裡的神社邁進。悅子為此盛裝打扮，就好似要去東京參加宴會一樣：「悅子身穿農村不常見的帶散菊花圖案的和服，罩上一件訂作的稍短香雲紗短羽織，抹上了一點珍藏的香水，隱隱地透出一股芳香。這種香水，與農村的祭典是很不相稱的，顯然是為了三郎而塗抹的。」前往祭典途中，悅子的羽織綻了線卻不自知，因為她的思緒已完全被眼前祭典的熱鬧景象所佔據——青年們圍著獅子頭手舞足蹈，被點燃的矮竹發出爆裂的響聲。在人群中，悅子發現了三郎：

> 悅子被後面的人群推推擠擠，險些絆倒在地，這時從前邊擠追過來的熱火般的脊背襲擊了她。她伸出手去擋住，才發現原來是三郎的脊背。悅子的手指有一種觸感，感受到他的背肌彷彿是一塊放置了好幾天的年糕，體會到一種莊嚴的炙熱……後面的群眾再次推擠而來，她的指甲尖銳地刺了一下三郎的肌肉。三郎太興奮，不覺得疼痛。他不想瞭解在這瘋狂般的互相擠撞中，支撐著自己的背部的女人是誰……悅子只覺得他的血滴落在自己的指縫裡。

《愛的饑渴》最後以「殺人劇場」作結，悅子最終用鋤頭朝三郎的脖頸砍去。當她知道三郎對自己的愛意時，她的愛情立刻轉變為驚惶不堪的恐懼。就好像福樓拜說自己是包法利夫人一樣，三島儼然成了悅子。他與悅子都一樣渴求被愛，但又無法抑制傷害對方的衝動；而一

3 引文摘自《愛的饑渴》，唐月梅譯，北京出版社二〇〇三年四月第一版。

旦自己的愛得到回應，卻又竭力抗拒。三島的饑渴就恍如悅子的饑渴，根本無法用愛情來予以滿足；對他來說，沒有什麼比接受他人的愛更令人痛苦的了。

三島曾論述：「現代小說的基本命題，正如杜斯妥也夫斯基所言，在於表達人類心中截然相反的情緒。」在這個階段三島的另一部長篇力作《禁色》中，他試圖想呈現「自身內在的矛盾和彼此相對的兩個『我』的相互對話。」第一個「我」便是小說中六十六歲的老作家檜俊輔，正準備出版自己生涯中的第三部個人文集。俊輔是個「愛笑的老人」，可說是三島最不想成為的形象。《禁色》中這麼描寫道[4]：

這次出版的《檜俊輔全集》是他的第三部全集。第一部全集在他四十五歲時出版……「那時」，俊輔想著。「社會上的一般看法，都認為我作品的風格已趨於固定、圓熟。但從某種意義來看，論定這些早期已到達圓熟境界的作品，即意味著無法再求突破。但我卻仍然一味地沉溺於我的愚行中……愚行和我的作品無緣，愚行和我的精神、思想都格格不入。因為『我的作品絕非愚行』。」

俊輔繼續盯著全集樣本封面上自己的肖像照，想著：

那張照片，充其量只能說是一個醜陋老人的照片。如果勉強要從那裡找出世間所謂的、不可靠的精神美，也並不困難。寬廣的前額、削瘦的雙頰、寬厚貪慾的嘴唇、意志堅定的下顎，這張面容上呈現長期從事精神勞動所留下的痕跡。與其說這是一張由精神構築而成的臉，不如說是被精神侵蝕過的臉……正如同一副無法掩蓋缺點而又醜陋的臉一般，俊輔像精神衰弱者無法使出一絲力量來遮掩缺點，只能任其醜狀赤裸裸地呈現，十分慘不忍睹。[4]

（三島在此流露出對於衰老的超齡嫌惡，在同一時代另有兩部小說表達了類似的情緒：一是谷崎潤一郎的《瘋癲老人日記》、二是川端康成的《睡美人》，這兩部作品都比《禁色》更生動地呈現出年老的悲哀與瘋狂。）

《禁色》裡的第二個「我」則是英俊的青年南悠一。俊輔第一次見到他時，悠一剛從海裡游

4 引文摘自《禁色》，鄭秀美譯，星光出版社，一九九三年初版。

泳上岸：「那是個令人驚訝的俊美青年。超越古希臘的雕像，媲美伯羅奔尼撒派青銅像作家製作的太陽神，他有一種兼具陽剛與陰柔的美之肉體：昂揚的頸子、平滑的雙肩、寬闊的胸膛、優雅的手肘、結實的腰腹和如劍般剛直的雙腳。」接著，俊輔才注意到他的臉：「俊美而細的眉毛、深邃略帶憂鬱的眼神、稍厚而稚嫩的嘴唇，這些都是罕見的臉部特徵。」悠一這個人物與《假面的告白》中的主角不同，是個會享受同志間性愛的同性戀少年；只不過比起同性戀，他展現出更強烈的自戀傾向，從這點來看悠一更像是三島本人的寫照。小說中描寫了當悠一第一次造訪東京的同性戀酒吧時的情景：

悠一在肉慾的視線中游泳前進。宛如女人通過男人之間時所感受到的一般，這是在一瞬間，會令你脫下最後一件衣服的視線。他早已習慣了這種被注視的眼光……不論他人看得到或看不到的部分，都流露出調和之美，都與黃金比例一樣，是不可更改的。

這部作品中帶有濃厚的厭女情緒，俊輔便是利用悠一來向他憎恨的幾個女性進行報復。小說開頭描寫了俊輔的第三任、也是最後一位妻子和年輕的戀人殉情自殺後，俊輔將若女[5]的能面強押在死去的妻子「極度醜陋的臉」上，力道之強讓那張臉就像熟透了的果實一樣被壓碎了。除此之外，小說還流露出明顯的沙文主義，書中描寫的外國人無不荒謬可笑，諸如喜歡在性高潮時高呼「天堂！天堂！」的男性，還有一人則是在悠一的肩膀留下齒痕，遭到抗拒之後竟一邊哭一邊不停親吻掛在胸前的銀色十字架。

當時的三島和作品中描寫的悠一的生活頗有相似之處。他的一位文友就曾點評：「關於那一類少年的世界，他比我們任何人都還要了解。」三島時常光顧銀座的一間名叫「布魯斯威克」(Brunswick)的同性戀酒吧，在那裡結識了十七歲的丸山明宏[6]，他剛成為同性戀酒吧裡的紅人，後來進軍演藝界，以美麗的女裝姿態聞名。三島和丸山雖然一起跳過舞，但並沒有擦出火花。根據丸山的說法，當時「他(三島)也不是那麼英俊，而且不是我喜歡的類型。」三島其實對於出入同性戀酒吧多有疑慮，畢竟附近隨時都可能碰上尋找新聞題材的記者或是奇怪的拉客，而且那時候幾乎整個銀座都在黑道的掌控之下。尤其三島特別討厭看起來弱不禁風的同

5 若女，即能劇中所使用的女面之一。女面根據角色年齡可以分為小面、若女、増女等。

6 丸山明宏(一九三五—)，日本歌手兼演員，少年時學習音樂，曾於銀座茶室「銀巴里」擔任歌手，因其外表俊俏加上唱功了得，受到許多文人捧場。後來換上中性打扮，被三島由紀夫稱讚其美貌為「天上界之美」，而後開始參與舞台演出，於一九七一年改名美輪明宏。

志（他的理想是充滿肌肉線條的男性），正如在《禁色》中所描寫的：

在清一色男人的跳舞、以及不尋常的玩笑中，這些跳著舞的人，臉上浮現著並非由於外物的強迫，只是出於單純的玩笑心而做出反抗的微笑，他們邊跳邊笑。那是扼殺靈魂的笑容。

過了不久，三島就曾寫信給友人，表示他「不會再去『布魯斯威克』了。」和《禁色》中的悠一一樣，三島除了男性，也會尋求女性的陪伴。三島以前的一位女性朋友告訴我：「他喜歡脖頸修長、圓臉蛋的女性，除此之外也有很多繁瑣的要求。每當一起外出，他就會指定我該穿什麼服裝；比方說欣賞來自法國的劇團演出時，我就得穿上來自巴黎的長禮服。」三島顯然具有雙性戀的傾向，只不過更偏好於男性。

與此同時，母親倭文重仍然佔據三島生活的中心地位。這時候，平岡一家搬到東京較為時髦便利的郊區，地點就在目黑區綠之丘，而每到晚上，倭文重都會特意到兒子的房間把寫作會需要的稿紙、書寫用具、茶、水果、毛毯與眼鏡等物品準備周全，當兒子寫好稿子之後也都由她第一個拜讀。家裡氣氛一切祥和，很適合潛心創作——三島的弟弟千之儘管沒有像哥哥一樣的野心跟傲氣，但也已經決定參加外交官考試，且從來不會打擾忙碌的三島。但父親平岡梓還是改不了愛叨唸的壞脾氣，時常和家人發生口角；甚至於因為自己比較喜歡狗，堅持要三島把愛貓扔掉。但三島除了在房門上開了個小洞好讓貓咪方便進出，每次外出旅行還會寄明信片給家裡的貓，同時不忘叮嚀父親對貓咪好一點。平岡梓曾說：「他有時寫作一寫就是幾個鐘頭，就這樣讓貓一直窩在他腿上，我簡直看不下去了。」結果三島卻反唇相譏，說道：「父親您大腦的構造想必跟狗差不多，所以才絲毫不能理解貓咪的複雜心理。」

時值一九五一年末，三島在父親的協助下開始準備第一次出國旅行。平岡梓的老友嘉治隆一是朝日新聞社的出版局長，在他的幫助下，三島於是得以名義上的特派員獲得出國的機會，並因此拿到由他先前待過的大藏省在少數情況下才會批准的外匯配額（當時日本外匯儲備極為短缺）。耶誕節那天，三島從橫濱港登上「威爾遜總統號」（President Wilson）郵輪，向前來送行的父母親揮手告別。他後來在《我青春漫遊的時代》也有提到這個時候，並寫道：「對飽受精神危機的我來說，我深切地感到必須去外國旅行。總而言之，一種情緒催促著我：我得離開日本，敞開自己的心靈，重新發現自我。」

海上旅行令他非常愉快，自然地融入旅行的人群中，拋棄了他「在文學上孤芳自賞，輕蔑庸俗的世間」。新年前夜，他甚至綁起頭巾參加了一群美國人舉辦的跨年餐會，白天則獨自一人坐在中板上看書。像這樣長時間沐浴在陽光下，是年少時期肺功能不好的三島絕不可能經歷的事情，也開啟了他通往全新世界的大門。

我宛如從暗黑的洞穴裡出來，才發現了太陽似的。這是我有生以來第一次與太陽握手。可能是我長時間以來暗自抹殺了對太陽的好感而不自知。

於是，我每天做日光浴，並開始思考如何改造自我。

思考哪些東西對我是多餘的，哪些東西又是我欠缺的。[7]

在這番自問自答之下，三島認為自己多餘的東西正是感受性，另一方面「欠缺的東西，應該就是肉體的存在感。我覺得我早就輕蔑冰冷的理智，只希望和承認一種雕像般的、不折不扣的肉體性存在感的理智。可為了得到這種理智，而得關在洞穴般的書齋和研究室，我可做不到，我必須跟太陽打交道才行。」

三島透過環球旅行受到的洗禮與其他日本人並無不同，但他更想要藉此轉過頭來重新審視日本這個國家，而不僅僅是他自己的人生。在夏威夷檀香山，出生美國的第二代美籍日裔令三島感慨萬分，尤其是他們在曼紐因[8]和海飛茲[9]的音樂會上所表現出的冷靜態度；相形之下，東京的日本人對待音樂家的方式就顯得相當大驚小怪。在舊金山，三島嘗試了一家日本餐廳卻大失所望，讓他「以格外悲慘的方式想起了日本」。接著，他前往洛杉磯，參觀眾多博物館和美術館，在由大英博物館出借的展示品中見到了透納[10]的作品，令他驚歎不已；另外也非常讚賞威廉．布萊克[11]第一版的《天真之歌》。紐約也給三島留下非常深刻的印象，他稱之為「五百年後的東京」，但也指出兩者之間的共同點卻是「藝術家們沒有一刻不在懷念巴黎」。帶他遊覽的嚮導是文化自由代表大會[12]的成員，介紹自三島在東京的美國學者朋友赫伯特．帕辛（Herbert Passin）。他因此得以透徹地融入紐約的文化藝術生活，不僅參觀了各大博物館（在現代藝

7 引文摘自三島由紀夫著《我青春漫遊的時代》，邱振瑞譯，大牌出版，二〇一七年二版一刷。本章節引文若無特別註明，皆摘自此作品。

8 耶胡迪．曼紐因（Yehudi Menuhin，一九一六—一九九九），著名小提琴家。出生於紐約，父母均為俄國猶太移民。

9 雅沙．海飛茲（Jascha Heifetz，一九〇一—一九八七），當代傑出的美籍立陶宛小提琴家。

10 約瑟夫．透納（Joseph M. W. Turner，一七七五—一八五一），英國浪漫主義畫家。

11 威廉．布萊克（William Blake，一七五七—一八二七），英國浪漫主義文學代表性詩人、畫家。

12 文化自由代表大會（Congress for Cultural Freedom，CCF），冷戰時期由美國中情局資助策劃的反共民間組織。

術博物館他對畢卡索的《格爾尼卡》讚不絕口），還去劇院欣賞著名歌劇。在大都會歌劇院觀賞過《莎樂美》之後，三島將創作者理查．史特勞斯比喻為「二十世紀的華格納」。不僅如此，他還在深夜的時候被帶去體驗哈林區（Harlem）的酒吧。

在紐約，三島也與負責英譯《假面的告白》的譯者梅爾迪茲．維瑟比（Meredith Weatherby）見了面。根據維瑟比在一九五六年於《朝日新聞》上刊登的隨筆，他提到：「我們會在兩三個小問題上討論一整天，但三島先生從沒有露出不悅的神色。譯稿還沒有出版，我卻從三島先生的提點中獲益匪淺。翻譯他的小說，甚比翻譯古典能樂更為艱難，有時候我會花上整整三個小時只為了翻譯一句話。他總是以最濃縮扼要的文辭形容隱晦又富於深意的事物。」當然，譯稿後來得以順利出版，只不過其觸及同性愛的主題的確在四十年前讓許多美國出版社都擔心會引起社會不滿，才使得出版一再延宕。

結束了美國的旅行，三島南下前往巴西：「在巴西停留了一個月，恰巧遇上嘉年華期間，使我盡情地陶醉在熱帶的陽光之中……宛如回到久違的故鄉似的。」離開巴西後，三島繼續旅程抵達巴黎，卻在街頭被收購外匯的騙徒騙走了所有的錢，只能幾乎身無分文地一整個月都待在破舊窄小的公寓裡。好在他還有公寓的主人——日本電影導演木下惠介的幫助，因此三島固然沮喪，卻也不算絕望。就在等待旅行支票補發的日子裡，他還完成了一部戲作《夜裡的向日葵》。等錢的問題解決了，他便立刻獨自一人動身前往希臘，這裡對他來說才是此行的重點。三島與多數現代日本作家不同之處就在於他一直都對古希臘文學和歐洲古典文化傳統具有濃厚興趣。出遊前四年，他就曾以歐里庇得斯的[13]《美狄亞》為基礎寫下短篇小說《獅子》。與他同時代的日本作家很少有人會去關注諸如埃斯庫羅斯、索福克勒斯或者荷馬史詩，而三島卻熟讀這些古典名著的譯本，對於古希臘以及法國十七世紀的古典文學，尤其是對拉辛[14]的關注並不亞於對日本古典文學的熱愛，這種品味以他的時代來說算是相當特異。

終於，三島來到了希臘。他沉浸於絕妙湛藍的天空和大海，走訪了各個著名古蹟（但卻遺漏了蘇尼恩海岬），日日「過得幸福又陶然」。就這樣，他形成了一套自有的古希臘觀點：

> 在古代希臘，不追求「精神」生活，只有肉體和理性的和諧。依我看來，「精神」正是基督教最可惡的發明。當然，這種和諧可能隨時破散，同時在破散的張力之中，亦可發現美的存在。在希臘的悲劇中，人的意志若過於傲慢就會遭到懲

13 歐里庇得斯（Euripides，西元前四八〇—四〇六），古希臘時代的悲劇作家。與埃斯庫羅斯（Aeschylus，西元前五二三—四五六）、索福克勒斯（Sophocles，約西元前四九七—四〇六）並稱為古希臘三大悲劇家。

14 讓・拉辛（Jean Racine，一六三九—一六九九），法國十七世紀的著名劇作家。

罰，我覺得正是對這種和諧的規訓……我這樣的想法，未必是對古代希臘思想的正確解釋，但當時我所看到的希臘正是如此，而我心之所需的希臘就是這種境界。

至此他認為自己發現了古典主義的關鍵，即「創作美好的作品與使自己成為美的化身，其實是出於同樣的精神土壤」。希臘之行治癒了三島的自我厭惡和孤獨，也喚醒了他「對健康的意志」——這是他仿效尼采的「權力意志」所做的形容。於是，他帶著一顆開朗明快的心返回了日本，覺得自己「不再是稍有挫折即哀傷自憐的人」（然而後來事實證明並非如此，他將發現自己在這方面想得過於天真了。）

結束旅行回到日本已是一九五二年五月，三島感覺自己在這個階段的創作已然結束，而下一個階段即將開始。但因為腦海裡積攢了各種短篇和長篇小說、甚至於劇作的構思，使得這段轉型期大約維持了一年左右。同年夏天，他發表了《盛夏之死》，是個同樣展現了厭女情緒但略帶驚悚的短篇小說，講述了一位母親在兩個年幼的孩子溺死後的心路歷程。到了一九五三年初，他開始在雜誌上連載《禁色》的第二部曲《秘樂》，後來這部作品也被集結為一冊出版，將老作家檜俊輔和美少年南悠一的故事導向完結。俊輔在對著悠一進行漫長的獨白後服藥自殺，而悠一則從頭到尾都不曾改變，始終都只是作為一個「傀儡」。而後悠一在妻子的請求下親眼見證了剖腹生產，一邊告訴自己「不看不行，反正一定要看下去，」一邊壓抑著嘔吐感，看著「宛如寶石般正在閃閃發光的紅色皮下組織，皮膚之下被鮮血染紅的柔軟肉體、以及彎彎曲曲的東西……」結果，悠一感受到妻子的肉體「令他感到恐怖的一部分」已不僅止於陶器般的存在，讓他心中第一次有了如此強烈的情感。

一九五三年夏天，至今出版許多三島作品的出版社新潮社推出了全六冊的《三島由紀夫作品集》。這對於一個不足三十歲的年輕作家來說實為一份殊榮。出版社為此舉辦了慶祝會，三島陪同母親參加，席間的貴賓還包括川端康成。當時，這個穿著正裝的年輕作家看上去就像個十八歲的青年，在母親的陪伴下參加學校頒獎典禮，但這時的三島早已是文壇公認的戰後新銳作家，其作品集也比同時代的安部公房、堀田善衛、大岡昇平等作家都還要早問世。在各方面的獨特格調正是三島的過人之處。

曾翻譯川端康成著作（後來也翻譯了三島的絕筆之作《天人五衰》）的愛德華．賽登斯提克（Edward Seidensticker）於一九七一年在《太平洋社論》上發表的文章寫道：「三島的文風華麗、詞藻盛飾，以致有時略顯造作，卻體現了許多日本人似已摒棄的文辭之美。其文體毫不吝嗇地採用了各種冷僻的裝飾性詞彙，在這方面多少與結合來自外國的刺激而逐漸繽紛的英語有異曲同工之妙。」三島對於日語詞彙的豐饒感到「愉悅」，也因此「成就了比起他同時代或更年輕的作家都更為艱澀的文章……信手拈來這些微妙曖昧、豐饒富裕的語彙，再加上短語與引喻的旁徵博引，使得相對博學的讀者也需要在身邊備置辭典才能一讀，這種作家大概就只有三島由紀夫一人。」賽登斯提克還將三島與愛爾蘭作家詹姆斯・喬伊斯（James Augustine Aloysius Joyce）相提並論：「他能靈活運用多彩的文體……又能如此輕鬆自然、自信而高雅地使用古典文學語言，這令他傲視同儕，近乎成為絕無僅有的典範。從這個角度來說，三島由紀夫可謂是日本文學界的喬伊斯。喬伊斯在文學上可以化身各種不同的風格，而三島也正是如此。」

到了一九五四年，《潮騷》的出版確實披露出令人驚喜的「另一個三島」。這本小說顯然深受兩年前希臘之行的影響。三島借鑒了希臘神話中達芙尼與克羅伊的原型，以淳樸的漁夫和少女為主角打造出一段發生在歌島（今日本三重縣神島的古名）的田園牧歌式古典派純愛故事。這部小說後來也由梅爾迪茲・維瑟比翻譯成英文並出版。開頭是這樣的：「歌島是個人口一千四百萬、方圓不到四公里的小島。歌島有兩處景致最美。一處是八代神社，坐落在島的最高點，朝西北而建。從這裡極目遠望，可以望及伊勢海的周遭，歌島就位於其灣口……拾兩百階的石梯而上，來到了由一對石雕唐獅子守護的鳥居前，猛然回首，可以看到被這種遠景包圍著像是古代的伊勢之海。」小說的男女主角是一對少年少女，男孩總是穿著同樣的工作服，即

「已故父親遺留下來的褲子和粗布工作服」，女孩則是「身穿棉坎肩和綁腿勞動褲，手戴骯髒的粗白線勞動手套」前往海邊幹活。[15]雖然兩人之間受到第三者的阻礙，但最終還是以圓滿結局收場。諸如《禁色》和《愛的饑渴》等作品中對於性的病態描述在《潮騷》裡突然消失得無影無蹤。

這部小說成為一九五四年的暢銷書，三島由紀夫因此榮獲新潮社文學獎，不僅被政府（文部省）列為推薦閱讀作品，甚至東寶電影公司還將其拍成電影，讓三島隨同製作團隊前往神島拍攝外景。然而在風光之餘，來自文學評論界的關注卻不高，就連三島本人也因為該作品過於通俗地被大眾接受，成為他日後「對希臘漸失熱情的原因之一。」但回到文本來說，《潮騷》裡對自然風景的描寫具有一種人為感，就如同三島自己評價是宛如凡爾賽宮內的特里亞農宮那種假造的自然風格；也因此出現許多聲音批判三島根本不知道鄉村特有的氣氛與生活狀況。事實上，三島的確對於周遭常見的自然事物一無所知，就連杉樹和松樹也搞不清楚。

唐納德・基恩曾向我描述過他在一九六六年和三島的一次鄉村短途旅行，從中便能看出三島對鄉村生活毫無概念。有一天晚上，他們在旅館休息的時候聽到附近山谷裡傳來聲響

15　本段落引文摘自唐月梅譯《潮騷》，譯林出版社一九九八年版。

——溪流邊的青蛙們正齊聲鳴唱。

三島：「這糟糕的噪音是從哪來的？」

基恩：「哦，那應該是山谷裡的青蛙吧。」

三島：「啊，是啊。原來如此。」

（傳來一陣狗吠聲）

基恩：「我想這次應該是狗在叫。」

（三島尷尬地乾笑了幾聲）

這時的三島開始受到古典主義莫大的影響。唐納德・基恩在其著作《風景與肖像》中寫道：

「這使得他的作品所強調的結構、主題和知性內容有所轉移，與《禁色》中那種巴洛克式的繁複正好相反。他的文風已然擺脫早期的古語體以及翻譯文學的深刻影響，尤其是哈狄格和司湯達[16]，並轉向森鷗外那種簡潔凜然的風格。森鷗外素以剛毅而理性的措辭聞名於日本文壇，具有如漢文翻譯般的調性；同時傾向使用傳達臨場感的歷史現在時態，並且堅守言辭的純淨……三島仿效森鷗外的文風，為了精確表達語意而毫不猶豫地使用冷僻的漢字或詞彙……

選用純粹文人的語彙、而不偏向情緒化的表達，無疑是三島古典主義的特徵之一。」然而，三島仍有著頹廢浪漫派的一面，這從他同一時期發表的短篇小說《上鎖的房間》(一九五四年)便可見一斑。故事描述一位財務省官員和有夫之婦發生婚外情，女方卻在兩人於上鎖的房間內幽會中途暴斃而死；過了不久官員於女方家中玄關遇見了情婦九歲的女兒，就在兩人互動之間，男人的腦海中浮現了撕裂這名少女的幻想，藉此成為「這個無序世界裡的自由居民」。

三島曾在一九六〇年代回顧五〇年代早期的自己，表示儘管歷經了社會的劇變，卻不覺得這有造成任何具體的影響。在《我青春漫遊的時代》中，他坦言：「現在，我已經打從心底不相信二十六歲時狂熱信奉的古典主義的理念了。不過，要我快刀斬亂麻地揚棄自己的感性，固然看似很有氣魄，其實難免有些落寞之感。」他開始思考年輕和青春的荒謬性，但同時也不認為年老能帶來任何樂趣。

於是，我萌生一個想法，無論現在或瞬間或時時刻刻都在思考死亡。對我而言，這或許就是最為活生生的真正肉慾的唯一想法。從這個意義上說，也許我生

16 司湯達(Stendhal，一七八三—一八四二)，本名馬利・亨利・貝爾，十九世紀的法國作家。

來就是個無可救藥的浪漫主義者。

更進一步的回憶和反省令他接著寫道：「二十六歲的我，追求古典主義的我，以及感覺最接近活著的我，說不定原本即是個冒牌貨呢。」

## 第二期：一九五五—一九六三

男人把種子傳給女人。接著便開始他長之又長、無從描繪的虛無之途。

三島由紀夫，《反貞女大學》

三島恰如《愛的饑渴》的女主角悅子渴望著愛情，但是一旦對方與他有所共鳴，又會逕自急忙轉身離去。因此，在他所經歷的眾多友情中，和歌舞伎世家的著名女形（即歌舞伎中擔任女角的男性演員）中村歌右衛門的交往就顯得尤其難得。三島從中獲得了不少經驗和見解，並充分反映於一九五七年發表的短篇小說《女方》。故事中描述知名的女形演員佐野川萬菊愛上了年輕的劇場導演，而這段戀情讓劇場的工作人員增山十分嫉妒。小說以增山對萬菊的獻辭為開場白[17]：

佐野川萬菊是當今罕見的純女方。換言之他無法靈活地同時飾演男角與女角。他的表演風格雖然華麗，卻是陰柔的，所有線條都纖細至極。無論是力量、權勢、忍耐，膽量、智勇，乃至強烈的反抗，他全都只能透過「女性化表現」這道關卡表現出來。那是可以將人類所有情感都用女性化表現過濾的才華。

從一九五一年起，三島就常常前往歌舞伎座的後台造訪中村歌右衛門，因而對舞臺下的女形也十分熟悉，並將自己的觀察如實地反映在小說之中：「萬菊一向遵守《菖蒲草》的訓示，一如『女方在後台，也得保持女方的心態。便當應背著人食用』這條訓示，時間來不及不得不再客人面前吃便當時，也會先說聲『失禮了』，低頭躲到梳妝檯旁邊，以非常優雅、甚至讓人從背影看不出來在吃東西的姿態，迅速優美地吃完飯。」舞臺上的萬菊令增山感到來自女性的

17 引文摘自〈女方〉，《憂國——暴烈美學的極致書寫，三島由紀夫自選短篇集》，大牌出版，二〇一六年二版一刷。

誘惑，但即便是在後台，這種誘惑也依然存在：「萬菊在後台會脫下衣服露出裸體。雖然他的體型纖細，但的確是男人的身體……他〔增山〕感到的與其說是幻滅，毋寧是一種安心感。」增山認為，是虛構的日常在支持虛構的舞臺，而真正的女方正是「自夢想與現實的不倫交媾誕生的孩子。」

從作品中也能看出在三島的個人經歷中，女形給人的感覺是完全有別於女人的：

掀開染有佐野川徽紋的布簾，走進後台休息室的人會感到不可思議。這座優雅的城堡沒有男人。雖是同一個劇團的人，增山走進那裡時也是異性。當他因故來訪，用肩膀頂開布簾，還不及朝裡面跨入一步，頓時已對自己的男人身分有種異樣新鮮的強烈感受。

增山曾因公事造訪過擠滿了那些舞群女孩、女人味嗆鼻的後台休息室。裸露肌膚的女孩們，如同動物園的獸類，擺出隨意的姿態，漠不關心地朝他投以一瞥。

如果說《女方》影射了三島私人生活的一面，那麼被許多人視為其巔峰之作的《金閣寺》

（一九五六年）便昭示了三島的價值觀。在京都建造於十五世紀的著名寺院金閣寺（鹿苑寺）裡當侍僧的主角溝口為寺廟住持之子，他天生口吃，這也成了「他和外界的一層障礙」。眼看著日本諸多城市在戰時因空襲被毀壞殆盡，溝口因此堅信京都連同所有市民、一千五百多座寺廟和其他珍貴歷史遺產也終將全部化為焦土（他是在戰爭時期進入金閣寺修行的）。正如一九四五年身處東京的三島，溝口同樣認為戰爭帶來的毀滅結局無可避免，也衷心期盼著這樣的未來——他對於生死沒有任何執著。這部小說儼然是一種比喻；溝口無法接受對他來說象徵著「美」的金閣寺在戰爭結束後仍繼續存在的事實，於是在某個夜晚放了一把火將金閣寺燒成灰燼。三島的命運也是同理：他親手為自己打造了名為希臘式肉體的「金閣」，同時決意將要親手毀滅這座美之聖殿。溝口曾說：「美……美的東西如今對我而言是仇敵了。」[18] 而三島正是借溝口之言吐露了自己的心聲——「美」的毀滅，比「美」本身更為美麗。

《金閣寺》中處處可見充滿哲學的議論，對此三島曾在日記式的隨筆集《裸體與衣裳》中寫道：「至於我小說中的對話，我相信在某種程度上，自己已經從日本式的潔癖中游離而出了。日本作家很喜歡以對話來間接刻劃人物個性、氣質和生活形貌的細節藝術，但與人物個性和

18　本段落引文摘自三島由紀夫著《金閣寺》，鍾肇政、張良澤譯，大地出版社，二〇〇〇年初版。

氣質並無關聯、僅是讓讀者閱讀其內容的對話，甚至於是讓這般長篇的對話以相同的節奏不露痕跡地融入描寫性段落，正是歌德的小說，或是更擴大一點來說便是德國小說的特殊韻味所在。」三島同時解釋，由於湯瑪斯．曼繼承了這種歌德式對話如敘事詩般的脈絡，因此《金閣寺》的文體可以說是「森鷗外加上湯瑪斯．曼」。

主導《金閣寺》中這般長篇對話的大都是主角溝口在大谷大學一位毒舌狡黠的同學柏木：

「柏木的顯著特色是兩腳成了相當強度的內翻足，步行艱難。宛如隨時都行走於泥濘之中，好不容易一隻腳由泥濘之中拔出，但另一隻腳卻又陷入泥濘。隨之全身躍動，行走成為一種大模大樣的舞蹈，毫無日常性。」

柏木總是用貌似充滿哲理的尖銳話語煽動溝口，例如：

「口吃吧！口吃吧！」柏木對著一時回答不出的我，有趣似地說著。

「你好不容易才碰上能安心口吃的對象啦，是吧？人們都是這樣找著自己的搭檔的。這且不管，你還是童貞嗎？」

接著，柏木選擇結巴的溝口作為傾吐衷腸的對象，講述自己如何巧妙利用身體上的障礙來引誘女人上鉤。還是個處男的溝口不禁被柏木的句句箴言迷惑：「地獄的特色，是每個角落都明晰可見，而且是在暗黑之中！」

柏木甚至實際示範了他勾引女人的技巧。就在兩人沿著小路邊走邊聊的時候，一名氣質不凡的女性從遠處走來，當她即將走到他們面前，柏木便突然從石牆上縱身一跳，佯裝摔傷，吸引了女性的注意。她在柏木的誘導下將他帶回位於附近的自宅治療，兩人後來發生了關係。柏木甚至還教對方如何向未婚夫隱瞞不是處女的方法，接著就無情地拋棄了她。

有一天，溝口從金閣寺的庭園裡偷摘了一些杜若花帶去柏木的住處。當柏木用這些花朵插花時，溝口問起了先前被他拋棄的那名女子。柏木於是反問：

「你知道《臨濟錄》的示眾章裡有麼一句名句嗎？『逢佛殺佛，逢祖殺祖……』」

我下腔：「『遇羅漢殺羅漢，遇父母殺父母，遇親眷殺親眷，始得解脫。』」

「對啦，就是那個。那女人就是羅漢啦。」

「那你也解脫了嗎？」

「唔……」柏木把切了的杜若花弄齊，邊觀賞邊說道：「殺得還不夠。」

接著，柏木談起了一段佛家公案——《南泉斬貓》。話說唐代池州南泉山有位叫普願禪師的名僧，世人亦稱他為南泉和尚。一天，在這閑寂的山寺裡出現了一隻小貓，東西兩堂的弟子們於是為了搶奪貓起了爭執。南泉和尚見狀，立刻抓住小貓，把割草鐮刀架在貓的脖子上，說道：「眾生得道，貓即得救。不得道，即斬。」眾人無法回答，他便斬殺了那隻貓。到了傍晚，弟子趙州回來了，南泉向他講述了事情原委。結果，趙州立刻脫下草鞋，將它頂在頭上走了出去。南泉和尚嘆道：「要是今天你在場的話，這隻貓兒就有救了。」

對這則意味深長的公案，柏木如此解釋：

「美就是這個樣子。所以斬了貓，看起來就好像拔除蛀牙，剔抉了美似的，但能不能說那就是最後的解決，沒有人知道。因為美的根是斷不了，逃不了的，縱使貓已經死了，但說不定貓的美還是沒死。於是為了諷刺這種安易的解決，趙州把鞋子頂在頭上了。可以說，他知道除了忍耐蛀牙的疼痛之外，別無解決的辦法。」

溝口當即被這番透徹的解道所折服。他接著問：

「那麼你是哪一邊的？南泉和尚嗎？還是趙州？」
「這個，是哪一邊呢？目前看來我是南泉，你是趙州，但不知哪一天，你成了南泉，我成了趙州也說不定。因這公案會『貓眼似的』變化呀。」

溝口目不轉睛地看著柏木靈巧地擺弄著水盤裡的杜若花，心中出現一股不祥的預感。「但他手裡的動作也有殘酷。對於植物，他表現的好像擁有不快的陰暗特權。不知是不是那緣故，每當剪刀聲響，莖被剪斷時，我似乎看到血滴滴淌下。」

在小說的最後，溝口按照史實縱火焚燒金閣寺——這個故事的原型正是取材自實際發生在一九五〇年金閣寺為一名僧人放火燒毀的事件。

《金閣寺》一經問世便受到多方盛讚。《朝日新聞》稱讚這部作品讓三島由一位年輕的新進作家蛻變成具有成熟洞察力的人性觀察者，同時獲頒讀賣文學獎，並由戰後日本電影導演巨擘市川昆翻拍成了電影。加上由伊凡．莫瑞斯（Ivan Morris）翻譯的英譯本隨後在多國出版發行，奠定了三島在西方世界的聲譽。唯一對這部作品提出批判的便是小林秀雄，他可以說是戰後日本最有影響力的評論家，並質疑《金閣寺》根本稱不上是小說，而是過於直接袒露作者態度的詩作。這段批評出自一九五七年一月小林秀雄和三島由紀夫的一次對談，從當時拍攝的照片可以看到三島難得地低著頭，一邊聆聽小林先生的評論。

在日本很多作家都認為世間的評價只是其次，視之為浮雲，但對於三島來說這才是最重要的。隨著《金閣寺》的出版，三島樹立了身為當代日本最傑出作家之一的新形象，同時除小說之外也致力於戲劇創作和文學評論，希望能在各個方面都贏過同時代的文人。但是，他並沒有滿足於這些成就。唐納德．基恩就曾評論說：「他想用自己的文筆來征服整個世界。」時值一九五六至五七年間，三島迎來了夠實現野心的大好時機。這時西方掀起了一股日本文學熱潮，許多二十世紀的傑作陸續在美國翻譯出版，為三島的成功打下基礎。首先，在這波日本風潮中三島比其他任何作家都更有優勢，因為他的作品都具有西式架構，不像例如川端康成的小說極其注重氛圍的渲染，會讓西方讀者難以透徹領悟。甚者，三島的創作主題豐富而多變，此時的他已出版將近四十部作品，因而西方文壇可以輕而易舉地挑選出適合當地文化背景的七、八本佳作來介紹給讀者。最後，一個很重要的個人因素便是三島本人十分樂於和西方讀者交流，相形之下，許多日本名作家不是已經到了不會在乎海外評價的年紀，或者就只是單純沒興趣而已。三島這時最大的障礙或許反而是他的英語其實並不流利。

一九五七年初，當三島接到兩份來自海外的學術邀請函的時候，他於是下定決心要解決語言障礙的問題。第一份邀請是來自三島位於紐約最主要的海外出版社克諾夫出版社（Alfred A. Knopf Inc.），希望他能赴美商討由唐納德．基恩翻譯的《近代能樂集》的出版事宜（在這之前克諾夫出版社發行了《潮騷》英譯版，賣出了一萬冊，以日本作家的作品來說實屬罕見的熱銷。）第二份邀請則來自美國密西根大學，盛情邀請三島前往舉辦關於日本現代文學的講座。三島接受了這兩份邀約，並開始發揮他的勤勉功力定下心來攻讀英語。他的一位朋友告訴我：「他買了許多錄音帶和耳機，每天都花好幾個小時待在錄音機前將同一捲錄音帶聽上好幾遍，試圖把不熟悉的發音全都灌進腦海裡。」

同年七月一日，三島從羽田機場出發，朝著人生第二次周遊世界的長途旅行邁進。在那天看到他的人想必都不會聯想到這個人竟然是一位知名作家——頭髮照例剃得極短，穿著白襯衫、打領帶，外面則套上一件短夾克，看上去散發著健康活力的氣息。粗壯的脖頸與結實的體魄讓他比起作家還更可能被錯認成一個體育教練。三島在兩年前開始健身，成功地改造了自身的體格形象；如今他的手臂已不像少年時代那樣蒼白瘦弱，而是充滿強健的肌肉線條，有著健壯的肩膀與雙臂。變得身體健康、將皮膚曬黑的三島在這時可以說是日本男性心目中的典範。

在密西根大學的演講中，三島分析了日本古典文學的繼承人——川端康成的文學，也特別提到了如大岡昇平、武田泰淳、石原慎太郎等戰後的新銳作家。他也分析了自己在戰時和日本浪漫派的接觸，並提及與之相關的右翼國粹主義運動的興起，以及自己對古典文學的熱愛。談到日本文學未來的趨向，三島認為人們將試圖尋求讓現代文學與傳統相結合的途徑，並且指出他自己將在其中扮演重要角色。

這一次，他在北美逗留了大約六個月，遊覽了美國南方與紐奧良，接著前往西印度群島，在海地首都太子港觀賞了巫毒教的儀式。抵達紐約的時候已是夏末，他迫切希望能在這裡看到自己的近代能樂劇作端上舞臺。三島的能樂劇是將古典的能樂謠曲改編成現代風格推陳出新，這在國內外都受到極大關注。

當時，他住在一家一流酒店裡期待著能夠公演的日子。然而好幾個禮拜過去了，身上的財產也所剩無幾，卻都等不到任何消息。於是，他只好搬去紐約格林威治村的一家三流旅館繼續等待，那裡的環境老舊，住著很多老人，被他形容成就像是「養老院」。由於當時日本政府仍然實行嚴格的外匯管制，他不得不開始拮据的生活，這一切都讓三島變得越來越沮喪。

事實上，他並不善於獨自在國外生活。三島曾在《裸體和衣裳》中如此描述自己的窘境：

身在異國他鄉，所有的一切都是恐懼的源頭。不敢自己一個人前往郵局或是銀行，坐上公車或地鐵也害怕著不知道會被載往哪裡，也無從得知周遭的人究竟是善是惡，一切恍如五里霧中。

當時在哥倫比亞大學擔任助教的唐納德・基恩也在紐約，他回憶道：「我本來想去看看他、給他鼓勵，但當時忙於學校事務，實在抽不出空，所以沒有約他出來見面。有一天，三島毫無預警地造訪我的公寓，很自豪地說他是坐地鐵來的。我跟他說我正好要出門，接著，他欲言又止地小聲問我是否可以讓他一個人待在這裡一會兒再離開。」這時的三島喪失了自信，因而無法遏制自己在他人面前顯露脆弱的一面。基恩接著說：「那個場面真讓人難以置信。這跟他在六〇年代的形象完全不合。」儘管最後近代能樂劇《班女》以私人公演的形式端上了舞臺，但意志消沉的三島還在新年前一天默默離開紐約朝歐洲出發，返回日本的時候正好趕上自己的三十三歲生日。

當時在日本，男人未婚是很少見的。大多數男性都會趕在三十歲以前，女性則多半剛過二十歲就得完成婚姻大事，不然就會被周圍投以異樣的眼光，尤其身處中上階層的人更是如此。三島沒有在二十多歲時結婚確實讓人有些驚訝，畢竟他很有責任感，特別是對他的父母。不過，三島跟母親的親密關係讓他對此並未多做考慮，加上倭文重也不曾催促過兒子的婚事。然而一九五八年初，三島回國後得知母親罹患癌症，即將不久於人世，因此他立刻決定要盡快娶妻，無論如何都要讓母親在去世之前看到自己順利成家。由於身邊並沒有中意的對象，三島於是選擇了日本傳統的相親儀式。

最初相親的對象中包括了日清製粉公司社長的長女正田美智子，後來則嫁給了皇太子明仁[19]。也許對於美智子以及正田家族來說，三島對於理想妻子形象的標準實在過於嚴苛了。他要求未來的太太既不能是裝模作樣的文學才女，也不能是追逐名利、好出風頭的女人。他還列出了五項基本要求：一、不是想嫁給作家三島由紀夫，而是想跟平岡公威結婚的女性；二、即便穿上高跟鞋，個子也不能比三島高；三、有著一張圓臉，相貌甜美；四、樂於打理家事，會重視他的父母；五、絕對不會干涉自己的寫作事業。這五項條件於是成了仲介為他尋找合適人選的基準。

經過幾次相親後，三島選擇了畫家杉山寧當時二十一歲的長女杉山瑤子作為結婚對象，理由很可能與她出身藝術世家有關。此外根據三島一篇刊登在雜誌上的時文，「我一心想著從我不瞭解的領域挑選對象……找一個對我的文學毫無興趣的女子。」瑤子比三島矮了五、六公分，身高只有一百五，長相也的確非常可愛，有著一張三島喜歡的圓臉；而且，根據平岡家從仲介那邊得到的未公開資料，她是個很能幹的女人。三島第一次見到瑤子是在一九五八年四月初，在經過兩次會面之後就決定娶她為妻，並於五月初舉行了訂婚儀式。三島於是邀請川端康成在婚禮之後的宴會上擔任證婚人，同時表示「既然決定了就越快越好」，因此主張在五月中就舉行結婚儀式。但由於這段期間遇不上良辰吉日，也來不及準備新娘的三套衣裝（傳統日式婚禮上新娘要穿的和服、西式婚紗以及宴客禮服），使得婚禮最終於六月一日舉行。

婚禮後，這對新人前往鄰近富士山的箱根，在歷史悠久的富士屋旅館度過了蜜月旅行的第一夜。三島還從旅館打電話給家裡，詢問母親的病情。而後他們遊歷了京都，經由瀨戶內海抵達九州的別府。旅行結束後他們回到東京和三島的父母同住了一段時日，直到新家順利落成。這時三島已在東京大田區買下了一塊地，地點就位在羽田機場北邊，他計劃在這裡蓋起兩棟庭園相連的房子，一棟作為自己和瑤子的新家，另一棟則給父母住。此時倭文重也被發現並非罹患癌症，病情亦逐漸好轉。

日本人的家多半小巧樸素，戰後還出現不少混合傳統和西式格局的和洋折衷建築；另

19 （編注）明仁即今上天皇。

一方面，日本人除了熟識的人以外很少會邀請外人到家裡作客，也不像西方會在家裡安排娛樂活動。然而三島卻決定將新家完全西化，試圖傾盡財力——他為此向新潮社預支版稅來用——建造出高大的屋宅，再打造擁有挑高天花板的客廳，外面則設想了一座外型方正、種有草坪的西式庭院。三島在西印度群島旅行時，曾被舊時代留下的殖民地建築深深吸引，故此希望自己的新宅也採用相同樣式，有著與日本傳統建築正相反的雪白厚實圍牆。據三島自稱，他構思的是一棟「反禪學」的宅邸。但是現實上土地的面積根本只夠建造一棟普通大小的居所，加上還得騰出車庫、車道以及花園的面積，三島於是被迫縮減房屋的格局；比方說將挑高的客廳規劃成樓中樓，同時略微縮小空間。

三島這麼做的目的——或者可以說，他人生最基本的目的——就是想震驚他人。他決心要打造出不同凡響的新居，但既然無法建造出龐大的規模，他轉而追求與眾不同的裝潢。客廳採用了維多利亞風格，並擺滿具有十九世紀風尚的傢俱，牆壁則掛上古典主題的油畫；三島還特意為朝向花園的大窗戶配上沉重而華麗的窗簾。他說：「這就是我的維多利亞盛世的美夢——不，應該說是噩夢。」這一切看在一個西方人眼裡顯得過於刻意，對當時的日本人來說就只有荒謬可言。在庭院中央還能看見方形的大理石臺座上矗立著巨大的阿波羅雕像，被三島形容為是他「輕蔑理性的象徵。」

從三島的文字裡也能明顯看出這種欲圖使人震驚的心態。他曾在雜誌中撰文寫道：

現在的我也成了一個大老爺，在家裡偶爾對妻子頤指氣使，根據常識來行動，還造起了自己的房子，過得無比快活，如今也喜歡批評過去的人的不是。被人稱讚我比看起來年輕就欣喜不已，追求時髦穿起隨便的服裝，擺出一副除了俗惡之物一概不愛的姿態……想著盡一切可能就這樣活到瑪士撒拉[20]的高齡。

（三島這篇文章是在反擊他的建築設計師鋒之原捷夫，因為後者批評三島的品味「很差勁」。）

然而三島其實很少談論自己的家庭生活。他把生活嚴格地劃分為兩個領域：家庭生活和他的公眾身份。在具備瘋狂表現癖的同時，三島的內心也保有類似於儒家思想的倫理觀，在特定情況下會以家庭為最優先考慮的因素。凡是造訪他家的攝影師一律不允許拍攝瑤子的照片，這在後來三島家有了孩子之後也同樣不許拍攝他們的照片，就連三島的父母自然也被隔絕於公眾視線之外。面對大眾的三島由紀夫就是一位小說家、劇作家和喜歡出盡風頭的人，

20 瑪士撒拉（Methuselah），《聖經》中的人物，據傳享年九百六十九歲。

而絕不會展露身為一個兒子、丈夫或是父親的一面。他徹底地將公私分明，絕對不會使用「三島由紀夫」以外的名字，社會上知道他本名叫平岡公威的人少之又少；甚至於我，也是在他去世之後才得知他的本名。

在家裡面對來訪的記者，三島總是裝出一副悠然自得的姿態：「我的理想生活就是穿著夏威夷花襯衫和牛仔褲，坐在一把洛可可風格的座椅上。」但他實際上是一個極端自律的人。一九五九年初，也就是結婚後過了半年，他開始執行體能訓練計畫。每個週一和週五，他練習劍道；每週三、週四和週六則進行健身。這段期間他並沒有停止寫作，仍是維持每天通宵寫到黎明，再從清晨睡到中午。然而他曾憂鬱地表示自己有時候很希望一天就只分成睡眠、工作和運動三個部分，讓二十四個小時都為「孤獨和休閒」所填滿。如此一來人們就會認為他極其忙碌，也就能夠「推掉一切社交娛樂」了。不過這也僅止於三島一時的想法而已。

無法克制想要讓人吃驚的這種癖好除了展現在日常生活中，在三島的文學作品裡更是表露無遺。基恩曾評價：「三島絕不會寫出兩部相仿的作品，他總是試著加入新的元素，好為讀者帶來驚喜。」三島在婚後的首部新作《鏡子之家》正是最好的代表，這部小說被三島自己定義為「探究虛無主義」的成果之作。基恩在自身的評論集《風景與肖像》中寫道：「主角們為各自迴異的性格、職業與性傾向主宰了他們的生活方式，因而走上各不相同的人生方向，結果卻是殊途同歸，不論繞了多少遠路都終將歸還於虛無。」在這部長篇小說中，三島用四個人物來指代不同方面的自己：「當我塑造小說中的某個人物形象時，我有時候深感他接近我自己的思想，可有時我又會把與自身性格酷似的這個人物逐出腦海，任其獨立地徘徊。在寫作過程中，對待主角的態度往往會發生驟變，因此為了避免這種始終發生在我作品裡的矛盾現象（在《禁色》中尤其明顯），我便在《鏡子之家》中避免使用單一主角，而是以四位截然不同的角色代表我自身的多個側面。」

這四位主角分別如下：

峻吉是個拳擊手，他的信條是：「即使是瞬間也不思考」[21]。透過無秩序與自由的無政府主義，他希望能摧毀戰後日本的社會秩序與權威。他相信的是「力量」，這又同美和死聯繫在一起，而非是正義和秩序。他羨慕在戰爭中死去的兄長，因為他「不用害怕無聊，也不用害怕思考，勇往直前走完了人生」。峻吉生存在一個充斥著「日常」的可憎時代，這讓他無法維持自身行動的純粹性。抱持著對「力量」的堅定信念，他成為全日本拳擊冠軍，後來卻與流氓發生

21　本段引文皆摘自三島由紀夫著《鏡子之家》，陳系美譯，大牌出版，二〇一七年初版一刷。

爭執導致手部受傷再也無法握拳，只能黯然引退。絕望的峻吉認為自己的未來必將是徹底的無聊且無意義，因此參與了右翼團體，對於「未來」全數反抗。只有在作為右翼份子活動的時候，峻吉才能在這個「日常」的時代感受到接近死亡的自己。

阿收是一位極具自戀傾向但沒沒無聞的年輕演員，在因緣際會之下開始健身，卻總是無法擺脫「自己是否真的存在？」的不安。他時常攬鏡自照，藉此來確認自己的存在。阿收後來因為母親欠債被一位醜陋的高利貸女社長清美買下；她愛著阿收，並以施虐的方式表達自己的愛情。這名英俊的演員開始思索自己流出的鮮血是否將成為他存在的確信。阿收渴望演出一場「理想的戲劇」，於是兩人最後雙雙殉情而死。

古典日本畫家的夏雄認為「自己是天使」，受到某種守護神的保護。他的生活毫無憂慮，但是在某次前往富士山山腳的樹海寫生之際，眼前卻產生了世界崩壞的幻象。儘管成了名人，卻「只因自己些微的名聲，就在世間某個角落傷害了那些年輕人」，這讓他大感錯愕。他曾對著好友直言：「這麼重視肌肉的話，趁還沒老之前，在最美的時候自殺吧。」夏雄被「現實與虛無」的神秘世界所困囚，但到了最後，他看著一株水仙，領悟到「看到水仙的我，與被看的水仙，屬於同一個堅固世界。這不正是現實的特徵嗎？」因而獲得了救贖。

清一郎則是個能幹的商社上班族，堅信著世界終將崩壞。表面上的他看似積極開朗，在商社裡也表現一流，然而他只是在「活出別人的角色」，以平庸和普通為「靈感泉源」。清一郎和副社長的女兒藤子結婚後，妻子隨他一同被調職前往紐約，他在那邊也依然遵循著自己一貫的金科玉律，即「活在別人的人生裡。」

《鏡子之家》是三島由紀夫在五〇年代的所有創作中以最大程度揭露自身內心世界的作品。這四個主角所代表的面向至今為止都潛伏於三島心中，但終究在進入六〇年代以後爆發出來；峻吉所象徵的右翼傾向，到了一九六五年之後開始漸趨明顯。借夏雄之口說出的「在最美的時候自殺」的信念也在六〇年代末期變得明確。同樣地，阿收的命運——死於鮮血、演出人生之戲——亦彷彿三島本人的寫照。但是《鏡子之家》最大的特徵在於四位主角中有三位都相信世界的毀滅在所難免。從這方面來說，三島的虛無主義與戰時的日本浪漫派主張實有相似之處。日本文學評論家江藤淳就曾著文指出三島「才是以失敗告終的浪漫派最後的代言人。對於世界毀滅的期盼反覆出現在三島戰後的作品之中，無論是《美德的徘徊》（一九五七年）、《鏡子之家》（一九五八年）還是《美麗之星》（一九六二年）皆是如此，而這正是日本浪漫派最大的特色之一。」

但是這部小說卻沒有引起世間的高度評價，這對三島來說也是一次重大打擊。他曾說道：「畫家夏雄代表著感受性，拳擊手峻吉代表了行動，演員阿收代表自我意識，上班族清一郎則代表對世俗社會的處世之道，因而自然而然各個人物的性格將變得抽象並進一步純化。這一次，我放棄塑造單一、協調且有生命的人物像。」[22]也許，正因為這種過於理性的態度破壞了他對「虛無主義的探究」——若沒有了生動的人物，又怎麼能吸引讀者呢？三島或許反省了這次失敗，下一部作品《宴之後》於是在人物塑造上表現得極為出色。

根據三島的某次自述：「套用阿諾伊[23]的說法，我所有的作品也可以分類為『薔薇色作品』和『黑色作品』兩種。」《宴之後》便是薔薇色作品的傑出代表。小說以東京一家高級料亭「雪後庵」（原型取材自現實中的般若苑）的老闆娘阿勝為主角，從諷刺的角度描寫了日本政治生態與政治人物。如同安格斯·威爾遜[24]的評論所言：「阿勝是個兼具法國作家巴爾扎克式的廣度和福樓拜式深度的女人。」三島在小說內如此描述阿勝：

阿勝身姿綽約又略帶一絲野趣，總是充滿了熱情。思緒縝密的人來到她的面前，立刻會為自己的複雜心理感到羞愧；精神萎靡的人一看到阿勝，若非大受鼓舞，就是更加一蹶不振。彷彿受到來自天上的恩惠，兼具男性的果斷與女性盲目的熱情於一身，這個女人能夠比男人走得更遠。

小說一開始描述了阿勝在雪後庵的花園中散步；儘管她年過五十，仍是個肌膚美麗，目光炯炯的動人美女；看著她在清晨於寬闊庭院裡悠然信步的風情，無論是誰都會不禁動心期待一段浪漫故事。但阿勝自己比誰都清楚，自己人生的故事早已結束，屬於她的詩已經死了。然而事實上「故事」卻還沒結束。不久，她愛上了一位政治家野口，並結了婚。當野口被革新黨推選為東京都知事的競選人，阿勝不惜傾家蕩產、耗費所有精力也想幫助丈夫贏得選舉，但面對保守黨壓倒性的財力，野口最終還是落選了。三島仔細研究過日本政黨的運作機制，並將其完整地呈現在小說之中，同時作品裡也能看出他對上流社會言行舉止的細微差異所具備的深刻洞察。例如小說有一段描寫阿勝在敗選之後於高級水果店偶遇了她很不喜歡的外交官遺孀環夫人，兩人先是互相投以諷刺的言語，結果阿勝命人打包了裝有兩打橘子的禮盒送給環夫人讓對方無地自容，這類場面的刻畫都相當生動（在日本習俗上送禮絕不能過輕也不能太重，而阿勝卻打破了這條規則，因為她很清楚環夫人沒勇氣拒絕這番厚禮。）

22 摘引自唐納德・基恩著《風景與肖像》。

23 尚・阿諾伊（一九一〇－一九八七），法國劇作家，是戰後最多產的劇作家之一，曾表示自己的作品可以根據主題分成「薔薇色劇作」（*Pièces roses*）與「黑色劇作」（*Pièces noires*）。

24 安格斯・威爾遜（Angus Wilson，一九一三－一九九一），英國著名小說家、評論家與諷刺小說作家。

透過對阿勝的描寫也顯示出三島的女性品味，他偏好日本傳統喜愛的白皙女子，討厭曬黑的痕跡：「儘管經過夏天那般辛勞，阿勝豐滿的肩頭和胸部仍維持著白潔。然而從雪白肌膚延伸而出的脖頸卻染上了淡淡的咖啡色，就像凋零的花一樣，是在競選時曬出來的。從鏡子表面反射出的日光仍然殘留著夏日的暑熱，但阿勝白皙的肩膀和胸部卻宛若冰窖。平滑且從內而外透出的白排斥著光線，好似其中藏有陰涼幽暗的夏日氣息。」

《宴之後》的發表令三島再次取得巨大成功。在他所有作品中這也是我個人最喜歡作為娛樂閱讀的小說（《假面的告白》的確堪稱傑作，但內容還是灰暗了些。）不過三島對於現有的成就卻從未感到滿足；《潮騷》雖然廣受讚譽卻並非他自認的精心之作，創作出《金閣寺》的成就感也沒有持續太久。他對人生究竟想要追求什麼呢？一九六〇年無疑是他生涯中至關重要的分水嶺，這時的三島顯然並不確定自己到底要什麼。於是，他再一次陷入自身危機，就如同一九五〇年第一次周遊世界前的心境重演。然而這次情況並不同以往。將古典主義棄之身後的這十年來，三島似乎感覺不到任何能夠引以為傲的成果。其中最大的打擊莫過於《鏡子之家》的失敗，至少在我看來這件事在三島心中留下了極深的傷痕；畢竟三島在這之前幾乎沒有經歷過重大挫折，更別說他對這部作品的成功寄予了莫大的厚望。三島就曾坦言，他在《鏡子之家》投注了自己所有的一切，不論是身為小說家、藝術家、還是一個人，他把至今為止累積起來的所有都寄託於這部目前作品中篇幅最長的小說中（分為上下兩部的《禁色》除外）。可是，輿論卻對這嘔心瀝血之作不屑一顧，評論家也除了奧野健男之外，幾乎沒有人給出正向的批評，甚至還有人說這是三島由紀夫「一次偉大的失敗」。這種看似奉承的批評也讓他清楚意識到眾人等著看一介青年作家遭受挫敗的心態。這對他的傷害簡直是雪上加霜，導致後來《宴之後》贏來的讚譽聲仍不足以藉慰三島。他明明急欲重建自己的文壇地位，卻有生以來第一次感覺自己竟然欠缺重新振作的動力與渴望。身為一個小說家，三島在一九六〇年面臨了有史以來最嚴重的創作危機，一直要到一九六五年，他才決意開始創作另一部長篇小說，也就是他的絕世之作《豐饒之海》。

然而，或許三島在這段時期感受到的挫敗感遠不止如此而已。小說創作帶給他的挫折無庸置疑，卻很可能只是一種催化劑，而在他心中其實還有著某種比起《鏡子之家》的失敗更為沉重的東西。我無法看透他當時究竟在想什麼，但從其各種表現來看，三島的內心顯然被深深的絕望所侵襲。一九五九年秋天，也就是在他得知關於《鏡子之家》的「噩耗」之後沒多久，他決定出演電影。以三島來說這算不上是什麼離譜的怪事（他曾說過希望能重返十八歲，當一個爵士歌手），而且還能幫助他轉換心情，似乎沒什麼不好，但問題在於電影本身實在太糟糕了。那是一部粗糙又隨便的黑幫電影，三島在裡面扮演一個落魄的幫派成員墜入情網，最後卻被射殺而死。如果今天他演出的是一部更好的電影，想必世人也不會有多驚訝；畢竟是演主角，而且像他這樣性情的人自然會有想登上銀幕的念頭。但是，為什麼偏偏選了《風野郎》這部講述關於監獄、背叛的女友和背信棄義的友人的電影呢？影片製作粗劣，畫面邋遢，也沒有其他特色聊以彌補缺憾。整部電影簡直就像《假面的告白》的結局中，和園子在庸俗舞廳裡的三島忍不住從座位上站起來，把園子獨自留在原地，走向那個站在陽光下、半裸著身子、圍著被汗水浸溼的淡灰色棉布肚圍的小伙子，接下來的下午時光他便和這些新朋友們狂歡作樂，讓園子不得不獨自回家，兩人甚至連道別都沒有。

當然，三島這麼做必然有他自己的理由，他是自由的。但是，演出《風野郎》這樣的舉動只會令體面的公眾（也就是我用「園子」來引喻的人群）越來越疏遠他。這麼做究竟能得到什麼呢？參與這類風格電影的演出無疑是在向全社會作出了聲明——他，三島由紀夫，不會再繼續遵守世間的規則了。如果評論界不關心《鏡子之家》，那是他們的損失，三島根本不需要他們。我並不打算評斷三島對於評論界的怨懟，畢竟當時封閉的文壇對於有才能的人並不全然是友善的。但是三島並非單純用噓聲反抗輿論，而是轉過身去背棄了親朋好友、家族熟人、還有那些儘管與他素未謀面、不具社會影響力但支持他文學創作的人們；雖然這些人大部分都只是無名的讀者，然而一旦他們否定了三島，對他絕對是百害而無一利。若是十年前的他，或許像這樣不顧一切打破常規的舉動還能被大眾接受（事實上他也已經這麼做了：《禁色》中就有不少片段挑戰了讀者能接受的底線）。但如今到了三十五歲，三島已背負盛名（《鏡子之家》屬例外），還坐擁數量眾多的追隨者，他已經經不起如演出《風野郎》這般胡鬧的舉動。任誰都能接受一個二十五歲的青春狂熱浪漫份子，但三十五歲可就不一定了。

三島就這樣擔任了黑幫電影的主角，我將他的這個舉動看作是一種警訊——三島的內心正處於危險狀態並逐漸失控。然而，這卻不是唯一暗示他陷入險境的事件。

一九六〇年夏天，隨著《宴之後》在文學月刊上連載，人們逐漸發現三島在作品中所諷刺的政客野口，也就是阿勝的愛人，正是以現實中知名的前外交部首相有田八郎為原型。雖然我並不認為三島對有田個人或其政治傾向有什麼不滿，但三島的確在小說裡愚弄了有田八郎。《宴之後》幾乎是以毫無掩飾而機智詼諧的手法，重現了有田八郎與東京著名料亭「般若苑」的老闆娘的情事。三島為什麼要冒這個險呢？實際上，在日本關於誹謗罪的法律條文相當寬鬆，若用西方人的標準來看，簡直形同虛設，但三島在這件事情上似乎還是過於自信了。隨著內容一次次的連載，都為這位已經因為敗選而失意的人造成了二度傷害。有田家族的憤怒可想而知，甚至就連與當事人相關的有力人士以及出版界都出現責備三島的聲音。

最後，有田八郎本人忍無可忍，拋棄了日本慣例的做法，直接向三島提出告訴（當時在日本，有關名譽誹謗的糾紛多半都是經由第三者仲裁和解，幾乎不會動用律師或訴諸法律）。一九六一年初，這般史無前例的提告引起了世人的關注；有田八郎堅稱自己的「隱私」遭到侵犯。雖然在西方人的觀念中這是不折不扣的誹謗罪名，但日本在這方面並無明確條文，而且幾乎沒有先例可循，也因此更加引發大眾的好奇心。於是在日文中直接沿用英文發音的「隱私」（プライバシー）一詞在一時之間竟成了社會上的嶄新流行語被廣泛使用。最終在數年後，有田方的律師扳回一城，三島因此獲判敗訴。根據我個人的猜想，導向這個結果的關鍵之一是因為看在有權人士眼裡，身為一介小說家的三島的行為實在太過張狂。加上至今為止都沒有判例可供參考，也無具體法律可循，在判決時就更容易受到上流社會意志的左右。

這段期間，有不少人因此開始和三島保持距離。當然，只要他處於良好狀態，三島肯定是個極富魅力的人；他風趣機智又會自我解嘲，更重要的是具備敏銳豐富的知性。憑藉他在文壇的地位和聲名，自然擁有很多文學界的友人。然而就是在這個時期，他和一群一起愉快相處近十年的文學同好也漸行漸遠。這群人便是文學社團「鉢木會」的成員，包括劇作家福田恆存、朝日新聞社評論家中村光夫、小說家大岡昇平、以及以獨特文體著稱的小說家兼評論家吉田健一。三島和這幾位文學家深交多年，因此當他們創辦了文學刊物《聲》時，還搶先刊登了三島的新作（《鏡子之家》的第一部分）。不過鉢木會主要著重於交際，成員經常相約聚餐、喝酒，也很喜歡拿別人打趣、說說笑話。可是，到了一九六〇年末，三島和他們之間的關係卻開始惡化。鉢木會的一位成員在後來告訴我，契機是由於某天聚餐時發生的一件事：「那天我喝了很多酒，我想是喝得太多了，趁著勢頭就對三島說了些重話，但我完全不知道自己為什麼要那麼做，也不記得當時自己說了些什麼，只是聽別人說我當下的言辭非常直接。我想我那時應該是對他說了『別自命不凡了，你不過是個勢利的俗人。』」我不確定是因為這個原因、還是有別的契機終於冒犯了三島，但顯然他最後決定與鉢木會分道揚鑣。鉢木會是他唯一一個能長期維持交流並和睦相處的文學社群，但他卻傻到選擇切斷了與他們的來往，只能說這樣的他**的確**勢利、也**的確**自命不凡；他該做的應是虛心接受友人的批評，而不是惱怒。

各種小事接踵而來——黑幫電影、有田八郎的起訴、與鉢木會的決裂——集中在一九六〇年的一連串變故讓三島驚覺自己已變得更加孤立。何況這一年也是三島自戰後以來第一次受到政治事件的衝擊，讓他除了文學上的危機還得遭受來自政治方面的壓力。

仔細想想，事情說來實在諷刺。在四〇年代晚期，日本遭受慘烈打擊的時候，三島根本不關心政治事務。當日本宣佈戰敗被美軍佔領，許多事關日本未來的重大決策相繼出線，可三島仍然沒有對政壇的劇變產生絲毫興趣。整個五〇年代中，他完全沉浸於對寫作的追求和滿足之中。當時的人多半認為他應該算是左翼人士，傾向接受時下普遍的中立派政治立場，既不倒戈西方，也不支持社會主義。但是到了一九六〇年，他對政治的熱情終於復甦了。儘管《宴之後》並不是一部政治小說，但的確顯示出三島比許多同時代作家或友人都對政治有更深入的了解。在這方面來說，《宴之後》可謂是闡明了日本社會中權力與金錢的共生關係。另一個徵兆則是他對發生在一九六〇年五、六月間戰後規模最大的反政府遊行活動（安保抗爭）抱以極大的熱情和關注。三島從旁觀望了這場遊行，還特地為此撰文在報紙上發表。

在當時受到質疑的，正是日本幻想保持和平中立的可行性。意識到自戰後便一路執政的保守派自民黨將使左翼的理想成為空談，促使知識份子、學生、工會、甚至於在野黨全都投入了反對政府的行列。至今為止像是拒絕軍事介入韓戰等，保守黨都對日本國民展現出國家將永遠保持中立的姿態，受到民眾普遍支持；然而到了一九六〇年，由反動份子岸信介首相領導的保守黨卻決定罔顧民意，令日本人覺得自己實際上成了左翼意識形態的犧牲品。岸信介及其內閣公開表示希望能在《日美安保條約》的基礎上簽定新條約，強化美日雙方的同盟關係，特別是在經濟方面的互動。三島對這些政治動向本身並不關心，但卻對群眾示威遊行頗為好奇。安保抗爭運動在初夏時節演變為暴力衝突，三島對新時代的政治氛圍也就有了相應的激烈感觸。小說《憂國》恰是最好的證明。

潛伏在三島內心的天皇主義思想便在這個階段爆發了。《憂國》講述的正是一位年輕中尉在二．二六事件時切腹自殺效忠天皇的故事。不過這部小說的重點並不在彰顯三島的天皇主義精神，而是如同《假面的告白》所描繪的，在他青春期對「死亡、黑夜和鮮血」的終極渴望又一次出現在他的文本中。對古典主義的追求於是不知去向，取而代之的是一種感官性的、反理性的、浪漫的憧憬。他所憧憬究竟為何物，當時大概無人能知，想必就連三島自己也還沒有明確的把握，更不知道自己將會如何行動。但從理論上推斷，他憧憬的對象正是「死亡」。於是，三島重返浪漫主義，以此解決了一九六〇年他面臨的種種危機。

值得注意的是，此時的三島還遭到生涯中唯一一次的威脅恐嚇。起因是據傳三島推薦了深澤七郎的短篇小說《風流夢譚》，其中描寫的夢境被部分極端右翼份子認為不敬於天皇，於是威脅三島會先燒毀他的家再殺死他，三島因此雇用了兩個月的保鏢保護自己。這件事發生在一九六一年初，當時除了三島之外，出版雜誌刊登上述小說的中央公論社社長嶋中鵬二甚至被直接闖入宅邸，導致一名女傭被殺、嶋中夫人負傷。相較之下，三島則幸運地並未遭受任何實質性攻擊。

此時若是回顧三島的諸多作品，就不難發現「自殺」無疑是佔據三島思想多年基於理論上得出的結論，只不過這種想法也僅止於「理論」的層面而已。他正值壯年，風華正茂，新作構思不斷，特別是在戲劇創作方面；更何況，他還是一家之主——一九六二年，三島家誕生了第二個孩子威一郎（似乎和許多日本家庭一樣，三島也決定只要兩個孩子就好。）

那麼，他和妻子瑤子的關係如何呢？當然，夫人如今仍在世[25]，因此關於這個話題我不方便多說。只不過有不少事實表明，三島對待妻子的方式比起同時代的日本丈夫都溫柔許多。比方說，三島在一九六〇年末的海外旅行就是帶著從未出過國的瑤子一路相伴。他們在紐約一起觀看了由三島創作的現代能樂劇在外百老匯的首演；接著，他們離開美國前往歐洲，與當地出版社的人會面，最大的成果便是法文版《金閣寺》將由法國最負盛名的加利瑪出版社（Gallimard）出版。隨後，三島攜夫人前往希臘、埃及，遊覽了金字塔。最後又繞去香港，回到東京。對瑤子夫人來說，能將尚且年幼的女兒託給老家照料，和丈夫單獨兩人進行一場快活的世界之旅，想必是一段極其新鮮有趣的經歷。畢竟話說回來，瑤子在東京的生活並不算輕鬆；當年她才二十三歲，但每天的日程都排得滿滿的，不僅要打理家務，還要負責安排許多宴會，因為開始變得好客的三島經常招待外交官或外國友人、以及日本人的貴賓好友前來家裡共進晚餐；加上三島也對細節特別講究，除了必須確保宴會的流程順暢，就連邀請函都一定要使用浮雕印刷並以英文寫成。不僅如此，瑤子還有兩個孩子需要照料。事實上，瑤子就好像是三島的私人秘書，要幫他接電話、處理雜事、每次開車出去買東西還要順便幫三島跑腿（就連駕駛也是瑤子負責。三島直到一九六二年才取得駕照，卻也從沒有開過車）。簡而言之，瑤子的生活非常忙碌。

另一方面，婆媳關係也並非一帆風順。倭文重曾在婆婆夏子身邊度過了苦不堪言的時光，這些痛苦的回憶想必對她來說很難釋懷，也因此很嫉妒瑤子。對此瑤子選擇忍耐，並竭盡全力做到完美無缺。瑤子是個很能幹的女人，如果用她丈夫三島的標準來衡量，幾乎就是太能幹了。屋子被打理得乾淨整潔，讓三島能夠心無旁騖地工作；就連絕對不能干涉他時間規劃的這項要求——不論是會面排程、下午的體能訓練，晚餐時間還是深夜寫作——瑤子也確實做到了。能和三島由紀夫這樣脾氣的人共處多年，且絲毫沒有流露出疲憊、緊張的痕跡，瑤子必有其過人之處。我對瑤子夫人讚賞有加，更是因為她從未對三島那陰鬱頹廢的浪漫主義有所異議——例如三島就曾說：「男人把種子傳給女人。接著便開始他長之又長、無從描繪的虛無之途」。

25　本書初版是在一九七四年，而三島的妻子瑤子則是在一九九五年逝世。

因此在我看來，家庭生活並沒有給三島帶來任何壓力或危機。然而他文學事業就沒這麼順利了。進入六〇年代以後，三島的作品銷量開始下滑，儘管他堅持繼續大量寫作，但其中也不乏純粹出於商業目的而為通俗的婦女雜誌撰寫的文字，而這些當然都不在我的討論範圍之內。這個時期他創作了如《美麗之星》（一九六二年）、《午後的曳航》（一九六三年）、《絹與明察》（一九六四年），其中《午後的曳航》的英譯者約翰．南森[26]曾專門研究這段時期的三島由紀夫作品，並著文寫道：「相較於五〇年代他的書能暢銷到二十萬冊，如今他的書有時候只能賣到兩、三萬冊，讓他數次深感不得不去跟出版社道歉。」雖然此時他在國外的名聲逐漸高漲，但在日本本土，他不但失去了銷售量，就連評價也是一落千丈。因此也就出現了相當諷刺的情形：當西方將他看作是諾貝爾文學獎的有力候選人，他的作品在日本的銷量卻不及那些在海外毫無知名度的新進作家的十分之一。任何一個小說家——三島由紀夫當然也不例外——都會遭逢低潮，但他不這麼認為，並對此過於在意了。要不然，我實在無法想像像他這樣自尊心高的人竟然會畢恭畢敬地去向出版社道歉。但即使不從這個角度也足以看出三島的不確定性。三島的言論在這幾年來變得越來越悲觀，但他一貫都是自己最好的嚮導。在刊登於一九六二年《風景》雜誌上的一篇短文中，他提到：

我再過兩三年就要四十歲，將不得不開始為餘生作好規劃。每當我想到自己已經活得比芥川龍之介[27]長，就感覺好受許多，但與此同時，也就非得拚盡一切活得越久越好了。自古以來人類的平均壽命據說在青銅時代是十八歲，古羅馬時代則是二十二歲，那時想必天堂裡都擠滿了美麗的青年，但最近天堂裡的景色多半很醜惡吧。

當一個人來到四十歲，他就再也沒有機會死得美麗了。既然不管如何都將以醜陋的方式死去，就只能不顧一切地活下去了。

三島提到的芥川龍之介是日本大正時期最著名的作家，於三十五歲時自殺身亡。日本作家自殺事件之多，恐怕有部分必須歸結於近代日本極其壓抑緊張的社會氣氛。日本在從封建國家急速轉為現代化社會的過程中為群眾帶來了巨大壓力，更別說是敏感的作家們了。在

26 約翰・南森(John Nathan，一九四〇—)，美國著名日本文學翻譯家，他撰寫的《三島由紀夫傳》(Mishima: A Biography, Little, Brown and company，一九七四)也是西方主要的三島由紀夫傳記之一。

27 芥川龍之介(一八九二—一九二七)，日本大正時期的重要作家。在精神極度苦悶中自殺，享年三十五歲。代表作如《羅生門》、《地獄變》、《竹林中》等。

二十世紀中前期自殺身亡的著名日本作家有：川上眉山（一九〇八年）、有島武郎（一九二三年）、芥川龍之介（一九二七年）、牧野信一（一九三六年）、太宰治（一九四八年）、原民喜（一九五一年）、加藤道夫（一九五三年）、久保榮（一九五八年）、以及火野葦平（一九六〇年）。

六〇年代中期，三島似乎多少有了似真非真的慾念，想將自己的名字也列入這份悲涼的名單中。但這時的他更在乎的是「為餘生作好規劃」，同時不忘在文學事業上衝出低迷、迎來更多建樹……然而諸多困惑終於一步步將他推上了不歸路。

## 第三期：一九六四—一九七〇

在我所有不可根治的罪孽中，有一種信仰。老年就是永恆的醜陋，年輕就是永恆的美。年老的智慧永遠是那麼黑暗，青年的行動卻永遠那麼明澈。人們活得越長久，就會變得越惡劣。換言之，所謂人類的生命，就是朝向墮落的顛亂之路。

——三島由紀夫，《英靈之聲》隨筆散文

在這之後，三島並未立刻找到屬於他的「餘生的規劃」，而是先放浪了一段時間。一九六四年夏天，他出發前往為期十天的紐約之行，至於出行的理由，在法比昂．包爾斯[28]發表於一九七〇年十二月《村聲》雜誌上的文章這麼寫道：「某天晚上，三島飛來紐約，只為了找尋性對象。他來找我吃了頓飯，然後很坦率地講述了自己想要什麼，接著問我是否能帶他去應該去的地方。照理來說我應盡地主之誼接受他的請求，帶著他進城去尋找同性戀酒吧。但我沒有這樣做，也不想這樣做，因為我真的感覺自己無法勝任。大概是因為我身無分文、或是諸如此類的吧。但無論如何，我帶著他到附近亂轉，不管遇到什麼人，我都把三島介紹給對方，不論對方是異性戀、同性戀、還是雙性戀。但當天晚上卻什麼事都沒有發生。這裡完全沒有人對『日本最偉大的作家』感興趣。就連他一身講究、昂貴的西裝領帶也沒打動任何人。最後，我把他塞進計程車，感到自己愚蠢又沒用，因為我一點忙都幫不上。那天晚上，他對白種男人有著迫切渴望，對於各種細節也描述得很清楚。到後來，我腦中才閃過一個念頭：三島應該是陽痿了。」（後來，三島的另一些朋友寫信給《村聲》，指出包爾斯一文中有許多錯誤，這封信於兩星期後刊登在該雜誌上。不過，三島很可能的確陽痿過。）

28　法比昂．包爾斯（Faubion Bowers，一九一七—一九九九），先後畢業於哥倫比亞大學和朱莉亞音樂學院，是日本投降後盟軍最高指揮官麥克亞瑟將軍的副官和日語翻譯。美國的東方藝術權威學者。

紐約總是會激起三島異樣的情緒。他在一九六四年夏天的紐約之行時拍攝的照片上看起來特別顯老，甚至病懨懨的。一般來說他看起來會比真實年齡年輕十幾歲，但這些照片卻正好相反，臉上充滿了細紋和憔悴的神情。當然這也可能是因為時差的關係，畢竟從東京到紐約的飛行路途是很遙遠的。但在我看來，是紐約這個地方讓他感受到莫大的精神壓力與緊張。透過三島在一九六六年一月《每日新聞》上發表的文章〈以手觸碰紐約〉，可以看出他對這座城市的反應：

紐約已經變成一個人和人、人和物之間無法直接接觸的城市。這個大都市失去了生活的有機性，成為一台複雜巨大的機器。要想以雙手「觸碰」紐約變得越來越難了。但是，我仍然喜歡這種地方。人們若即若離，而且沒有人能確定在電視上出現的某個人當真聽到了自己說了些什麼。我只有在時代廣場附近的健身房，才能些微感受到自己親手觸碰了紐約……那是一個大城市的體育館。無論在東京還是在紐約，塑造肉體的世界總是極其相似的。人們會帶著布魯克林口音互開玩笑，且多半非常友善。

他只有在健身房裡才能感受到賓至如歸的放鬆感，這不禁讓人覺得有些可悲。曾在紐約見過他的朋友告訴我：「他其實不能真的和外國人打成一片，要不然，就是他搞不懂美國人。」眾所周知，三島感覺那些受過他盛情款待的美國作家（如楚門・柯波帝[29]、田納西・威廉斯[30]）在他前去拜訪時都沒報予同等的熱情。

事實上他的確有很多美國朋友，特別是在紐約。其中大部分是他在日本見過面的學者，或者是翻譯他小說的譯者，例如日本文學研究領域的領袖人物唐納德・基恩和伊凡・莫瑞斯（三島臨死前還專門給他們寫了告別信）。在美國藝術界和文壇，也同樣有很多三島的熟人。但問題在於儘管他在日本幾乎家喻戶曉，受到廣泛的關注，但在海外卻並非如此。三島很喜歡成為焦點人物，然而在日本以外的地方他卻缺乏主導社交場合的能力，這讓他十分苦惱。在紐約，很多聚會、晚宴都會邀請三島出席，但他不會是萬眾矚目的焦點；反觀在日本，他就有充沛的自信，因而能夠和一大群外國人成為密友。美國出版人梅爾迪茲・維瑟比是和三島在東京有超過二十年交情的好友，他定期都會召集在東京的外國人一同聚會交流；但是在國外，三島的好幾部小說卻都被貼上沙文主義的標籤受到了不小的批判——他作品中的外國人經常被

29　楚門・柯波帝（Truman Capote，一九二四—一九八四），美國著名作家，知名作品為《冷血》。

30　田納西・威廉斯（Tennessee Williams，一九一一—一九八三），美國著名劇作家。

描繪得俗氣古怪，尤其外國男性角色常常都是怯懦的同性戀，致使他只能帶著對西方世界極其複雜的心情回到日本。

回到日本後，三島找到了很多轉移注意力的方法。一九六四年夏天，他沉浸於東京奧運盛事，還接受報社的委託為奧運撰寫專欄，從「根據自身經驗」的角度寫下許多熱情洋溢的文章。他套上短夾克，手臂上戴著媒體專用的肩章，帶著孩童般的好奇和激情觀賞了一場又一場比賽。還在文章中順便提及自己是如何改造肉體，以至於「如今我可以讓胸肌的跳動跟上音樂的節奏。」

同年年末，他負責為《石原慎太郎選集》撰寫解說。當時年僅二十三歲的石原憑藉處女作《太陽的季節》（一九五五年）一炮而紅，該作被評為「震撼人心的戰後小說」。三島極其讚賞才華橫溢的石原，卻也十分羨妒這位思想成熟穩重又俊俏的年輕人，在生涯後期甚至猛烈抨擊投身政界的石原慎太郎[31]是個政治投機份子。

一九六五年三月，三島接受英國文化協會的邀請前往英國。這是他唯一一次在當地長時間逗留，卻並沒有特別享受，儘管他相當中意英皇閣。同時也與首席芭蕾舞者瑪歌・芳婷（Margot Fonteyn）、愛爾蘭作家愛德娜・歐布萊恩（Edna O'Brien）、伊凡・莫瑞斯、安格斯・威爾遜和獨立出版商彼得・歐文（Peter Owen）見了面。三島在隨筆裡寫道：「我很高興能在倫敦見到莫瑞斯夫婦……日本陰柔優美的風采藉由已故亞瑟．韋利[32]的翻譯介紹給英國社會，現在則仰仗莫瑞斯的著作闡述更精深的內涵。而日本文化陽剛尚武的一面則透過三船敏郎[33]在電影裡的主角形象廣為大眾所知……當我在泰晤士河畔散步時還得知了有趣的消息：原來這裡所有的天鵝都屬於女王陛下。」

回到日本後，三島苛刻地指責英國方面招待不周，埋怨英國文化協會將他安排在二流旅館，還抱怨英國人很小氣。舉例來說，他前往愛丁堡會見一位蘇格蘭出版人，沒想到對方「給他自己倒了一杯威士忌，卻一滴都沒給我。」相比之下，在巴黎盛情接待他的菲利浦．羅斯柴爾（Philippe de Rothschild）及其夫人就讓三島相當滿意；他也在短篇小說選集《盛夏之死》的英譯本中向他們兩位寫下了獻詞。

回到東京後，三島夫婦開始忙於位在大田區宅邸的改建工程；他們又加蓋了一層樓，以

31 石原慎太郎（一九三二—），日本右翼政客、小說家。一九五五年出版短篇小說《太陽的季節》，獲得第一屆文學界新人獎和芥川文學獎。一九六八年當選參議院議員，一九九九年當選東京都知事（市長）。

32 亞瑟．韋利（Arthur Waley，一八八九—一九六六），二十世紀英國最重要的漢學家和日本文學學者，翻譯過大量中國、日本經典作品。

33 三船敏郎（一九二〇—一九九七），日本著名電影演員，曾出演了黑澤明導演的大部分黑白電影，諸如《羅生門》、《七武士》、《紅鬍子》、《蜘蛛巢城》等，塑造了許多個性鮮明的武士形象。

便讓三島和瑤子都有獨立舒適的會客場所。工程耗時三個月，這段期間三島一家四口便住在外面的飯店。此外，三島還迷上了書籍封面設計。他一直以來都對封面非常講究，尤其更看重限量的精裝版書籍的裝幀。在專家指導之下，他參與製作了兩部作品的封面；一是由他監修的加布里埃爾・鄧南遮（Gabriele d'Annunzio）所著《聖塞巴斯提安殉難記》的日文譯本，另一部則是劇作《黑蜥蜴》，三島挑選了一張男性正面裸體像放上了封面。一九六五年上半年，三島還出版了堪稱他最古怪的短篇小說之一《孔雀》，描述了遊樂園中的孔雀遭到不明人士殺害。同樣在這個時期，他將自己的小說《憂國》搬上銀幕，從製片、導演和主角全都親自一手包辦，在電影中扮演了切腹自殺的青年軍官。他始終像個不停歇的陀螺般工作著，甚至在百忙之中根據好友歌右衛門的囑託，創作出近代能樂劇《熊野》。

到了一九六五年九月，三島開始著手實現他文學生涯中的壯志之一——他決心要寫一部超長篇小說，分為四卷，大約需耗時六年，也就是正好一直寫到七〇年代初完稿。這部小說將以現代日本為背景，從大正時期（約一九一二年）一路橫跨近六十年的時光，每一卷的主角都將作為前一卷主角的轉世登場。第一卷《春雪》的主角松枝清顯是個出生貴族世家的俊俏少年，同時另一位主要人物則是清顯在學習院的同學本多繁邦，他是唯一貫穿了全四卷篇幅的角色，並且知道清顯轉世的秘密，而轉世的象徵便是在左側腹會有三顆黑痣，本多於是藉此得知後三卷的主角皆為清顯的轉世。各卷的主角也會透過夢境相連，本多便根據與主角們的談話或日記得知夢的內容，確認清顯未來的轉世。此外，前三卷的主角全部都在二十歲的時候英年早逝。

為了構思這部曠世之作，三島參考了十一世紀平安時代的古典文學《濱松中納言物語》。儘管作品本身並不出名，卻正是以夢境和輪迴轉世為主題的故事。三島還特意鑽研了法相宗[34]，將唯識論作為整部小說的哲學背景，暗示所有經歷都是主觀之念，因而客觀的存在也就無法被證實。法相宗自七世紀傳入日本，經歷五百多年後已不再受到關注，但其教義認為唯有意識是存在的，因而現實與虛幻的界線也就無從辨明，而三島正是在這之上又結合了自身獨有的解釋。這本來就是三島相當喜愛的主題，正如他在一九六六年舉行的外國記者俱樂部活動上發表的演講所言：「這可能就是我們……我最基本的主題，也是我關於文學最本質上的浪漫主義觀念。那就是死亡的回憶……還有關於幻覺的難題。」

三島的小說一貫都是先在雜誌上分章連載、再出版單行本。這次也不例外。第一卷《春

34 法相宗，佛教宗派。因剖析一切事物(法)的相對真實(相)和絕對真實(性)而得名。又因強調不許有心外獨立之境，亦稱唯識宗。

雪》從一九六五年九月開始在《新潮》雜誌連載。連載剛開始，到了初秋時節，三島得知從瑞典斯德哥爾摩傳來的好消息——他被提名為當年諾貝爾文學獎候選人。九月末，他按照原計劃帶著瑤子前往柬埔寨，參觀了吳哥窟，積累寫作靈感（他正在構思一部以巴戎寺為背景的劇作），接著前往西歐。由於比他年長的作家谷崎潤一郎於一九六五年七月病逝，三島由紀夫因此被譽為是日本文壇最有實力問鼎諾貝爾獎的日本作家。據通訊社報導，當年諾貝爾文學獎的候選人有九十人。三島自認得獎希望渺茫，而這一次，他的自我評價還是很正確的——當年諾貝爾文學獎得主是俄國作家肖洛霍夫，與贏家相比，那時三島還很年輕，才四十歲。但是，暗自相信終將輪到自己的三島還是很想知道自己得獎的可能性，於是他巧妙地試探了駐歐洲的日本大使館，請他們幫忙打探一下瑞典學院什麼時候會注意到日本？結果，他根據回答得出了一個結論：諾貝爾文學獎首次頒發給日本作家的日子不遠了。三島在回國後很不明智地將這個消息轉告給了日本朋友們，從那以後，日本媒體反反覆覆地將三島描述成一個「候選人」。他之所以如此在乎諾貝爾文學獎，部分原因當然是三島抱有絕對的自信，但另一方面也反映了日本社會對於國際評價有著異常的憧憬，特別是諾貝爾獎。

從西歐回到日本之後，三島前往奈良附近的圓照寺尋找創作靈感。他打算用這小巧迷人、遺世獨立的小天地作為《春雪》後半段的主要場景。圓照寺本是一個臨濟宗寺院，三島在小說中將它改為信仰法相宗的寺廟，並重新取名為月修寺。一九六六年，《春雪》完成了。小說以戀愛故事為主軸，歌頌了日本所謂「手弱女振り」之美——根據唐納德．基恩的闡述，這個古語指的是古典日本充滿女性特質而優雅的風格。松枝清顯和綾倉聰子各自都出身東京的貴族世家，兩人的戀情在聰子和皇族公子訂下婚約後炙熱地燃燒起來（有些人認為這段人物關係影射了三島和後來嫁給皇室的相親對象正田美智子；這樣的聯想固然浪漫多情，卻略顯牽強。）根據書中描述：「綾倉聰子的家是羽林家二十八家中之一，源於號稱藤家蹴鞠之祖的難波賴輔，從賴經家分出來的第二十七代，後當上侍從，遷居東京……嗣子在幼年時代就被賜封為從五位下，一直晉升到大納言。」松枝清顯的父親松枝侯爵因為憧憬著自己家譜上所缺乏的風雅，因而把清顯寄養在綾倉家。唐納德．基恩評述說：「三島長期和貴族世家保持來往，連同在貴族學校受教育的童年往事，致使他接連不斷地選擇這群社會上的少數階層作為小說中的人物。三島能以獨一無二的方式熟練地刻畫他們的言行舉止、思想理念。他在《春雪》中對於至今在東京各處留下維多利亞式建築的貴族家庭所做的描繪確實別有韻味……不論是華美的房間、高級的葡萄酒窖、更衣室裡成排成列倫敦製的衣裝、晶瑩璀璨的水晶吊燈，還是經過漿洗的整潔桌布……這些雖然明顯都是三島個人的喜好，但同時他也沒有忘記描繪貴族生活中日本的一面——兼有池塘和假山的寬廣庭園、永遠在忙著打掃，穿著和服的女傭們，甚至於貴族優雅談吐中纖細繁複的禮數。」35

一天晚上，苦苦思念著聰子的清顯難以入眠，於是他掀開了毛毯，脫下睡衣，敞開胸懷。三島在書中寫道：「他終於把睡衣半脫下來，裸露著上半身，悶悶不樂地把困倦的脊背轉向月光，把臉伏在枕頭上。顳顬依然熾熱地忒忒跳動。清顯就這樣將皙白、平滑的脊背裸露在月光下。月影在他那細嫩柔軟的肌膚上畫出了微微的波紋。這不是女性的肌膚，而是一個成熟了的小伙子的肌膚，表明它洋溢著一種模糊的嚴肅性。特別是月光正好深深地照射在它左腋下的腹部周圍，傳遞著胸肌微微的起伏波動突現出那令人目眩的皙白的肌膚。那裡長著三顆不顯眼的小黑痣。這三顆小黑痣像犁頭星座，沐浴在月光下失去了它的影子。」36

清顯明知聰子是愛他的，卻在對愛她的方式猶豫、反覆不定。他會下意識地將聰子和其他美貌的女性進行比較，譬如說，在松枝侯爵專為皇族洞院宮夫婦舉辦的盛大園遊會上，清顯便暗自將聰子與這些藝伎相比較：

他覺得藝伎們的笑語歡聲，多麼像一盆盛滿溫度適中的洗澡水，她們就沉浸在其中啊！她們繪影繪息的手指動作、白皙光滑的喉嚨，活像安上了精緻的金屬合頁，恰如其分的點頭，避開別人的揶揄，瞬間眼神呈現出戲耍的憤怒，稍稍舉手掠發時的寡歡，剎那間的茫然神態……不覺間，清顯在這個千姿百態中加以對比起來。這是藝伎們頻送的秋波，和聰子頻送的秋波迥然不同。

兩人在這次園遊會上吵了一架，之後，清顯有很長時間拒絕和聰子聯繫，既不肯接電話，也不願意給聰子回信。於是，就在這段時間裡，聰子和洞院宮皇子的親事就定了下來。但聰子不願接受，設法要和清顯見面。終於，在聰子的女僕蓼科的協助下，兩人得以相約秘會。蓼科謹慎萬分地守候在外面，而裡面的戀人終於按捺不住激情。

清顯不知道怎樣才能解開她的腰帶。她背後那堅固的鼓結仍然忤逆著清顯的手指。他亂解一氣，聰子的手繞到背後，強硬地抵制著清顯的手的動作，卻反而微妙地助了他一臂之力。兩人的手指在腰帶周圍煩瑣地糾纏在一起，轉眼帶扣被解開了，腰帶發出輕微的響聲，迅速地向前彈開。這是，腰帶彷彿是自動鬆開似的。這是一種複雜、不可收拾的暴亂起點，如同所有衣服都起來叛亂一樣，清顯

35 （作者注）摘自唐納德．基恩著《風景與肖像》。

36 本段引文摘自三島由紀夫著《春雪》，唐月梅譯，作家出版社一九九五年六月初版。

急於鬆開聰子胸前的衣服，可是許多帶子或緊或鬆地繫著。她胸前被保護著的白色倒扣山形帶著芬芳，展現在他的眼前。

就在聰子和皇子的婚禮大典前夕，聰子懷孕了。聰子因此被迫前往大阪墮胎，在手術後直接來到奈良的月修寺，並削髮為尼。而後清顯去月修寺探望聰子，卻吃了閉門羹。由於清顯在下著春雪的寒冷之日出門，因此染上了肺炎臥床不起。本多得知情況後，慌忙從東京出發前往月修寺代替清顯求見聰子：「也許這是不吉利的話，但我總覺得清顯的病怕是好不了啦。我好歹把他臨死前的這種願望向您轉達了，只盼您能發發佛祖的大慈大悲的心，讓他和聰子只見這一面吧……難道您無論如何也不能答應嗎？」這時，本多彷彿聽到了少女的竊笑聲：「微弱得幾乎像紅梅的綻開聲從不遠的地方、或是從走廊的一角上傳來……他馬上又想了想，似乎是少女的竊笑聲。本多沒有聽錯的話，這分明是從春寒的空氣中傳來的歔欷。這歔欷比硬壓下去的嗚咽聲還要急促，嗚咽消失後的餘韻在微暗中回蕩，恍如斷弦了似的。」沒多久，住持尼再次堅決地回絕了他的請求，又轉而向他講起因陀羅網的故事。「因陀羅是印度的神，這神靈只要把網撒開，所有人、在這人世間所有有生命的東西，統統都要落網，無法逃脫。所有生靈都是掛在因陀羅網上的存在。事物一切都根據因果法則繁衍生息，名之曰緣起。因陀羅網也就是緣起。那麼，法相宗月修寺的根本法典，就是唯識開祖世親菩薩的『唯識十三頌』。唯識教義上有關於緣起問題，就是取自賴耶緣起說，形成其根本的東西就是阿賴耶識。說起來，所謂阿賴耶識是梵語ALAYA的譯音，也可以譯作『藏』，因為其中包藏著一切活動結果的種子，無論善惡。」以上只節錄了住持尼講道的一部分，但總而言之本多在離開寺院回到旅宿後，帶著奄奄一息的清顯坐上回東京的火車。火車上，清顯突然醒來，跟本多說：「剛才我做夢了。還會見面的。一定還會見面的，在瀑布下……」兩天後，年僅二十歲的松枝清顯便離開了人世。《春雪》在此終結。

《春雪》這部小說文采華麗，優美感人；不僅逼真刻劃了一對苦戀的情侶，也唯妙唯肖地描繪了他們身邊各式各樣的侍從。但是，當他們的戀情達到最高潮之後，小說的可讀性就相對減弱了；至於結尾清顯的死，也顯得略微倉促，少了幾分感人之處。另一個減少閱讀興致的，則是小說中對於唯識論的敘述。三島並非一個宗教人士（喜愛三島作品且父親是僧侶的作家武田泰淳便曾如此證實），然而他對法相宗的闡述流於說教，讀來晦澀難懂，給人彷彿在閱讀博士論文的印象。輪迴轉世可說是這整部小說的中心思想，身為作者該如何將自己並不信仰的理念寫得令人信服，顯然這才是最重要的關鍵。在後面三卷的寫作中，三島被迫不得不正視這個難題。

在這本書的有限篇幅中，我無法列舉所有三島由紀夫的私人事件和文學活動（事實上我已經省略許多他在六〇年代早期較無特色的小說。）他一直都像是高速運轉的工作機器，更何況還有家庭事務和無以數計的廣泛社交活動，同時仍堅持每週數次的劍道和體能訓練。毋庸置疑的是，他主要將精力都致力於筆耕、以及所有有利於寫作的特殊事宜上。以下回顧了三島在一九六六年的活動軌跡，便足以傳達出他的生活是何等緊湊和充實：一月，他以《薩德侯爵夫人》獲得了文部省頒發的藝術祭獎。同月，他參加了芥川文學獎的評審工作，這是日本最著名的文學獎之一，擔任評委也就意味著要閱讀大量手稿。據說三島的加入也改變了以往的乏味氣氛，給評委工作帶來了新氣象。四月，電影《憂國》參加電影節獲獎，並在日本上映，獲得了廣泛好評，可以說是讓三島引以為豪的巨大成功。同年夏天，三島保持往例讓自己稍微喘口氣，並在好友丸山明宏的慈善演唱會上親自演唱了自己譜寫的歌曲《被紙玫瑰殺死的水手》。八月，他與唐納德・基恩一同前往京都、三輪神社、廣島和熊本，為《豐饒之海》第二卷《奔馬》蒐集素材與靈感，並捐給三輪神社一筆數目不小的捐款，讓神官又驚又喜。秋天，他終於和先前以侵犯隱私鬧上法庭的有田家族達成了和解。

在如此繁忙之中，他還發表了許多短篇小說以及散文。以下按照時間順序排列：

一月　〈複雜的他〉，連載於《女性Seven》（直至七月）

二月　〈危險的藝術家〉，發表於《文藝文化》

三月　〈終結之美〉，連載於《女性自身》（直至八月）

　　　《反貞女大學》，由新潮社出版

四月　《憂國》，由新潮社出版

五月　〈電影肉體論〉，發表於《電影藝術》

六月　〈英靈之聲〉，發表於《文藝》，並由河出書房新社出版

七月　〈我的遺書〉，發表於《文學界》

　　　〈自戀論〉，發表於《婦人公論》

八月　《三島由紀夫評論全集》，由新潮社出版

九月　〈團藏．藝術．再軍備〉，發表於《二十世紀》

　　　〈晚禮服〉，連載於《淑女》（直至翌年八月）

　　　〈三島由紀夫書信教室〉，連載於《女性自身》（直至翌年五月）

十月　〈來自荒野〉，發表於《群像》

　　　與林房雄合著《對談．日本人論》，由番町書房出版

十二月　〈論伊東靜雄的詩作〉，發表於《新潮》

其中，《英靈之聲》和《對談．日本人論》屬於三島作品中較有政治傾向的作品，我們會在後面談到。除此之外，上面列舉的大多數文章是應女性雜誌之邀撰寫的，稿費較高，甚至還能支付一定的車馬費。撇開這些不談，僅在這一年內，獨佔了三島相對嚴肅作品的新潮社就為他出版了三本著作，同時還在自家文學雜誌上刊登散文。雖然這份列表並未包含舊作的再版和精裝本，但在整個六〇年代中，三島基本上都是以這種步調進行寫作。

一般人如果持續以這種步調工作的話可能撐不了幾個星期，然而三島卻很少因此面露乏色。不知是幸還不幸，我倒是在這一年裡看過一次三島顯露疲態、面色蒼白的樣子，那便是在本書序言提到的外國記者俱樂部的活動中，他作為嘉賓在會上發言，而這也是我第一次看到三島本人。平常總是曬得黑黑的、看似無比健康的他，唯獨在那個晚上看起來臉色慘白，甚而還有一絲緊張。不過這也只是一次特例而已，通常當他出現在公眾面前，總是情緒高昂，無論參加什麼活動都位居群眾的核心，熱烈地比著手勢、開著玩笑、並發出他據說是被專橫的祖母教出來的沙啞大笑聲。他總是適時地在公眾面前戴上假面，如果是陌生人可能還會誤以為他是改行當夜店老闆或是組成樂隊的退役拳王。由此可見，他很擅長扮演世俗的粗鄙形象，只要是不夠了解他的人，都會被他精湛的演技所迷惑。然而真正值得一提的是，他即便身處巨大的壓力之下，也能遊刃有餘地完成這種「表演」。三島的這般性格也反應在他的作品之中；一九六五年下半年，他開始漫長的散文寫作，題為《太陽與鐵》，在由右翼評論家村松剛主導以及三島協助創辦的《批評》雜誌上連載了三年。三島將《太陽與鐵》歸類為「不為人知的評論」，將目光深入到內心，探究心靈的最深處，讓人們得以了解那些只靠見面談話無法看清的三島。

審讀《太陽與鐵》的關鍵——也正是理解他自殺行為的關鍵——在於書中三島對於悲劇的定義，同時亦是這篇長達八十頁的散文的核心理論：

> 根據我對悲劇的定義，所謂悲劇性的激情，絕不會在特異的感性誇示其特權時產生的，因此從事語言工作的作家，可以創作悲劇，但不能參與其中。而且這種特權性的崇高，必須嚴格地基於一種肉體的勇氣。悲劇性事物所具有的悲壯、陶醉、明晰等諸要素，是在具備一定的肉體力量的均質感性，與為自己備妥的特權性的瞬間產生的。在悲劇之中，需要反悲劇的活力和無知，尤其需要某種「失序性」。人有些時候為了要成為類似神的存在，因此平時絕不能是神或接近神靈之物。[37]

37 引文摘自三島由紀夫著《太陽與鐵》，邱振瑞譯，大牌出版，二〇一三年初版。

上述這種說法，或許會招來不少反感。三島所謂「特權性的崇高」聽來實在有些自信過剩，而他認為必須拋棄純粹的感受性來追求「均質感性」的觀點也頗為荒謬。不過，這裡真正重要的在於從他對悲劇本質的定義中可以得出一個顯而易見的結論——三島熱切地渴望成為英雄；他也堅信，要想成為一個悲劇英雄，自己就必須先拋棄作家身份。

另有一個段落則提到他確信自己渴望成為悲劇人物的瞬間：

> 某個夏日，我走到通風良好的窗戶旁邊，以便冷卻因鍛鍊而發熱的肌肉。我的汗珠立即消退，一股薄荷的涼意從我肌膚上掠過。在這瞬間，肌肉的存在感從我體內頓時消失，這宛如語言因其抽象作用把具體的世界碾碎了。正如我彷彿感到語言不存在似的那樣；現在，我似乎覺得我的肌肉確實把某個世界已然碾碎，在那之後肌肉似乎也不存在了。
>
> ……而我彷彿置身在透明光亮似的活力之中。
>
> 因為這種力量的純粹感覺，是我透過書寫或者知性的分析所無法掌握得到的，所以我當然能夠在那裡發現了語言的真正相反物。
>
> 確切地說，它逐漸成為我的思想核心了。

到了這個地步，距離三島得出自己追求的正是死亡的結論也就不遠了。

在「太陽與鐵」的幫助下——即日光浴和體能訓練——三島發現了他的肉體並塑造了肌肉。這之後，三島於是「就這樣窺視到與長久以來給我恩惠的那個太陽不相同的另一個太陽，它充滿陰暗的火焰，它激情卻絕不烤傷人的肌膚，它是擁有更異樣光輝的死亡的太陽。」到了一九六六年底，三島已經將人生的理想視為「成為一名堅強的戰士」，這讓他最終推論出充滿浪漫主義的結論——作為一名武士而死。如果《太陽與鐵》所言為真，那就可以確定三島對於意識形態根本毫無興趣，他的舉動也就不具任何政治傾向。畢竟若將三島的一些政治寫作與這篇散文做對比，《太陽與鐵》明顯更有說服力。

想必從剛才的引文中便不難看出，三島是多麼諳熟尼采。但在他人生的最後四年裡，三島選擇並嚴格遵守的人生信條卻是取自日本封建時代。最理想的武士精神便是擅守文武兩道，且必須文武並重，以此圓滿一生對武士道的追求。實際在歷史上真正做到「文武兩道」的武士屈指可數；但無論如何，這仍是理想中的完美境界，就算是在日本結束了長期動亂的十七世紀以後，武士們依然被要求應該遵從這種美德。三島長期以來就受到這種「文武兩道」思想的刺激，他在《太陽與鐵》中曾這樣寫道：

過去我曾經說過，在二戰後所有價值顛倒的時代裡，應該恢復「文武兩道」這種古老的德性。但是此後不久，我便對此德性不太關注了。後來，我逐漸從太陽與鐵那裡領會到（不僅要用語言描摹肉體）要用肉體去描摹語言的祕法。在我的體內，兩極性必須保持平衡，如同直流電讓位給交流電那樣。我的內在機制就是從直流發電機變成交流發電機。雖說我把絕不相容的東西、朝相反方向交互流動的東西藏在體內，表面上似要使自己分裂，其實它每個瞬間都在思考和創造那不斷被破壞卻又重新復活的平衡。我總是在自我內部準備著面對這種矛盾性的自我包容，面對相對抗的矛盾與衝突，這正是我的「文武兩道」。

三島接著在散文中描述他一直以來感受到的困惑與壓力，也就是他至今以來一直隱藏在假面之下的苦惱。他先是提出質問：「男人為什麼只有透過壯烈之死方能與美產生關聯呢？」並自己解答說「神風特攻隊之美就是這種美」，因為「它不僅是精神之美，亦是一般男性認為的超性愛之美。」接著並不再多說。他不過是在陳述自我認知中（當然，並非一般男性的認知）的事實罷了。由此，三島逐漸失控，似乎真要「使自己分裂」，不斷連綴著對死的憧憬：

而最適合我的日常生活的，就是每天所處世界的破滅……

恐怕沒有比對死亡、危機和世界崩毀的日常性想像力轉化為「義務」的瞬間，更令人目眩的了。

我每天都將死亡放在心上，面對可能的死亡，收斂著每個剎那，把對最壞事態的想像力放在與面對榮光的想像力同樣的位置上……

對我而言，「時間可能被回收」，意味著過去無法完成的絕美之死將立即成為可能……我開始夢想成為一名堅強的戰士。

有了這樣的認識，三島就比以往更苛刻地要求自己。「文武兩道」已經不只是他奉為圭臬的生活方式，而成為他花了五年苦苦尋覓才得出的「餘生規劃」。無論是文（藝術）、還是武（行動），三島都定下了切實的目標。超長篇小說《豐饒之海》就是他最重要的藝術實踐；而在行動方面，沒什麼比作為一名戰士的絕美之死更能擄獲他的心神了。外界壓力越大，三島就越用暴烈的方法自我監控。文武兩道於是意味著每當他寫完新的章節、新的一卷，他就必須同時推動自己朝著行動——也就是死亡——邁進一步。一九六六年秋天，當他寫完了第一卷《春雪》，便即刻向自衛隊提出了入隊訓練的申請書。

在三島人生中的這般時期，於一九六七年初開始創作的《豐饒之海》第二卷《奔馬》之所以充滿男性剛烈的風格可以說是絕非偶然。本卷主角飯沼勳是個右翼極端份子，在刺殺了一位財界大老後切腹自殺。該卷的歷史背景發生在松枝清顯去世後二十年，也就是一九三〇年代。飯沼勳自殺的時候，與清顯一樣都是二十歲。故事剛開始時，飯沼勳還只有十八歲，年紀輕輕卻已是劍道高手，並就讀於民族主義者輩出的東京國學院大學。他的父親飯沼茂之恰好曾經是清顯家的學僕，如今則成了一個圓滑世故的右翼份子。勳和清顯在外表上有極大的差異，他不僅出手敏捷，身形強健，還有彷彿噴著怒火般銳利的雙眼，以及抿得緊緊的雙唇，就像是含著刀刃一樣。和他那受惠於財界巨頭的父親飯沼茂之不一樣，勳有「一張對人生還很幼稚」的臉。此時的本多繁邦已經成為大阪法院的法官，在參觀一場劍道比賽時初遇獲勝的飯沼勳。比賽結束後，本多聽從神社宮司的建議去瀑布下淋浴，正好瞥見也在淨身的飯沼勳的左側腹有三顆黑痣。看著開朗戲水的少年，本多感到一陣戰慄，回想起清顯去世前說過的話：「還會見面的。一定還會見面的，在瀑布下……」本多感到自己一直以來活在枯燥無味的法律世界的生活將被顛覆，心中湧現不安。

飯沼勳有一本愛不釋手的讀物《神風連史話》，其中記述了一八七七年的神風連事件，亦是歷史上最後一次武士暴動。三島對此極其重視，甚至在小說中用了八分之一的篇幅加以描述[38]。其故事始於明治六年（一八七三年）的夏日，在熊本城南的大神宮裡，四位壯士隨著神官的養子太田黑伴雄敬拜神明。這四個人是「面色冷峻的壯年加屋霽堅，年逾花甲的上野堅吾，同為五十多歲的齋藤求三郎和愛敬正元。」[39]他們都帶著刀，是「尊皇攘夷」口號的忠誠追隨者，也都一致憎恨西方文化。他們在神前等待兩項祈請（占卜），首先是「以死諫當道，惡政須革新」，第二則當死諫不被採納時，是否可以「夜暗揮寶劍，當道奸佞除」？這四人都熱切期望重興皇道，夢想著回歸古代祭政一致的體系，而他們的首領正是太田黑。

然而祈請的結果是兩項願望都沒有得到神靈的允許。他們決定今後更加竭誠祈禱，只待時機來臨，全體同志便不惜以身相報。之後，他們在神前焚燒奉上的誓書，浮在神水上，再由大家相繼喝下。

次年，爆發了佐賀之亂，太田黑認為這是千載難逢的好機會，便準備第二次祈請。但結果仍是一樣，他們再一次得到「不可」的神示。但尊皇攘夷的火熱決心並沒有因此消退，在這一年裡，又有包含加屋在內的十五名同志加入了由太田黑領導的神風連。

38 （作者注）《奔馬》由麥可．葛朗格（Michael Gallagher）翻譯，由紐約Alfred. A. Knopf出版社於一九七三年出版。全書約四百頁，而《神風連史話》就獨佔了五十頁。

39 此處引文摘自《豐饒之海（上）》，許金龍譯，北京燕山出版社二〇〇一年一月初版。

一八七七年年三月十八日，明治政府頒布了廢刀令，接著又頒布斷髮令要求人們剪去髮髻。這於是讓神風連的志士忍無可忍，決定付諸行動。這時只有加屋提議向政府表達異議後再行自裁。

太田黑在五月進行了第三次祈請。這一次，神靈同意了。太田黑又根據神靈的旨意，安排了行動部署：第一隊共三十人前往襲擊熊本鎮台司令長官、熊本縣令及縣民會議長等人；第二隊的七十多人負責攻擊炮兵大隊；剩下的第三隊則突襲駐紮約有兩千多名士兵的熊本鎮台步兵。直至舉兵前三日，加屋才終於同意加入這次行動。

他們唯一且最強的戰備，便是不分晝夜的祈禱。這群人拒絕使用西方傳來的槍炮火器（甚至於每當不得不從電話線下走過時，他們都要用白扇遮住頭頂，才能走過去），只裝備刀、長槍以及薙刀，還準備了放火用的石油。此外幾乎沒有人穿戴防具，太田黑伴雄身上也只背著藤崎八幡宮的軍神靈牌。

十月二十四日深夜，神風連起兵。鎮台司令被殺死，縣令被砍成重傷，炮兵營則被搗毀。然而由於手上沒有槍炮，到了黎明時分不少神風連的戰士都死在敵方的狙擊之下。加屋也遭到射殺，太田黑則在胸部中彈之後命令義弟大野升雄砍下自己的頭、再由兩人把軍神靈牌和自己的首級送往大神宮。經過三小時的慘烈戰鬥，神風連只剩下四十六人，他們撤退到金峰山，勸說其中七位年輕人返家，另有三位重傷者切腹自殺。

之後，神風連戰士們有的回到家裡、有的登上山頂，接二連三地切腹自殺了。其中甚至還有年僅十六歲的少年。另外有六人乘上漁船渡過郡浦，登上了早晨的大見嶺，在一塊平坦之地周圍擺上注連繩與紙垂後，一個個執行了壯烈的切腹儀式。

神風連所有志士幾乎不是戰死就是切腹了，唯獨有一個名叫緒方小太郎的參謀遵循神明的垂示而去投案自首，被判無期徒刑。他在獄中苦苦思索：為什麼對於如此崇敬虔誠的精神與純潔無垢的志向，神靈卻不保佑呢？緒方小太郎寫下了《神焰史稗端書》，痛述真情，反問道：「……豈能如柔弱女子之舉動乎？」

飯沼勳極其崇拜神風連志士，被其犧牲精神的純潔性深深打動。他前往東京市中心，拜見了一位陸軍步兵中尉，會面中被問及最大的願望時，勳說：「在太陽升起的斷崖上，叩拜那輪初升的紅日……一面俯瞰輝耀著光亮的大海，一面在高潔的松樹下……自刃。」第二次見面時，中尉將飯沼勳引見給洞院宮治典王殿下。勳特意買了一本新的《神風連史話》，畢恭畢敬地在拜謁時呈上。皇子也早有耳聞這位少年有志於將身心奉獻給天皇，因此問勳：「假如……假如陛下沒有恩准你們的行動或精神，你們打算怎麼辦？」勳不假思索地說，會像神風連一樣切腹自盡。勳還做出一個形象的比喻：

所謂忠義，就是用雙手握緊足以燙傷自己的滾熱米飯，懷著獻給陛下的衷心把它做成醋魚飯糰，然後奉獻到陛下面前。假如陛下並不餓，冷淡地予以退回，或者說：「這麼難吃的飯糰還能吃嗎？」把飯糰扔到自己臉上，自己就要那樣臉上黏著飯粒退下，懷著感激的心情立即切腹自殺。又假如，陛下正餓著，高興地享用了那飯糰，自己也必須立即退下，懷著感激的心情切腹自殺，為什麼呢？以草莽之民的賤手做成飯糰，再作為御食奉獻給聖上，這本身就罪該萬死。倘若飯糰做好了卻沒有獻上去，就那麼放在自己手上，那又將如何呢？飯糰肯定不久就會腐爛變質。這也不算是忠義，我把這叫作是無勇的忠義。而有勇的忠義，就是將生死置之度外，把精心製作的醋魚飯糰呈獻給聖上。

聽罷，洞院宮感動地說：「一想到出了這樣的少年，就覺得日本的將來又有了一線希望。」最後，皇子還賞給勳一包附有皇室徽記的點心，這無疑是勳得到的最高獎賞。

飯沼勳得到了鼓舞，立即信心百倍地著手計劃，在一群朋友的幫助下，他們打算暗殺政商界的大老，還準備佔領並縱火日本銀行。可是，受到勳的刺殺目標之一藏原武介長期資助的勳的父親卻向警察密告，勳因此被逮捕，關進了監獄。與此同時，本多一直在思索勳出現的意義，困擾不已，一貫的理性派思維不禁轉向了浪漫派。當他得知動入獄的消息，不惜放棄了自己的法官仕途，轉而來到東京，擔任飯沼勳的辯護律師，這也得到了洞院宮殿下的支持。勳在監獄裡讀起了井上哲次郎所著的《日本陽明學派的哲學》，學到了「知而不行，只是未知」。他尤其受到文政十八年（十九世紀）的著名陽明派學者大鹽平八郎的啟發；大鹽曾在全國大饑饉中，賣光藏書以賑濟災民，卻因此被人誣陷、視其為沽名釣譽；後來，他終於舉兵，與其追隨者焚燒富商家財，廣散錢財救濟百姓，幾乎燒毀了四分之一個大阪城，最後因戰敗而懷抱炸藥自殺。大鹽的一句「身死不足懼，所懼者唯心死耳」震撼著阿勳的心靈。

庭審一次次地進行著，在法官的審問下，阿勳闡述了自己舉事行為的兩大思想源頭。其一即為陽明學派，創始人是中國明朝的儒家思想家、軍事家王陽明，自十六世紀從中國傳入日本。勳是這樣說的：

> 陽明學提出了知行合一的主張，我則想實踐「知而不行，只是未知」這一哲理。當我知道了日本今日的頹廢，知道了遮掩著日本未來的暗雲，知道了農村的疲敝和貧苦大眾的苦難，知道了這一切都是源於政治的腐敗以及借腐敗謀取私利的財閥們的罪惡，不勝惶恐之至，還知道了遮斷天皇陛下仁慈之光的根源就在於

此，那麼，應當「知而行之」不就是很自然而明顯的嗎？

另一股思想源頭自然便是神風連的典故了。他說：

我相信，遮掩著天日的烏雲將被吹散，晴朗、光明的日本肯定會到來。不過，假如只是坐等，這一天則是永遠也不會到來的。越是等待，烏雲也就越是濃厚……誰能上告於天？誰願擔此使者重任，以死升天？……為使天地結合起來，需要一種決然而又純粹的行為。為了這果斷的行為，必須超越一己的利害，不惜以命相搏。還必須化己身為飛龍，捲起龍捲風，並憑藉風力沖散低垂的烏雲，升上閃著琉璃色彩的天際……所謂忠，就是不惜捨棄性命也要符合陛下心懷。要刺破烏雲，升天而去，進入太陽的心懷，進入陛下的心懷。

不久，判決下來了。飯沼勳的刑事處分得以免除，他自由了。可是，他一回家就聽到了藏原武介的消息；就在勳被釋放的前十天，藏原遊覽伊勢，飽嚐松阪肉之後同縣知事一起參拜了伊勢神宮，祈禱時竟毫無知覺地把敬獻用的玉串坐在了屁股底下。相關媒體於是立刻猛烈抨擊藏原這般褻瀆神明的行為。

這則消息起初並沒有讓勳動搖，但當他和本多以及父親一起喝酒的時候，卻從父親那邊得知密告員警的人正是自己的父親，就連父親主導的右翼團體靖獻塾也是受了藏原的恩惠。禁不住這個打擊的勳絕望地說道：「我就是為幻想而活著的，以幻想為目標而行動，也因為幻想而受到了懲罰……我多麼想得到不是幻想的東西啊！」

本多將醉倒的勳扶回臥室，並聽到勳說著含糊不清的夢話：「非常遙遠的南方……非常熱，在南國薔薇的光亮中……」

又過了兩天，勳在銀座買了一把短刀、一把小刀，孤身一人坐火車前往熱海，根據新聞報導，藏原武介將在那裡渡過新年。

到達藏原的別墅時已是夜裡十點。他穿過了碩大的橘子園，接近燈火通明的西式屋宅。透過玻璃窗確認了藏原的身影。勳拿起短刀闖進室內，藏原見狀雖然站了起來，卻沒有叫喊。他問：「你是什麼人？來幹什麼？」

「讓你為在伊勢神宮犯下的不敬之罪遭受神罰！」勳沉著而有自信地回答。

「什麼？」藏原一臉迷茫，他是真的什麼都想不起來了。

老人非常害怕，不禁稍稍挪動了一下身子，勳便衝了過去。左手為不使刀刃上翻而按住緊握刀柄的右手手腕，接著他便衝上前刺中藏原的心臟。死者的眼睛睜得大大的，上側假牙也從口中滑落了出來。勳推開正好走進來的女僕拔腿就跑。

阿勳不顧一切地往大海方向奔跑，想找到一處懸崖，途中還在橘子園摘了一棵柑橘。跑了很久，總算看到了一塊佈滿青苔、遭到侵蝕的岩石。此時，在獄中待了一年的飯沼勳體力不支，渾身虛弱、口乾舌燥。他剝開柑橘塞進嘴裡，試著平息心中的鼓動。接著，他脫下上衣，取出了小刀。寒冷的海風吹來，他想：「很久以後才會日出，不能再等下去了。沒有初升的太陽，沒有勁松的樹蔭，沒有閃耀著光亮的大海。」

他又解開褲子鈕扣，露出了腹部。這時，橘子田那邊傳來雜亂的腳步聲和喊叫聲。「是海上，一定是乘船逃走了！」

而《奔馬》的結局最後是這樣的：

阿勳深深地呼吸著，用左手按摩著肚皮，然後閉上眼睛，把右手小刀的刀刃壓在那裡，再用左手的指尖定好位置，右腕用力地刺了進去。就在刀刃猛然刺入腹部的瞬間，一輪紅日在眼瞼背面燦然升了上來。

這部小說近乎逼真地描繪了一九三〇年代日本右翼組織的行動方式以及發揮的作用，更是難得一見將這群勢力以如此巧妙的文字表現出來的文學作品。小說選取的時代背景正是這些極端份子大行其道的時候，其中提到皇族成員間接參與了右翼的刺殺計畫的這一點也相當引人深思（現實中皇室成員是否參與了三〇年代的種種政治喧囂至今依然是一個說不清的謎題）。然而，《奔馬》這部小說卻在某種程度上讓人難以共鳴；儘管飯沼勳何以刺殺一個和自己毫無私仇的陌生人這中間的過程描寫得相當精彩，但勳對切腹的執著過度反映了作者三島由紀夫的心態，導致作為恐怖份子的動機顯得很沒說服力。其實飯沼勳身邊還有一個對他抱有好感的女性鬼頭槙子，他也曾煩惱是該和槙子交往自甘墮落，還是切腹自殺——何時何地已經無關緊要。於是，在這裡的「切腹自殺」也獲得了性方面的意義，然而這與其說是勳做出的選擇，倒不如說是迎合了三島本人的真正性格。除三島之外，至今為止在日本知名作家當中幾乎沒有人曾經如此描繪對於切腹近乎病態的憧憬，而這也讓《奔馬》因此蒙上一層令人不舒服的氣氛。

差不多就在三島寫完《奔馬》的時候，長篇散文《太陽與鐵》也正好完成。這部「不為人知的評論」在文章後半部更加強調了我在前面對於他悲劇觀的分析。三島這時已經參加自衛隊的體驗集訓，於是提到：「我因而得知軍旅生涯中某個夏日黃昏，體會到那一瞬間幸福的存在感，確實唯有透過死亡，方能獲得終極的保障。」散文接著沉浸在意識到自己隨著年齡逐漸虛弱和衰老的傷感中：「我已經失去那張晨起充滿青春活力的獨特面容」、「年齡追緝著我，在背後悄悄地嘲笑著：看你還能撐到什麼時候？」他進而發現自己錯失的並不是死亡，而是悲劇。再確切一點地說：

> 我錯失的是集體的悲劇，或者說身為集體成員之一的悲劇。
>
> ……集體，和語言非得分泌的諸多東西相關，比方汗水、眼淚，以及叫喚。進一步說，語言終究和既不流淌、亦不被擠出的血液有所關聯。
>
> 透過集體、透過同苦，肉體才有可能臻至個人無法達到的某種肉體的高水位……集體必須開拓那條走向死亡的道路。毫無疑問地，我這裡說的是指戰士的共同體。
>
> ……我們同樣盼望著榮耀和死亡。如是想望的人，不單是我一個。
>
> ……我夢想著僅靠我一個人不得不還原為肌肉和語言的某種東西，能夠藉由集體的力量勉強維繫住，並且將我帶向再也無法回來的遙遠彼方。

作為《太陽與鐵》的尾聲，三島描述了在F-104戰鬥機上經歷的測試飛行，還動用了性的暗喻描寫離陸前的特殊心境：「F-104，這個銀色、銳利的陰莖，以勃起的角度劃破了長空。我像一隻精蟲被裝在裡面。我應該可以體會射精時那精蟲的感覺。」

一九六八年秋天，三島正是基於《太陽與鐵》中所寫的「悲劇意識」和「共苦」正式創建了「楯之會」。他的初衷顯然不是因為政治立場，而是出於個人的美學，這也可以從楯之會成立一年後的另一篇文章中看出來（刊登於一九七〇年的《皇后》雜誌），他描寫楯之會的方式完全是藝術化的：

身為一個人文之士，我所信仰的文字就只存在於文學作品中純粹的虛構……這是因為我特別喜愛日本文學的優雅之傳統。假使所有用來形容行動的文字都是污穢的，為了要讓另一個重要的日本文化的傳統，即尚武和武士道精神得以復甦，就只能在無文字、無言語之下承受來自多方的各種誤解並採取行動……不須藉由文字，我感受到古老的武士之魂正在甦醒……我在此想描述一個足以代表楯之會精神的故事。那是在去年夏天，我們一行約三十人，前往富士山腳下。那天酷熱難當，我們大家都頂著火辣辣的烈日堅持訓練。沐浴之後，一些年輕人聚集在我的房間。遠處傳來陣陣雷聲，閃電劃破了深紫色的天空；而我們的窗外，則傳來清晰的蟋蟀低鳴。我們花了很長時間談論如何領導好一個進攻小組。之後，一個來自京都的成員從緞面的袋子裡取出一支漂亮的橫笛。那是用來演奏平安時代宮廷雅樂的笛子，如今能夠演奏它的人寥寥可數。然而這位青年已經修習了約有一年的時日……他開始為我們演奏。旋律幽美感傷，令我聯想到深秋被露水浸潤的田野，還有伴著此般樂聲起舞的光源氏。正當我全神貫注沉浸其中，一個念頭閃過了腦海，發現自戰後以來兩種日本傳統——優雅之美和武士道精神終於首次在此巧妙相遇；這個瞬間正是我內心深處所追求的「幸福的一致」。

到了這個時期，三島由紀夫作品中的基調出現戲劇性的轉變。兩年前，他一直為婦女雜誌撰寫的輕快風格消失無蹤，取而代之的是各種體裁別具一格的短篇，例如為《電影藝術》雜誌撰寫了題為《武士》的短文；又在日本版《花花公子》連載小說《性命出售》；另也在平凡社的《Pocket Punch Oh!》雜誌連載長篇系列散文《給年輕武士的精神講話》。他還以諷刺的筆法寫了一篇《Alle Japanese are perverse》，甚至於連標題都故意拼錯。同時期的戲劇作品則是《吾友希特勒》。當然，他投注最多心力的還是《豐饒之海》第三卷《曉寺》的創作。這一卷新作和上兩部有著明顯不同；《春雪》和《奔馬》都容納了充滿戲劇性的故事，然《曉寺》基本上著墨於以佛教和印度教為主的宗教性描述。就在開始創作的前一年，三島接受印度政府的邀請，攜夫人瑤子參觀遊覽了加爾各答、貝納勒斯以及阿旃陀，正如第三卷中本多遊覽的路線。

《曉寺》才剛開始在《新潮》雜誌上連載，三島就聽聞自己再次獲得了諾貝爾文學獎提名；於是，去年種種關於他將獲獎的傳言再次瘋傳。一位三島的朋友就曾告訴我，三島一九六七年從印度旅遊歸來時，還特地選在斯德哥爾摩瑞典學院發表諾貝爾文學獎的日子返回東京。他對可能出現的盛況早已做好了充分的想像：「三島在羽田機場訂好了貴賓休息室。當飛機一著陸，他是第一個走出頭等艙的乘客，露出爽朗的笑容。可是除了我們之外，那裡並沒有其他人迎接他；貴賓休息室也是空無一人，沒有一個記者。我從來沒見過三島那麼沮喪過。」當時前去迎接的一位友人如是說。

一九六七年的諾貝爾文學獎頒給了瓜地馬拉詩人米格爾．阿斯圖里亞斯，而即便到了一九六八年，三島又再一次失望了。根據瑞典當地的報導，三島差點就要榜上有名，但委員會卻在最後關頭改變了主意，將當年的文學獎頒給了更年長的日本作家，同時也是三島多年的良師益友川端康成。或許委員會是覺得三島年紀尚輕，還有很多機會也說不定。

三島得到消息後，立刻趕往鐮倉川端康成的宅邸表達祝賀，兩人相鄰而坐笑著聊天的照片登上了各大媒體版面。但三島心裡其實相當失望，據說事後曾遺憾道：「如果哈馬紹[40]還活著的話，獲獎的可能就是我了。」因為這位瑞典外交官曾公開表示非常推崇三島的作品。然而這次與諾貝爾文學獎擦身而過並不如許多人所斷言的那樣，對三島的人生有莫大的影響。真正困擾三島的是歲月的皺褶悄聲無息地爬上眼角眉梢，還有他對於自身寫作懷抱的疑問。他在《太陽與鐵》開頭寫道：「最近，我開始覺得小說這種客觀的文學類型裡有許多難以表現的東西」，足以表露出他的疑惑並非空穴來風。儘管從各方面來看，他依然站穩日本當代作家的領袖地位，但同時也比誰都清楚，自己的聲望並不會永遠維持下去。

一九六九年初，《春雪》和《奔馬》相繼出版了單行本，從伴隨而來的平淡迴響便不難看出評論界對於三島已經開始不感興趣。其實《春雪》的銷售量很高，在兩個月內就售出了二十萬冊，也相繼接到影視和戲劇改編的提案，相較之下《奔馬》因為主題較為沉重晦暗，銷量也就差強人意。三島在此時才正式宣佈，這部超長篇小說將命名為《豐饒之海》，即「月面之海」之意，取自於拉丁文中的「寧謐之海」。有關於命名的理由，三島曾在寫給唐納德的信中解釋道：「『豐饒之海』實為月亮上乾涸荒涼之表面，雖說是海，但實際上卻什麼都沒有。換言之，我只想借用豐饒之海的雙重寓意來隱示宇宙的虛無性。」儘管這部小說堪稱日本二十世紀文學史上最雄心壯志的巨著，主題也十分新穎且銷量不錯，但奇怪的是日本評論界卻很少提起這部作品。三島自一九六六年起開始採取傾向右翼的態度，導致整體偏向左翼思想的文壇對他敬而遠之。日本文學界唯一一位對《豐饒之海》不吝讚辭的重要人物便是川端康成，他曾對《紐約時報》的記者菲利普・沙貝考夫（Philip Shabecoff）說道：「像三島由紀夫這樣才華橫溢的天才作家大概兩三百年都難遇一個。」同時將《豐饒之海》譽為傑作。但是除了川端之外，幾乎就再也沒有哪個重量級作家、評論家給予《豐饒之海》明確的讚賞了。三島覺得，自己身處一種典型「日本式」的境遇中；他一方面與文壇逐漸疏離，卻也沒有人公然表示批判，有的只是一片近乎靜默的無視。

三島和評論界的關係本來就一直有些尷尬，但從這時起他卻變得對部分評論家抱有敵意——就好比是一個身在日本的外國商人，感到自己被同業的對手們團團圍攻而變得歇斯底里一樣。在小高根二郎所著《蓮田善明與其死亡》的序言中，三島這樣寫道：

> 我已日漸接近四十歲，這也正是蓮田自殺時的年齡，而我也開始能理解他生前到底是對什麼感到憤怒。他的憤恨直接指向了日本知識界，亦即「內部最強大的敵人」。令人驚愕的是，日本現代知識界不論在戰時還是戰後都近乎無所改

40 道格・哈馬紹（Dag Hammarskjold，一九五一—一九六一），瑞典政治家，於一九五三年到六一年擔任聯合國秘書長，曾獲一九六一年諾貝爾和平獎。

變，仍然怯懦膽小、冷嘲熱諷、客觀主義、隨波逐流、不誠實、諂媚奉承、模仿性的抵制、自我中心、缺乏行動力、詭辯、愛食言……蓮田的憤恨漸漸地也成為了我的憤恨。

事實上，三島還和幾位知名評論家保持著不錯的私交。即便在面臨如此事業上或私人生活的危機狀況時，他還是有很多可以仰賴的朋友，包括寫作者和戲劇界的同仁。旁人不需要有多麼敏銳的觀察力就能發現，這時三島的狀態非常不好；他異樣的嗜好與行徑隨著時間越來越瘋狂，而楯之會正是其巔峰。

在我看來，三島真正的麻煩在於朋友雖多，但此時卻沒有一個良師益友能警醒他、告訴他正奔赴一條危險的絕路。他從未有過真正意義上的知心朋友；在培養私人友誼這件事上，他總是過於自律自斂。多年來他定期見面的那些老友，只能說是普通意義上的交往。像是定期與他有來往的作家安部公房和戲劇界的松浦竹夫都是不錯的朋友，但論及內心最隱秘的想法時，三島卻從來不能信任他人。不管是安部還是松浦、或是任何人，即便看起來和他很親密，也無法得知三島究竟在想什麼。照理說，若這些朋友看了三島的文章，比方說《太陽與鐵》，應該就能輕易地把握三島內心的所思所想，但這些友誼的古怪之處就在於，幾乎沒有一個人重視過這篇隱秘性極強的散文。三島承受著某種特定的誤解，而這正好在多年前的《假面的告白》中就有過貼切的描述：「在別人眼中覺得我是在演戲，對我而言卻是想要回歸真實本質的表現，而看在別人眼中覺得是自然的我，反而才是我在演戲。」也就是說，楯之會也成了三島的演技之一，卻反照出他想回歸的真正本性。

老朋友們認識三島已有很多年，早已習慣了他某些故作癡狂的表現，以及無休止地談論死亡和自殺，因而也不把這些言論當一回事，使得三島作出的鄭重表態就這樣被親朋好友給忽略了。至於他的家庭，更不可能對他有太大影響力。他的母親對他是如此溺愛，以至於不會去阻止他做任何事；而他的父親梓也早就沒有辦法管束三島了。至於瑤子，其實她比任何人都更適合擔當棒喝三島清醒過來的角色——她可以責怪他、嘲笑他，迫使他回到正常人的思維方式。當我看到他們倆在一起的時候，我感覺她的確一直在那麼做，但是三島將自己層層封閉，對妻子的警醒之言亦是無動於衷。

在這個階段，三島和少數日本評論界以及知識界右翼人士開始了密切交往。其中包含：村松剛——有右翼傾向的親法人士；黛敏郎——當時日本年輕作曲家中的佼佼者，也是傾向右翼的親法人士；教育評論家伊澤甲子麿——他和三島同齡，是一位老派的民族主義者，對世界變革關心甚少，也許是唯一一位三島直到最後都很信任的朋友；林房雄——這位年長的學者在美軍佔領時期被視為戰犯，時而極左，時而極右，是一個典型的機會主義者；若泉敬——他與首相佐藤榮作關係甚篤，曾代表政府與美方多次斡旋，是一位能力出眾的外交幹將，但個性過於自閉和緊張；堤清二——右翼詩人，同時也可能是三島唯一保有聯繫的企業家了。另外還有一些自民黨內的年輕右翼成員，如活躍的右翼政客石原慎太郎；出身於貴族世家、擁有巨大資產且不乏功業的平泉涉，他也來自三島最嚮往（在某種意義上也的確進入了）的上流社會。這些右翼人物中，除了伊澤之外的其他人企圖拉攏他的言行於是集結起來影響了三島，但這種「影響」不見得是好的。

時值一九六八年夏末，三島開始了《豐饒之海》第三卷《曉寺》的寫作。這部書稿大約耗費了兩年才告終，也是《豐饒之海》四部曲中最難懂的一部，這就顯得和三島以往一貫擅長的明朗清晰的寫作風格大相逕庭。致使《曉寺》艱澀難懂的主要原因在於三島對宗教內涵做了深廣的研習；小說中可清楚看到他投放了大量印度教和佛教的知識與思想，當然這種做法自有他的原因：三島擔心貫穿這部巨幅長篇小說的佛家轉世輪迴主題將會面臨失敗的考驗。具體來說，也就是如果讀者認為作者三島並沒有真的很看重輪迴思想，那麼整部小說就會淪為一種傳說故事。因此在《曉寺》裡，三島特別強調了輪迴轉世是這部作品的核心概念。

本多在本卷開篇已是個四十七歲的傑出律師，外表看來是個「空虛而陰鬱的人」。時值一九四一年，他受到一家大財團公司的聘請，出差到印度曼谷解決外貿訴訟事宜。三島先是著墨於曼谷風景，以及泰國皇族的歷史，同時也書寫了泰國佛教的源遠流長。本多在曼谷的導遊兼翻譯叫作菱川，饒舌煩人又自以為是，除了拿公司俸祿之外也不放過任何能佔公司便宜的機會。小說在一開始就引用了此人一段長長的獨角戲，他將夕陽作比於藝術，說道：「一切藝術就好像晚霞，根本沒有本質可言，只不過是一場無目的的嚴肅遊戲。」此行，本多帶著清顯當年記錄夢境的日記，想藉由各種管道見到當年留學日本和他以及清顯一起在學習院學習的兩位暹羅王子。

本多想起飯沼勳去世前曾說過的夢話：「非常遙遠的南方……非常熱，在南國薔薇的光亮中……」他堅信飯沼勳就是松枝清顯的轉世化身，而飯沼勳也將會第三次轉世；直覺告訴本多，那個轉世很可能就在泰國。在菱川的協助下，本多見到了昔日同伴的暹羅王子的女兒：一個被認為是精神不正常的七歲小公主，一直住在薔薇宮。會面時，小公主突然跳進本多懷裡，堅稱自己是日本人、死於八年前（即飯沼勳自殺的一九三三年）。本多旋即問她清顯和勳自殺的日期，她不假思索，應對如流。本多認定這位「月光公主」即是清顯的第三世輪迴，但此時他無法確認這位公主是否具有轉世的印記，也就是左側腹的三顆黑痣。不久，本多受到客戶邀請前往印度，打算之後再回泰國。在加爾各答，他碰上一年一度的杜爾迦節，也旁觀了屠宰公羊的祭奠儀式。一隻小山羊被砍下了頭，後肢還在抽動著，「彷彿被噩夢纏住了一般」[41]；屠殺山羊的年輕人的髒襯衣上濺上了血滴，而在本多眼裡，這便意味著神聖伴隨著骯髒，在對宰殺祭祀司空見慣的人們中間漠然地傳遞。接著，本多又去了貝納勒斯，那是「聖地中的聖地」。他沿著狹窄的小巷散步，走過五花八門的糖果店、算命攤……隨後就走到了河邊的石磚地廣場，面對著恆河。等死的痲瘋病人聚集在這裡；他們都是從四面八方湧來的朝聖者，只為了能死在神聖的恆河岸邊。在各種各樣的殘疾人身旁，有成群的蒼蠅，「像搬花粉似地搬運著血和膿，發出綠瑩瑩的光。」

小船載著本多駛向焚燒屍體的階梯浴場。本多看著、聽著焚燒的聲響浮過水面而來。最後，只剩下最難燒的頭骨。「拿著竹竿走來走去的焚屍人，用竹竿敲碎那些身子已燒成灰燼，卻還在冒煙的頭骨。他使勁戳那頭骨時，手臂的黑色肌肉被火映得通紅，敲擊聲迴響在寺院的牆壁上。」但這並不是悲傷的場面，「看似無情的東西都是喜悅。人們不僅相信輪迴轉生，而且把它看成是與水田生長水稻、果樹結出果實等同樣天經地義的自然現象。」本多相信，貝納勒斯一行讓他看到了這個世界的終極真相。

接著，本多的旅行到達了阿旃陀。在參觀了石窟之後，他看到一道美麗的瀑布沿著峽谷的懸崖流下來，「一條瀑布時斷時續地沿著岩石傾瀉下來，另一條就像銀色的繩結似地流著。二者都很狹窄而流速快。沿著黃綠色的峭壁墜入瓦格拉河的這對瀑布，激起周圍岩壁的清冽回音。瀑布左右除了黑幽的石窟外，還有綠油油的合歡樹和紅豔的山花陪伴在周圍，那散射的水花，那七彩的水霧令人心曠神怡。」本多觀賞瀑布的時候，也特別留意到有幾隻黃色蝴蝶上下飛舞，且正好在他的視線與瀑布的平行線上。當他仰望時，又被瀑布令人目眩的高度所震驚。本多在這片迷人的景色前，想到了清顯臨終前說的話：「還會見面的。一定還會見面的，在瀑布下……」他恍然大悟，原來清顯說的並不是當年看到飯沼勳時的那道瀑布。

從印度返回泰國，本多不得不和一群「南方外地的日本紳士們」為伍，這些到南國淘金的商人們和俊美的清顯、堅韌的勳毫無共通點（這部分的描述完全吻合當今日本商人的寫照）。有一天，本多在書店裡偶然看到一本薄薄的詩集，「原來是一九三二年六月的不流血革命後，一位曾投身其中的青年將出生入死革命後的幻滅感，以詩歌的形式寫成。出乎意料的是，這詩集出版於勳死去的翌年」。本多讀了文筆略顯幼稚的詩，甚覺這能告慰勳的在天之靈，便決定將詩集送給月光公主，因為他無論如何都相信她是勳的轉世。本多在內心得出了結論：印度讓他頓

41　此段落引文均出自《豐饒之海（下）．曉寺》，竺家榮譯，北京燕山出版社二〇〇一年一月初版。

悟了自己此生的任務便是見證和觀察因緣流轉。自少年時代起，本多就堅信歷史不能被人類意志改寫，然而如今他相信人類意志的本質便是永不止息地去影響歷史。他最後一次拜訪月光公主時，公主再次撲進本多的懷裡，絕望地哭著追問他何時才能帶她回日本，因為她真的是日本人。不久，本多返回了日本，太平洋戰爭開打了。戰爭期間，本多花費了大量時間研究講述轉世輪迴的佛學典籍。

在接下去的篇章裡，三島引用了大量典籍經文，既有古代印度、泰國的學說，也有古希臘羅馬的學說。關於大乘佛教，他書寫了相當長的篇幅：輪迴中的因果種子就是阿賴耶識，「阿賴耶識是有情總報的果體，是存在的根本原因」。另外，《曉寺》在前半部也寫到了二戰時東京遭受的大規模空襲。

小說到了後半，氣氛一轉，言辭之間充滿了崩潰和失敗的感觸，這種情緒出自於本多漸進衰老之勢。後半段的時代背景跳躍至一九五二年，本多已經五十八歲，在御殿場蓋起了自己的別墅；這時候的本多成了富人，只在週末前往別墅度假。在書房和客房臥室的隔牆上，本多特意造了一個窺視孔，這樣一來，閒來無事也能以此為消遣。本多不曉得什麼時候養成了偷窺癖，而不再是轉世學說的體察者了。御殿場的鄰居是一位上了年紀的女同志久松慶子，現在是一位美軍軍官的情人。這時候，十八歲的月光公主也被皇室送到了日本學習。一天晚上，本多邀請月光公主到自己的別墅裡參加晚會；慶子當然也是座上賓。本多期盼能看到月光公主的裸體，便安排了慶子的侄子志村克己（一個花花公子）向公主求愛。夜裡，本多從窺視孔裡觀察情況，公主卻狠狠推開了克己，逃進了慶子的家，並且拒絕跟始作俑者的本多見面。為了確認公主身上是否有三顆痣，本多因而大興土木，建造了游泳池，但他還是沒有機會看到公主的黑痣。於是，本多安排公主和慶子同住在有窺視孔的客房裡。但映入眼簾的卻是這兩個女人熱烈交歡的場面。

此時，月光公主似乎忌妒慶子腿部的自由活動，要把那腿據為己有。她高舉起左臂，抓住慶子的腿，像是斷了氣也無妨一般緊貼在自己的臉上。慶子那威風凜凜的白腿，完全蓋住了公主的臉。月光公主的腋窩露出來了。左側乳頭的左邊，一直隱在臂下看不到之處，在那暮靄般的褐色肌膚上，宛如昴星的三顆小黑痣，赫然可見。

當晚，一場大火將本多的豪宅燒成一片廢墟。十五年後，即一九六七年，本多和月光公主的雙胞胎姐姐有了一次短暫的會面。本多這才得知，公主在二十歲時因為被眼鏡蛇咬到而喪命了（在《奔馬》中飯沼勳曾夢到被綠色的小蛇咬到而死，便是對應此事。）《曉寺》至此完結。

世人對《曉寺》的評價，多半會取決於三島在小說前半講述本多鑽研轉世輪迴時的段落。如此冗長的宗教闡述無論對於大部分日本讀者還是廣大西方讀者而言，都意味著極為艱澀的閱讀體驗（當初因為這個部分，也讓美國出版社煞費苦心才為《曉寺》找到合適的英文譯者。）三島的本意是想說服讀者，令他們覺得自己極為重視轉世之說——然而，似乎大多數人都認定他失敗了。

另外，《曉寺》的結尾儘管略顯倉促，卻徵兆了下一卷的走向。第四卷《天人五衰》是《豐饒之海》的最後一部，將比前三卷更令人震驚，因為三島由紀夫是在決定自殺之後寫成這篇遺作，並確保它能在自己身亡後面世。

## 舞臺的河流

舞臺就像歡鬧的晚會，是我在勞碌工作一天之後最樂於參加的事情。在那裡，我可以找到另一個世界——彩燈迤邐，有我親手創造的人物，穿著瑰麗華美的戲服，站在壯麗秀美的舞臺中央，歡笑著，叫嚷著，哭泣著，舞蹈著。想想吧，創造並主宰了這舞臺世界裡的一切的人，就是身為劇作家的我。

但，如此愉悅，也將會漸漸變為苦澀。舞臺的魔力便是給予人們幻想——那些生命裡的偉大瞬間、那些人世間美的幽魅，卻也同時腐蝕著我的心靈。抑或是我在嫉妒，因為自己是一個被排斥在舞臺外的劇作家？舞臺啊，虛偽的鮮血奔湧在聚光燈下，或許可以用比真實生活中的任何事物都更有力而深層的體驗去感動、滋養人們。我在類似於音樂和建築的舞臺那抽象且理論化的結構中找到了美，這種特定的美成為我心底深處的「藝術之理想」，並從來不曾磨滅。

——出自〈三島由紀夫展〉展覽手冊

現代戲劇在日本起步較晚。一八六八年明治維新以後，日本作家開始廣泛接觸西方文學，第一部日本「現代」小說於是誕生於十九世紀末。相較之下，日本的西式戲劇則到太平洋戰爭結束後才得以建立。雖然二戰前就有過一些小型團體排演現代舞臺劇，但只能說是魯莽的嘗試而已；「新劇」一般被認為興起自一九〇六年，以「文藝協會」的成立為開端，推廣了一系列藝術活動，尤以戲劇為重。但舞臺演出卻遭到政府審查制度的嚴格管轄，隨後經歷了二〇年代的短暫興盛期，最終屈服於官方控制。儘管始終都有一群政治立場鮮明的團體準備挑戰官方權威，但直到太平洋戰爭爆發之前，幾乎沒有人爭取到長久的成果。唯一的例外是成立於一九三八年並撐過戰爭時期的「文學座」，標榜著藝術至上主義。除了上述談到的背景之外，日本的現代劇團也面臨傳統劇團的強勁競爭和抵抗——不僅有誕生於十七、十八世紀的典雅戲劇歌舞伎、也有盛行民間，介於歌舞伎和新劇之間的新派劇，其採用了西方演出形式並以描顯現實百態的題材為主，廣受大眾歡迎。

戰後，政府放寬了對新劇演出的審查，其較為激進的性格不難從演出的劇目中看出端倪，像是上演易卜生、果戈理、托爾斯泰、契訶夫的名作，加上為數不少受俄國傳統影響的日本作家撰寫的劇作。除此之外西歐的作家也頗受歡迎；五〇年代中，新劇中最有名、影響最廣的作品是田納西．威廉斯的《慾望號街車》、約翰．奧斯本的《憤怒的回顧》等。當然，西方古典劇目如一九五五年文學座演出的《哈姆雷特》同樣獲得了巨大成功。這是日本歷史上第一次上演日文版的莎士比亞劇作，莎翁作品因而風靡一時，就連一些老牌的歌舞伎名演員也想爭得演出的機會。老一輩的日本作家中，極少有人出手挑戰四〇年代末的新劇，舞臺於是留給了年輕人——其中便有三島由紀夫和安部公房。安部公房[42]在很大程度上沿襲了戰前的新劇風格，亦即在戲劇中採用激進的無產階級政治主張。安部的早期創作《奴隸狩獵》（一九五二年）便意在諷刺日本商界，描繪了戰後用戰爭屍體、遺物抵價購物的病態商業模式。三島則與之相映成趣，對意識形態化的創作毫無興趣，轉而充分發揮三島式文風的長處。這兩位年輕劇作家堪稱投入戰後新劇創作的生力軍，雖然在政治表態上截然不同，但在小說和翻譯等方面的成績卻不相上下（安部公房時常在俄國翻譯出版，而三島則特別受到西歐關注。）三島展現了對西方古典劇作的熱愛，甚至以拉辛和歐里庇得斯的名著為藍本進行創作，反觀安部則對德國戲劇家布萊希特（Brecht）情有獨鍾。

三島的新劇處女作是一部名為《火宅》（一九四九年）的獨幕劇，由兩大新劇團之一的「俳優座」演出。三島聽到知名的男女演員在舞臺上朗誦自己寫的臺詞，感到非常滿足。第二年，他就推出了三島式戲劇之代表作——近代能樂，這是他獨創的新劇類型，也在舞臺上博得廣大迴響。自十五世紀起，能樂就是皇宮貴族欽定的戲劇形式，故而吸引了大量日本作家癡情於能樂創作，這種狀況到了近代社會也不曾改變。唐納德．基恩在三島由紀夫所著《近代能樂集》的序言中寫道：「有一些作品沿用了傳統主題，另一些則試圖借傳統形式之手表達現代理念。在戰時甚至還出現過以潛水艇內的生活為主題的能樂劇。雖然這類作品有的能夠獲得一時的認可而廣受歡迎，但本質上來說卻只是為了滿足好奇心，既不講究言辭之美、也缺乏古

42 安部公房（一九二四—一九九三），生於東京，在中國瀋陽長大。一九四八年從東京大學畢業後，即著手從事文學創作活動。以短篇小說《牆壁》獲得芥川獎，確立自身在文壇的地位。

代能樂特有的情緒氛圍，更沒有我們期望從現代作品中看到的深刻細微的人物性格刻劃。至今為止，第一個真正獲得成功的現代能樂劇作家便是三島由紀夫。」唐納德．基恩還將一九五〇年上演的《邯鄲》引例為三島成功的典範之作，這也是三島第一部近代能樂劇作。唐納德將這部作品和傳統版的能樂劇情做了比較：「在古典能樂中，（劇情是）一位旅人住進一間旅宿並躺在借來的一個神奇的枕頭上午睡，結果夢到自己即位成為中國皇帝。醒來才發覺一切不過是在連小米飯都還沒煮熟的期間發生的，因而領悟人生在世宛若浮夢。在三島的劇作中，主角不再是旅人，而是當代社會的一位少爺前往造訪十年前在他家服侍過的女孩家，並同樣在女孩準備早餐的期間，躺在枕頭上做了一個夢，但這次並不是變成皇帝，而是成了大企業的社長並進入政界成為獨裁者。」

這之後三島陸續創作了很多現代能樂。繼《潮騷》之後他的第二本英譯著作就是《近代能樂集》，在西方世界引起極大反響。大部分戲劇都曾在歐洲、澳大利亞、墨西哥和北美上演，一九六〇年還被搬上外百老匯舞臺，耗時兩個多月的排演製作沒有白費，吸引了不少關注。這些獨幕短劇的對白精簡而幹練，盡可能充分地沿襲古典能樂劇特有的幽冥氣質，顯示出劇作家三島別出心裁的個人風格。三島之所以能在西方文化界為人矚目，有很大部分是近代能樂帶給他的榮譽。事實上，這些戲劇在日本本土也相當受到歡迎。劇目有的作為新劇，有的則在古典能樂舞臺上演，其中名為《葵上》的劇作還酷似西方歌劇。儘管《近代能樂集》早已被亞瑟．韋利譯成英文，但若沒有能樂特有的舞臺裝置也幾乎無法上演，因為演出不僅需要形態獨特的舞臺、華美豔麗的戲服和面具，還有專門的配樂和合唱團——在西方人看來，由這些元素構成的舞臺都堪比古希臘戲劇。但是，多虧三島，西方人逐漸接受了這種古老的日本戲劇模式，儘管要過了很久之後能樂劇才真正在海外上演，終以莊嚴肅穆又淒豔絕美的經典劇碼征服了西方觀眾。

若想體察三島本人的性格特點，就有必要理解他看待古典能樂的方式。三島只要人在東京，就必定每個月都會去看一次能樂演出。但是他對能樂的態度又相當古怪；我不認為他真的很享受能樂舞臺上慢拍子的表演——因為他經常看著看著就睡著了。在三島自殺前一個月，他給我寄來一篇以能樂為主題的文章影本，原文刊登於一九七一年的《這是日本》雜誌。文章中寫道：「（看能樂，）人們能追溯到十五世紀的古典舞臺藝術形式，那是一種圓滿於自身的藝術，不允許現代人的干擾或介入……能樂舞臺如同美的廟宇，實現了莊嚴的宗教感與感官美至高無上的結合。沒有其他傳統戲劇形式能夠達到能樂這等精美絕倫……真正的美，會襲擊你、壓制你、掠奪你，並終將歸於毀滅。湯瑪斯．曼正是因為明瞭美的暴力性而寫成了《死於威尼斯》……能樂必須要在戲劇終結、美頹倒於廢墟之後才開始。能樂中酷似『戀屍癖』的美學觀就好比是艾德格．愛倫坡的著作中的死亡美學，諸如《麗姬亞》或《貝瑞妮絲》……只有在能樂中，才找得到能將『我』的時間從今日日本之『外部世界』中拽走的力量，那便是能樂獨有的美的種類……並將影響力投射於另一種體制……在能樂的面具下，美必須隱藏著死亡，我確信，終將有一天，它將會引導我走向毀滅和寂靜。」

五〇年代早期，三島還沒有正式成為新劇作家，但已經創作了不少歌舞伎劇目。比起同齡作家，三島有明顯的優勢：寫作歌舞伎需要大量特殊的、冷僻的古文詞彙，三島早已精讀日本古典文學，掌握數量龐大的古詞彙。從一張攝於一九五三年的照片可以看到三島和久保田萬太郎的合影，後者是日本戲劇界德高望重的老前輩，對歌舞伎藝術有著無比熱愛。照片上，三島正在審閱一份戲劇手稿，目光銳利，露出穎悟的表情；久保田的表情很複雜，但面露讚賞之意，正轉過頭來看著三島；久保田的助手站在這兩人中間，凝視著面前這位年輕的俊才。三島很鍾愛歌舞伎；巴洛克式的流血場面、激烈的劍鬥都能迎合他本質上的審美取向。因此，他的歌舞伎作品貫穿著類似的主題——真愛將會終結於殉情、或是雙雙自殺。三島對待能樂的態度是虔誠尊敬、又有點縮手縮腳，甚至還有一絲不合常理；相對而言，他對歌舞伎的熱愛就自由豪放得多，不去刻意限制。當時，很多戲劇界的名演員都是三島的朋友，他也會在後臺花上幾個小時去和他們交流（前文已經談到過，三島和中村歌右衛門也有往來。）然而三島在歌舞伎創作方面卻沒有堪稱傑出的作品；儘管他在世的時候，其歌舞伎作品還是廣受關注的。或許，最成功的作品當數三島在戲劇舞臺上的遺作《弓月奇談》。這部戲寫成於一九六九年，三島本人還參與在國立劇院演出時的製作。三島很會模仿，也擁有歌舞伎的表演能力。這次演出之後，三島還自己朗讀《弓月奇談》裡全部的臺詞並錄音。

三島在一九五一年時就曾寫過一篇散文《戲劇和我》，講述了他是如何接觸到新劇的。後來，他總共寫作了將近四十部新劇。他在文中這樣說：

> 戲劇與小說那般混沌世界無緣，它看似必須像浮現在空中的玻璃伽藍。不管它是多麼自然主義的戲劇，它所帶來的戲劇性緊張的的主題，絕不是採取像小說那種程度的日常性形態。強烈的感情總是犧牲瑣事、蹂躪著瑣事而不斷前進的。[43]

三島第一部成功的長篇劇作是《白蟻之穴》（一九五五年）。故事發生在戰後，一對日本貴族

43 引文摘自《戲劇和我》，收錄於《殘酷之美》，中國文聯出版社二〇〇四年初版。

夫妻帶著兩個家僕（私人司機及其妻子）逃亡到一座巴西咖啡種植園。主要情節講述了通姦、並企圖自殺殉情，但構成十分巧妙。在此，白蟻留下的空穴隱喻了居住在海外的日本逃亡者們空洞虛無的生活。這部劇作正式奠定了三島身為新劇作家的一流地位。完成這部作品不久，他就因此獲得了一項戲劇大獎，三島則宣稱：「我認為，最理想的生活莫過於每年寫一部長篇小說，而不再寫短篇；就算不得不寫，最好也短於二十頁。其餘的時間我就希望能全部投入戲劇創作之中。」關於小說和戲劇在他心中的地位和關聯，他則說道：「戲劇喚醒了我慾望中的全新領域，而這恰是寫小說所無法滿足的空間。現在，當我寫小說的時候，接著就會很想寫一部戲劇。戲劇可以說是我事業兩大磁極中的一端。」

可是，三島最終也沒能實現這種理想狀態。他還是堅持每年完成一到兩部長篇小說，其中不乏優秀的中篇幅小說，例如講述中尉切腹的《憂國》。在三島由紀夫的有生之年，除了最後一年之外，他每一年都在小說和戲劇這兩端頻繁創作。比方說一九五六年上半年他完成小說《金閣寺》之後便立刻開始寫劇本，到了秋天就寫成了《鹿鳴館》。在三島所有戲劇作品中，《鹿鳴館》是上演次數最多的，但就我個人看來，這齣戲並不十分有趣。

奠定了三島在戲劇界創作盛名的另一部劇作便是一九六一年的《十日菊》。每年九月九日的重陽節在日本也是賞菊的節日，會有大型的菊花盆藝展覽。而開放十天的菊花會被認為是過時的敗菊，不適於節日展覽，因而會被丟棄。菊花，在日本一貫是皇室的象徵，天皇的徽紋就是一朵三十二瓣菊。因此，這部戲劇正是在隱喻對天皇的忠誠心已被捨棄。

《十日菊》的主角森重臣是個政客，曾是戰前的大藏大臣，三〇年代時，曾成為右翼發動政變時的暗殺目標。一日，森迎來了多年未見的阿菊——這位來訪者是十六年前救過他一命的忠實女僕，並娓娓道來刺殺當夜的情景。劇中細節彷彿在暗示，故事是取材自日本三〇年代多不勝數的刺殺未遂事件。森則坦言，自己一生中最有榮耀的時日並非是榮任大藏大臣的時候，而是年輕的愛國主義者企圖殺死他的那些日子。森說，降臨在政治家頭上最幸運之事莫過於死在刺客手上。盡忠天皇、報效祖國就是要獻出生命，尤其是當生命並無意義時。森在政變過後日日夜夜都沉浸在養仙人掌的孤獨愛好中；三島在劇本裡濃墨重彩地描寫了森對仙人掌的癡迷狂熱。他筆下的這個政客形象——就像棵仙人掌一樣——毫無血氣；他的存在是毫無價值的。該劇的政治背景完全再現了三〇年代的日本社會氣氛，有兩派對立的群體相互衝突，以至於引發血淋淋的暗殺——一派是看重維護社會秩序的政治家、財閥和公職人員，另一派則是為了榮譽而行動的青年們。森後知後覺，終於明白過來：自己在內心是屬於後者的。藉由阿菊登場告白十六年前那一夜的真相而揭開序幕的《十日菊》，可能會被認為是對感傷的保守派的一種批判；加以戲劇化的表演則有助於發揮這些潛臺詞的張力。畢竟，作品的原型是一九三六年的二．二六事件，流露出劇作家三島本人對森之言行的同情；後來，三島曾讚譽挑起二．二六事件的武裝叛軍，並聲稱自己和他們有很多共通之處。

當然，《十日菊》並不是一部真正的政治劇。舞臺上的戲劇衝突主要圍繞在阿菊和前雇主森大人的關係之上。《十日菊》在一九六一年由文學座排演，亦是文學座現代劇團成立二十五周年的紀念公演，因而大腕雲集，幾乎全部由新劇界最出名的演員擔綱，比如阿菊一角便由公認的最佳女演員杉村春子主演，她也被視為文學座劇團的靈魂人物。在文學座看來，這齣戲並不具有意識形態，這一點在兩年後的一起事件中便有所明示。當時文學座拒絕了三島另一部相對來說政治態度溫和得多的劇作，雙方因此產生爭執，最終三島毅然辭去劇團劇作家身份，結束了與文學座長達十多年的緊密關係。事實上，除了文學座之外，三島幾乎沒有和別的劇團有過密切和諧的合作。要是文學座真的把《十日菊》看成有右翼傾向的作品，那就根本不可能選擇它當作二十五周年紀念公演的劇目。

引發文學座和三島由紀夫爭端的劇目《歡喜琴》，其實稱不上是三島的重要劇作。故事背景發生在戰後日本，以「松川事件」為原型——一九四九年，一輛火車出軌，肇事者的身份始終沒有查明，但當局者一直堅信是左翼份子的肆意破壞。劇作的主角是名為松村的高級警官，這位退役軍人在下屬同事中口碑甚好。松村命手下的片桐警官負責調查這起火車出軌事件（但劇中並未明確指出是在說「松川事件」）這位熱心的片桐警官於是逮捕了幾位右翼人士，卻看到他們很快一一被釋放，感到萬分驚訝。這時候，街上開始出現左翼遊行，表達強烈憤慨和不滿，反抗當局毫無根據地指責左翼團體必須為這次事件負責。而在警察局裡，發生了一件奇怪的小事：當片桐和手下忙碌工作時，一個年輕的警員說自己當班巡邏時聽到了古琴的樂聲。其他警員紛紛嘲笑他——這怎麼可能呢？在遊行示威的喧囂嘈雜之中，怎麼可能聽到這種聲音？又經過了數日調查，事情出現了意想不到的轉機——擔任這次調查活動的高級警官松村竟然成了這起破壞活動的被告人；謠傳，這位高級警員早已是共產黨員，從事地下活動。忠心耿耿的片桐頓感崩潰。事後，又有證據顯示指控松村的種種罪名都是右翼份子捏造的偽證，松村可能是清白的。可是，不管事實如何，片桐已然失去了對上級的崇敬和忠誠之心。有一天，當片桐在街上執勤時，遊行的人群向他湧來，他也當真聆聽到了優美抑揚的古琴聲。一個曾信仰絕對權威——永恆不變的法律——的年輕人，眼看著對社會秩序的信念分崩瓦解，最終逃進了幻覺世界。

這齣戲的轉捩點在於片桐突然意識到，已經再也無法信任原本最尊敬的上司松村了，哪怕這並不是因為政治立場問題。一九六三年十一月中旬，文學座開始排演《歡喜琴》，接著，杉村春子訪問中國，結果，她一回到日本就突然中斷了排練，並通知三島說這次演出計畫取消了。文學座派了一群代表專程上門拜訪三島，解釋演出暫停並取消的原因是因為部分演員拒絕唸出員警在該劇中有右翼傾向的臺詞。三島因此被激怒，將他的憤慨訴諸於筆端，在辭去文學座劇作家幾天後，於《朝日新聞》發表了一封公開信，我在此摘引部分原文：

《歡喜琴》當然和我以往的作品有很大的不同，且包含了某種危險的元素。但是，你們一直以來都是怎樣看待我的呢？竟會對這樣一部戲劇作品大驚小怪？你們一直將我稱為一位劇作家，這是不是在拿我開玩笑呢？……有哪個作家會寫毫無張力的戲劇以期贏得大批觀眾呢？你們制定了諸如「藝術」這般安全的標準，把自己隱匿於含糊不清的（實際上是左傾的）政治立場中，只知道一遍又一遍地搬出藝術至上主義的口號……這難道不就是偽善和重商主義的表現嗎？我想讓你們明白一點：藝術中總會有一根針，也還有毒藥；你不能只吮到蜜糖、而不吞下毒藥。

可見，這次爭論的結果是徹底破局了。過了沒多久，三島創辦了一個現代劇團NLT（新文學座）。那真是個令人悲傷的時刻；三島從此之後再也沒碰上像文學座那樣默契配合的團體，而文學座則失去了他們最優秀的劇作家。

這次決裂著實讓人困惑。整整三年內，三島堅持宣稱：是政治信仰的不同導致了他和文學座的絕交，還斷言《十日菊》實際上就是一齣再現二・二六事件的舞臺劇，並且公開表示自己和二・二六志士一樣，擁有狂熱的帝國主義思想。但他所說的「帝國主義思想」直到一九六六年後才反映在寫作中，比如《英靈之聲》。無論如何，當我們回過頭看這場爭吵時，會發現三島表現出難以置信的激烈情緒。要知道，他這一輩子都極少和他人、和組織發生爭端。當然，意見不合的事情是有的，但三島總是避免在任何情況下將敵意公開化。儘管他在很多方面表現得不像日本人，但在這一點上，他和大多數日本人一樣討厭公開爭吵。

接下去的劇作《薩德侯爵夫人》再一次證明了他對於政治事務的熱情遠遠不及對戲劇文體和結構的關心。這部劇作的契機出自一個疑問：為什麼薩德侯爵夫人在薩德入獄期間堅持忠誠於丈夫，卻在他出獄的時候選擇了離開他？該劇試圖回答「女人們眼中的薩德是怎樣的」這個問題。六個角色都是女性，劇情只靠對白推進。三島打算讓她們穿上洛可可式的華服，以傳遞切合劇情而又華美奢靡的視覺效果。五個女性角色必須圍繞薩德侯爵夫人，形成一個精密、幾乎稱得上嚴謹的系統。唐納德・基恩將該劇的成功歸功於拉辛：「三島的古典主義……

在《薩德侯爵夫人》一劇中達到最極致的表現……在此，三島採用了拉辛舞臺劇的基本要素——單一佈景；完全依賴長篇言辭來表現事件和情感的關聯；人物數量得到嚴格限制、但每一個人物都代表了一種類型的女人；以及克制了舞臺上誇張外向的動作表演。」

在東京，《薩德侯爵夫人》算是取得了不小的成功，儘管其主題過於西洋化，缺乏本國特色。在英譯本完成後，三島盼望著能早日將這部劇作搬上百老匯舞臺，便向紐約的文學經紀人奧黛麗．伍德施壓，讓她趕快找到一家合適的劇團。但是，事實證明，《薩德侯爵夫人》並不太合美國女演員們的口味，問題的癥結主要在於幾乎靜態的舞臺表演，成了考驗演員的大難關。這麼看來，或許三島的大部分大型劇作都不太可能在西方舞臺上演出了。但是，《薩德侯爵夫人》之後的兩部作品卻可能會受到西方觀眾的歡迎，一部是寫成於一九六七年的《朱雀家的滅亡》、另一部是一九六九年的《吾友希特勒》。前者模仿了歐里庇得斯的悲劇；後者將背景設定於一九三四年的德國，更具體地限定於「長刀之夜」[44]的前後事件。三島著力描繪希特勒在和保守派——也就是正規軍和富商階層之間——挑起了一場「中立」事件。三島既不褒獎希特勒，也沒有予以抨擊；甚至也沒有在該劇中刻劃這位獨裁者的形象。三島將「長刀之夜」定義為一次權力爭奪事件，一次技術上的軍事行動。劇目的標題指的是衝鋒隊的領導人羅姆，他在這次事件後遭到殺害。該劇中，羅姆始終相信元首（希特勒）是「我的朋友」——直到一切都太晚，厄運已成定局。首演是在一九六年一月十九日的東京，三島還印了一張小傳單，發給所有觀眾，上面寫著：「危險的空想家，三島由紀夫，將邪惡頌詞獻給致命的英雄，希特勒。」他的本意是想戲仿評論家之言，當然，也就是那些日本知識界甘於中立的、或說是立場不清的左翼文人們。根據劇中所言：中立，可以導向任何地方。

三島的最後一部戲劇作品是《癩王的陽臺》，寫成於一九六九年。他還邀請我觀摩了首場公演，我還記得那天晚上他穿著全白色的晚禮服，身邊還有瑤子夫人作陪。田納西．威廉斯本來也要出席的，但最終他沒來，所以全場只有一個空位，就在三島身邊。這場演出棒極了。《癩王的陽臺》的主角是高棉國王闍耶跋摩三世，即吳哥皇城的建造者，但在他的統治時期已面臨國道中落，這些聖殿也就成了陵墓。三島用這個典故來寓意物質化了的功績便可淩駕於非物質化的精神，同樣，肉體也將高於精神——畢竟，留存下來的就只有吳哥窟。讓三島尤感自豪的是最後一幕，在初建成的吳哥聖殿的臺階上，「肉體」和「精神」進行了交流——「肉體」擁有國王年輕俊美的形象、而「精神」則代表了深受麻瘋病折磨的奄奄一息的國王（根據我們在帝國劇院觀賞的演出，代表「精神」的演員製造了陰森低緩的嗓音。）

44　長刀之夜（the Night of Long Knives），是個發生於德國一九三四年六月三十日至七月二日的清算行動，納粹政權進行了一系列的政治處決，大多數死亡者為納粹衝鋒隊成員。

**肉體**：國王，將死的王。你能看到我嗎？

**精神**：是誰在呼喚我？我記得這嗓音。明快嘹亮的嗓音。

**肉體**：是我。你看到了嗎？

**精神**：不。當然看不到。我是盲的。

**肉體**：精神為什麼還需要眼睛呢？是那狂傲之源令你不用雙眼便看到一切！

**精神**：多麼刺耳的話語啊。你究竟是誰？

**肉體**：我是國王。

**精神**：荒謬！國王是我。

**肉體**：我們共用同樣的名稱。國王。我是你的肉體。

**精神**：那麼我又是誰呢？

**肉體**：你是我的精神。是下決心建造這片吳哥神殿的靈魂。正在死去的，並不是國王的肉體啊。

**精神**：我的肉體已經腐爛，已經消逝。你不可能是我的肉身，竟如此豪氣莽撞地對我說話。

扮演「肉體」的演員一身黝黑肌膚，赤裸的上身只穿著一件束腰襯衣，紮在腰間用帶子固定。他高聲誦讀臺詞時，大步流星地在吳哥神廟的平頂上踱步，將他的雙臂激昂揮動。在他身後，有一塊雕刻在巨石上的巨大臉面雕像，便是吳哥窟那著名的「微笑高棉」了。演員名叫北大路欣也，身形稍嫌過於魁梧，但當靈魂之聲盡力回話時，他的嗓音低沉醇厚，吐字愉悅暢快。

**肉體**：那並非真相。你的肉體永不會腐敗。你的肉體在這裡，閃現著年輕的光芒，活力四射，就像一座金子做的不朽雕像。被詛咒的疾病只不過是精神的幻覺。像我這樣功成名就的國王怎麼可能染上疾病？

**精神**：但是肉體能成就什麼呢？又能締造什麼不朽的偉業呢？並不是由石塊籌建了這座亙古永存的吳哥神廟。石頭什麼都不是，只不過是一堆物質。建造這些的，是精神！

**肉體**：(自豪地大笑)精神再也不能看到吳哥神廟了，因為連精神本身都得附著於肉體之上。

**精神**：不！是我不需要再看了。吳哥大功告成，自會在我的靈光裡熠熠閃光。

**肉體**：閃光？不過是一線微弱的光亮罷了，並且即將隱滅。想想吧，若足以在精神的靈光內熠熠閃光，為什麼還必須要用這麼多巨大的石塊來壘造吳哥呢？

**精神**：精神始終渴望得到形態的顯現。

**肉體**：那是因為你是無形的。形態總是模仿像我這樣美麗的肉體。難道你是仿造麻瘋病人腐朽的屍身建起吳哥的嗎？

**精神**：一派胡言！麻瘋病的身軀無關緊要。

**肉體**：無關緊要？你為它受盡了折磨！

**精神**：不，那沒什麼。精神才是一切。

**肉體**：精神又是什麼？那腐朽的、無形無狀的、甚至還是個瞎子？精神便附身於這樣的形態之中。並不是你飽受麻瘋病的煎熬。你本質的存在就是麻瘋病。你生來就是個麻瘋病人。

**精神**：看透這宏偉矗立的吳哥神殿吧，這裡蘊藏著清晰無比的能量和銳氣。肉體是無法擁有這等能量的。你不過是被肉體驅使的奴隸！

**肉體**：你是說你比我更自由嗎？你自由嗎？因為你不能跑、不能跳、不能歌唱大笑、更不能爭戰，所以竟然更自由嗎？

**精神**：我跑完了一百年的時空。而你只能在空間裡行走。

**肉體**：空間裡有光明生機。鮮花盛放，蜜蜂嗡鳴。美好的夏日午後正鋪展在眼前。可是，你所謂的時間卻是一條陰森潮濕的地下走廊。

**精神**：哦！吳哥！我的愛！

**肉體**：為什麼你要滯留於此？吳哥就是現在。永遠熠熠閃光的現在。你愛？你可曾有過美麗的歲月值得他人去愛嗎？

**精神**：我正在死去。每一次呼吸都是劇烈的痛苦。哦。我的吳哥啊。

**肉體**：死吧！腐爛吧！……你妄想了，你建造了。那便是你的病疾。而我的胸膛在陽光下熠熠生輝，像拉滿了的弓。河流潺潺，瑩瑩閃光，可卻是靜凝不動的存在。你不曾追隨我，這便是你的病疾。

**精神**：我的吳哥啊……

**肉體**：精神枯萎了，如同王國一般腐敗了。

**精神**：那是肉身在腐朽。精神是永恆不滅的。

**肉體**：你快要死了……

**精神**：吳哥……

**肉體**：你快要死了……

**精神**：……

**肉體**：怎麼了？

**精神**：……

**肉體**：沒有回音。你死了嗎？

**精神**：……

**肉體**：你死了。

（鳥聲啁啾）

**肉體**：看吧。精神已經死去。蔚藍的天空多麼明爽！美麗的小鳥和大樹，吳哥用所有這一切保護著我！我要再次統治這個國家。年輕便是不朽。肉體才是亙古永存。我贏了。吳哥，便是我。

時間推移到一九七〇年初，三島卻宣佈自己再也不寫劇本了，這可讓朋友們大吃一驚。這麼多年來，戲劇對他而言是如此重要、佔據了他生命兩極的一端，可他竟然決定不寫了。

人們對此百思不得其解：有人將此看作是他自負的鐵證；另一些人則寧願相信他是因為需要集中精力投入《豐饒之海》，故而再無心力從事戲劇創作。

就在他自殺前不久，三島在家中樓上的起居室裡佈置了一個置物架，並擺上了一隻古希臘花瓶、一尊小型黃銅製的三島本人的裸體雕像、三島作品的部分英譯本、還有最後一齣舞臺劇《癩王的陽臺》中的舞臺模型。有天晚上，他將這些陳列品展示給友人看。「你喜歡嗎？」他用一種自嘲的口吻問著朋友，又說：「這些東西真的足以概括我的一生了，你難道不這樣想嗎？」說完，發出一陣大笑。

## 肉體的河流

這條年輕的河流在我生命的中點突然開始流淌起來。過去，很多次我都意識到一個事實：僅靠無形的精神無法塑造切實可見的美，而我對此極度不滿。為什麼我自己就不能成為值得一看的、可見之美呢？出於這種意念，我就不得不讓自己的肉體變得更美。

最終，當我擁有了這樣一具身軀，我便想展示給每一個人看，讓它在每一個人眼前移動，就彷彿擁有了新玩具的小男孩驕傲地炫耀。對我而言，肉體已變得活像一輛馬力強勁的賽車。我可以駕著它駛上無數高速公路，到達無數嶄新的地域。先前聞所未聞的新鮮景象在我面前豁然開朗，滋養了我的歷練。

但是肉體是註定要腐壞的，也恰似任何一具裝置複雜的馬達。就我個人而言，不願意、也永不會心甘情願接受這樣的厄運。也就是說，我不接受自然的進程。我很清楚自已將違逆自然規律而行；也很明瞭我已強迫我的肉體走入一條萬劫不復的道路。

——出自〈三島由紀夫展〉展覽手冊

就體型而言，三島由紀夫絕不是個偉人。他的身高只有一百六十六公分。日本人普遍要比其它亞洲國家的人種長得更矮小，但三島卻比同時代日本人的平均身高還要矮了一些，而且很瘦。他從三十歲開始鍛煉，但即便在他接受了那樣高強度的體能訓練之後，他也不可能再變得魁梧高大。如果穿上西裝，他看起來就和這等身高的普通男人一樣；肩膀也不算寬厚，胸膛也沒有威武隆起。他總是站得筆挺，彷彿一個職業軍人才會有的舉止儀容。不過，他終究還是練成了一具比例協調、結實美觀的身軀。憑藉舉重鍛煉，肩膀、雙臂和雙腿都練出了強健有力的肌肉群，且協調地附在他小巧的骨架上而不顯得笨重。他的手腕很細，腰腹部扁平而結實，完全沒有贅肉，加上線條塊壘清晰的胸肌，都顯示了舉重練習的成果。和普通日本男性不一樣的是，他有不少黑色體毛，主要是在胸膛上，為此還被不少日本人嘲笑過。論及他苦心孤詣打造的身軀，便也無法回避一個缺憾：在肌肉發達的對比下，雙腿顯得太短了——這在日本男女之間倒也見怪不怪。像三島這樣愛開自己玩笑的人，也從沒取笑過自己的短腿。他設想自己已變得英武俊美，這顯然能從文字中窺知一二。他曾為《年輕武士》(Young Samurai)一書撰寫序文，書裡有很多年輕健美先生的照片，包括三島在內。他在文章裡說自己在這些男人中間就像一個短腿鴨子，但很明顯地他是在正話反說——他認為自己是這些運動員中最好看的一個，這倒也並非言過其實。比起專業的健美先生過於露骨的誇張肌肉，業餘的三島倒顯得幹練精簡，恰到好處。

在《太陽與鐵》中，三島明確地披露了自己決定體能訓練的初衷。他甚而不忘警示讀者們未必能理解他闡述的理由。「多虧太陽與鐵的賜予，我學會了一門外語，懂得了肉體的語言。它是我的第二外語，形塑了我的教養。我現在想談談這教養是如何形塑出來的。它可能是無與倫比的教養進程，同時又是難以理解的東西。」

基本上，三島意圖闡明的是在他生命的前半段裡，他只感到嫌惡自己的身體；於是，他將一切重新投入字裡行間，轉而追求文學；但文字漸漸侵蝕他的存在感——彷彿白蟻吃空了這具肉體似的。因此，他又開始追尋第二種語言：「肉體的語言」。而正是陽光在他面前開啟了這種可能性。戰時，「敵視太陽是我反時代的最大動力。我偏愛諾瓦利斯式的夜晚和葉慈式的愛爾蘭的曙光」，他將太陽和毀滅聯繫在一起，「太陽必定是鼓舞士氣似地照耀著：將要出擊的飛機的機翼、如林的刺刀、軍帽上的徽章、軍旗上的刺繡；但它照耀更多的是，從肉體不斷淌流而出的熱血，聚集在傷口上的銀蠅的軀體；它還掌管腐朽敗壞，主宰著熱帶的大海和山野上諸多青春的死亡，最後甚至統治著擴展到那地平線赤銹色的廣大廢墟。」但戰爭結束後不久，他就從陽光中得到了截然不同的感受：「一九五二年，我第一次到海外旅行，在輪船的甲板上，再次與太陽握手言和。從那以後，我就無法與太陽分手了。太陽與我最重要的路標相結合。於是，它慢慢地燒灼我的肌膚，為我打上了它們種族成員的烙印。」

三島發現了太陽，這便指引他三年後開始健身：

> 我覺得太陽在向我唆使，從以臟器感官的暗夜深處引出我的思考，到呈現光澤皮膚隆起的肌肉，它才肯罷休。它還命令我備妥新的住所，以便使我慢慢浮上

表面的思考能安住下來。而這安居的住家，即是被晒黑得發亮的皮膚，以及因敏感而隆起的強有力的肌肉。

根據三島在一九七〇年十二月為《體育畫刊》撰寫的文章，我們可以得知他從一九五五年開始高強度的健身訓練。他去了一次美國，獲得了不少關於健身的見聞；一九五五年夏天，他無意間看到早稻田大學的校刊上有一幅廣告，醒目的標題寫著：「**你也可以擁有這樣的身軀！**」於是，他找到了早稻田大學的教練玉利齊，並約在東京市中心的一家飯店大廳會面。三島如此描寫那天的感想：「即便隔著襯衫，也能清楚看到他胸肌隆起、上下起伏的波痕，這真的很令我驚奇。」當玉利堅稱：「您自己以後也能做到這樣。」三島便毫不猶豫地聽從了教練的安排，馬上購買了槓鈴、長凳和其他運動器材。玉利每週三次前往三島的家，三島也就開始「為漫畫家提供未來的素材」。剛開始的時候，過程萬般艱辛；扁桃體變得長期腫痛，他擔心會因高強度的訓練把身體毀了，還專門去照了X光，檢查結果顯示全身上下並無病恙；他唯一要做的就是堅持下去。就這樣，日復一日，他的力量增強了，也明顯感到肌肉在擴展，這無疑增強了三島的決心。一年後的某天，三島突然驚覺折磨他多年的胃病已經不再犯了。將近一年過後，他為自己找到了第二個教練鈴木智雄；並將鈴木的口號「鍛煉每一天」作為自己的座右銘。鈴木風趣幽默，跟三島相當合拍。某一天，鈴木指著一個認真跟隨他訓練的健身男性，對三島說：「三島先生，你看啊，在一個健全的身體裡便寄宿著健全的精神。看看他身體的柔韌度多完美、身手多敏捷啊。這就是你想要的最完美的人類的身體。」然而後來該名男子卻拿走了健身房的錢揚長而去。三島寫道：「即使到了現在，我一想到鈴木的臭臉就想笑，因為事後我曾拿他的那句話『健全的身體寄宿著健全的思想』來開他的玩笑。」

除了健身房的訓練之外，三島也參與了很多其它種類的體育活動。一九五六年夏天，他參加了東京近郊位於自由之丘地段的神輿隊，平岡一家就住在這裡。這是夏季節慶的傳統，年輕壯漢們抬著沉重的神輿，在神官一路陪同下沿著自由之丘上下起伏的街巷遊行；隊伍中還有許多小孩，手中舉著小巧的神輿象徵物。三島便躋身於這群壯漢中，在熱熱鬧鬧的碰撞中前行。為此，他也打扮得像其他年輕人一樣：紮著白色頭巾，穿著傳統的斜襟棉質上衣。從一張現場照片可以看出三島面露孩童般的天真笑容，咧嘴笑著。參加神輿隊伍的心願可以追溯到他的童年時代，在《假面的告白》中也有特別提及。曾有一次夏日慶典的遊行隊伍經過家門前，這是三島第一次親眼目睹，因此就被那些大汗淋漓、舉止粗獷的男人們「臉上無比放蕩、露骨的陶醉神情」所迷住，「隨著喧譁聲耀眼地擺動著，帶給我們一種光華亮麗的不安感。唯有神轎四周像熱帶的空氣般，處在令人難受的無風狀態，凝聚不散。那是帶有惡意的怠惰，看起來就像在年輕人裸露的肩頭上熱切地搖動著。紅白雙色的粗繩、黑漆加上金色的欄干，而在緊閉的泥金門內，是四尺平方大、一片漆黑的幽暗。在萬里無雲的初夏正午，上下左右不斷擺動跳躍的正方形空洞暗夜公然駕臨此地。」三島這次參加活動的消息被登載在東京一家八卦小報上，也是三島非文學性生涯第一次引起了公眾注目；但再過幾年，這類消息便源源不絕了。

同樣，三島也開始舞臺實踐。在《鹿鳴館》中，他扮演了花園園丁，只是一個過場的配角；在拉辛悲劇《勃裡塔尼古斯》中，三島不僅擔任翻譯監製，還演出了一個手持長矛的古羅馬戰士。在記錄了這次表演的劇照中，三島站在另外兩個戰士之前，露出奇特的表情；站在他身後的兩個戰士人高馬大，都是專業演員，表情放鬆。這張照片比起其他類似照片有趣的是，三島的個子似乎和其他高個子男性差不多。這可能是他有意安排攝影師從俯角拍攝，或是採用了其他手段達到相同的效果，以便讓他看起來不比別人矮小。他的穿著打扮也能造成視覺上的誤差——像是腳踩一雙高高的木屐。眾所周知，木屐就是在兩條木條上搭上一塊四四方方的腳踏板，兩條木條分別位於腳後跟和腳掌心下，很容易達到「增高」的目的。有一次三島和石原慎太郎在戲中決鬥，眼看後者身形魁梧，三島則穿著一雙將近十三公分高的木屐，怒勢洶洶地揮舞長劍。

三島野心勃勃，夢想能成為一流運動員，於是在一九五六年秋天開始在日本大學的健身房裡練習拳擊。這時，他有了第三個教練小島智雄，此人一絲不苟、極其嚴厲。三島非常喜愛那個健身房：「我們在一棟破舊的建築物內。廁所的味道浸染了沖涼室；拳擊台的圍繩上搭著運動褲和汗濕的襯衫；從天花板垂吊下裂痕累累的沙袋。回想起來，那便是體育的敘事詩鍛造出的景象。所有這些道具都象徵著一種我之前從來未曾體驗過的野蠻的優雅。」可是，拳擊對他來說太艱難了。有一次訓練時，石原慎太郎帶著一台八釐米攝影機拍下他訓練時的情況：「過了沒多久，當一群文學界朋友在我家聚會時，他播放了這段影像，還配上了曼波舞曲（當時，曼波是非常流行的音樂），引起哄堂大笑。說實話，隨著拉丁舞的節奏在影片中絕望地不停閃躲的自己，看起來真像漫畫中的才有的光景。」最後，他還是放棄了拳擊夢。

關於在拳擊臺上的失意，三島表現得很機智——他的魅力就在於能輕鬆地一笑置之，毫不介意拿自己開開玩笑。但我曾想，自己認識他時拳擊訓練的插曲早已過去多年了，而會以此自嘲的三島才是真實的。我相信他所堅持的「肉體改造」只是他精力旺盛的表現之一，他其實並沒把這件事看得太重。他的自戀意識有時會失控；我將其視為一種性格中的怪癖，很多人大概也會這樣想。他當然是有些病態，深深受困於浪漫主義。但是，實在很難去相信這樣一個聰明人會把他自己的身體視為美的神殿，哪怕一天中只有些許片刻。

如果你仔細閱讀三島由紀夫的書，就會理解他筆下的真正含義，也就能避免誤解。在《太陽與鐵》中，他已然清晰地描寫了對於身體鍛煉的態度：一開始，加強於肉體的改造也逐漸改變了知性和大腦，如同一種「教養」。他更像一個熱忱的英國公立學校裡的男生，津津樂道地闡述古典主義教育的觀點：精神應該與肉體相對應。其次，他也寫到，自己需要一個「古典式」的肉體才能完成人生裡的終極目標：

這種古典式的形塑，潛藏著浪漫的企圖。在我年少時代開始，它早就在我的體內暗流。而這種在浪漫主義底下奔流的衝動，只有作為一種對古典式成果的破壞才有意義，它宛如全樂曲中包含各種主題的序曲，已在我體內準備著，我毫無所得之時，它便描繪出關鍵性的構圖了。換句話說，儘管我深切地對死亡懷抱浪漫的衝動，但是作為容器而言，它嚴格地要求古典式的肉體；從不可思議的命運觀來看，我之所以沒有實現對死亡的浪漫衝動的機會，其實原因很簡單，因為我的肉體條件還不夠完備。我覺得若要完成浪漫主義性的悲壯死法，必須有強壯如雕塑般的肌肉，倘若是柔弱臃腫面對死亡，那麼它必定顯現出滑稽與荒謬的性質……我之所以能夠活到二戰以後，其實就是這種「扞格」深深地傷及了我浪漫情懷的自尊。

這樣一來，我們或許能解釋一九四五年他在入伍體檢時隱瞞實情的原因，儘管他在後半生裡幾乎從來不曾提起過這件往事。如若直率地閱讀完《太陽與鐵》，我們可以得出這樣的結論：當三島嘲笑自己作為一個運動員的拙劣表現時，實際上也是把自己的肉體當成了一件藝術品。

而我就是透過「鐵」，學習到有關肌肉的諸多知識。那是最新鮮的知識，絕不是書籍或世故所能給予我的知識。肌肉是一種型態，同時亦是一種力量，肌肉組織的各個部分微妙地分擔著其力量的方向性，宛如用肉造成的光束。

在我的觀念中，沒有比內在力量的型態更符合我對藝術作品的定義了。也就是說，它必須是充滿生機的「有機的」作品。

這樣創造出來的肌肉，它既是存在又是作品，相反地說，它帶有微些的抽象性。不過，它有其宿命性的缺陷，由於它與生命同生共死，它必定會隨著生命的枯萎而衰退，最後以消亡告終。

就這樣，三島為自己找到了文學之外的另一種選擇——也就是他所說的「真正美學的語言」。在其後的歲月裡，他始終以「文武兩道」為榜樣，最終也就導致了他的自殺。旁人可能會問：他怎麼會走上極端的「文武兩道」末路呢？又如何從「肉體的河流」流向了「行動的河流」呢？我認為，答案就在上一段的引文中。他努力塑造出的發達肌肉卻仍有致命的弱點：沒有人能阻止肉體的衰老。為了將他的浪漫主義堅持到極點，他就不得不帶著尚且俊美的身軀、在風華正茂死去。這才是《太陽與鐵》真正想要闡述的觀點。

人們是否應該強調這篇散文——視其為三島六〇年代中期的思想寫照？我想，是的。原因之一便是兩者在思想上的一致性。這篇長散文前後貫穿，始末統一，不像三島寫於六〇晚期的那些所謂的「政論文章」。另一個標準可以說是我主觀的看法；在我看來，《太陽與鐵》代表了一種誠摯的激情，並檢討了自己的過去——哪怕是一些並不愉快的往事。我曾和三島談起這篇文章，我發現他相當在意那些我僅僅視作消遣解悶的段落細節；但我並不是當時就感覺到他的這種在意，事實上，在他去世之前，我並沒有看重這部作品，就這樣忽略了重要的暗示。當他就在我們身邊時，要想讀完他這些論述浪漫主義的長篇大論實在是太難了，幾乎很難不打瞌睡；人們看著一本又一本充斥著死亡的著作，而作者本人看起來正當壯年、活躍於各種舞臺，簡直像是在用生龍活虎的意象駁斥自己書中所寫的浪漫主義——沒有人能看透這強烈對比背後的恐怖凶兆。

繼長篇小說《鏡子之家》遭遇寫作事業上的挫折之後，三島投入了廣泛的活動。一九六〇年初，他參演了黑幫電影《風野郎》，影片一開始，他的手腕上纏著紗布，在一個監獄的小院子裡鍛煉身體。影片的結尾則是三島扮演的黑衣暴徒被人殺死。他還為這部蹩腳的電影撰寫歌詞，並錄製了主題曲。看起來，是有點自戀，但他並沒有過分沉浸其中。之後，他又將大部分時間再次投入濃密的寫作中，繼續嚴苛的自我監控，主要精力只分配給兩個方向：寫作和堅韌不懈的體能訓練、以及劍道練習。

三年之後，他為當紅攝影師細江英公的寫真集當模特兒。他擺出了一系列讓人咋舌的大膽造型，顯示出一種獨特的華麗。比如說有一張照片是他躺在自己的花園裡，背靠著一件巴洛克風格的飾品，全裸，嘴裡叼著一支白玫瑰；還有趴著的造型，露出了黑色胸毛。這本寫真集名為《薔薇刑》，為三島帶來了不少負面爭議。那些本來就不喜歡他的作家、評論家們紛紛表態，都說他的腦子真的出問題了。而那些裸體相片也引來另一批人的關注，這是出乎三島意料的——他收到不少匿名信，署名為「您的朋友」，信中激情澎湃，請求他拍攝更暴露的裸體寫真。但普遍的反應都認為《薔薇刑》只是反映了三島個性中儘管不是最重要卻相當自戀的部分，而這也跟他的文學毫無關係。甚至還有一種觀點認為三島拍這些裸照不過是為了挑釁，其目的無非就是想激怒那些他看不起的評論家們——不止是嘲笑他們光禿禿的胸脯，更要嘲弄他們沒骨氣的知識份子態度。大多數日本人都已經習慣了三島在媒體的露面，使得出現在廉價週報上的那些驚世駭俗的照片反而沒有引起民眾的關注。

甚至於，三島由紀夫那張最著名的聖塞巴斯提安殉難照也如同石沉大海，沒引起多少波瀾。該張照片攝於一九六六年，由日本當時最有名的新生代攝影家筱山紀信所攝。三島完全仿照雷尼的油畫《聖塞巴斯提安殉難圖》——也就是他在《假面的告白》中提到的那幅導致他人生第一次射精的插圖。他站在一棵粗壯的大樹前，還能看到最低矮處的繁盛樹葉，仿似天蓬一般籠罩住樹下的男子。陽光斑駁、紅豔迷離，背景朦朧。三島的手腕高高綁定在樹幹上，因而兩臂高聳，似乎勉強地懸吊著身體。他注視著上方，腦袋稍稍傾向一邊。渾身上下只裹著一條輕薄的白布，僅僅能遮掩住大腿，胸膛則完全袒露——為了達到最佳的視覺效果，他在拍攝時儘量鼓起胸肌。身體上還插著三支箭，一支插在左腋窩旁，另兩支則深入軀體。傷口處留下了些微血痕；每支箭頭下都滴淌著鮮血。

這張照片問世的時候，日本民眾早已習慣了三島由紀夫的插科打諢。筱山紀信同時拍攝了其他作品，其中有一張是三島腳登長靴、穿著黑色的緊身褲、戴著水軍帽，斜倚在一輛龐大的摩托車上，但同樣沒有獲得太大的反響。在日本，這種冷淡反應其實也不難理解；雖然三島的肖像在西方社會裡很有名氣，但現在來看，絕不至於引人側目。絕大多數情況下，三島的形象都和嚴肅的事業有關，首先當然就是他的文學。他被公認為日本當時最知名的大作家，沒有人會特別關注他的種種怪癖。一旦他有什麼動作，人們的普遍反應便是：「他接下去又會想出什麼怪點子呢？」就在筱山紀信攝影作品完成不久之後，他又和丸山明宏合演了一齣歌舞劇，唱著自己寫的那首《被紙玫瑰殺死的水手》，結尾時兩人還在臺上接了吻。對此週報的表態僅止於「三島又來了」，這件小事也很快就遭到淡忘。

若是有人低估了三島的精力，很可能認為他將所有時間奉獻給了攝影。在一九六六年，三島又拍了一張著名的照片：他跪坐在榻榻米上，只圍了一條兜襠布，右手握著一把長長的日本刀——多年後，森田必勝正是用這把「關孫六」取下了三島的首級。全身泛著金屬般的光澤，還能看到細密的汗珠，照片顯得別有韻味，逼真感人。這張照片是在梅爾迪茲．維瑟比的東京寓所中拍攝的。事實上，他還有成千上百的活動要參加，因而會讓一些資深攝影師在幾分鐘內就拍完一組照片。三島對此樂此不疲，但他並不打算與之過多消磨，那只是浪費時間而已。我本人對這些攝影作品的反應可以視為典型——還記得一九六九年的一天，我收到三島寄來的一批最新寫真，一開始我很震驚、感到非常新奇，但很快就感到越看越枯燥。他寄給我的這組照片將用於倫敦《泰晤士報》，其中有一張很特別：三島西服筆挺，身旁站著一位帶著面具的能樂演員，那是他的能樂劇《羽衣》中的主角。面具非常精美，但三島卻顯得神思恍惚，甚而面露悲意，正是這種表情令這張照片成為我所見過的三島寫真中最具吸引力的作品。還有一張和這張類似，頗有點刺眼的感覺，卻底蘊豐富，很能引起觀者共鳴——照片上的三島上半身裸露，上嘴唇在高喊中撅起，前額綁著頭巾，寫著「七生報國」四個字。手舉「關孫六」長刀，對著鏡頭怒氣洶洶。

剛邁入四十歲時，三島就開始憂心忡忡，儘管他之後還繼續了五年生活，並且絲毫沒有顯示出身體衰敗的任何跡象。他的體態保持良好，就和十五年前一模一樣，要說有細微的差別，那可能就是雙肩略有下垂，也不像狂熱於舉重訓練時那樣胸膛堅挺。根據他父親所言，三島的手腕一直僵硬酸痛，因而需要經常按摩才能繼續劍道練習。中年蠶食肉體，當然還會有其他方面的細小隱患。後來他去富士基地集訓時，也無法跟上年輕隊員的節奏，只能參與一些拿手項目（比方說伏地挺身）。但無論如何，從整體情況來看，三島的身體狀態在四十五歲的族群中顯得卓爾不群。就在他自殺前兩個月，他讓筱山紀信拍攝了人生最後一組照片。他說，這些照片將會集結成冊，題名為《男人之死》，但至今都仍未出版。他擺出了很多造型，其中一組便是模仿切腹自殺的系列組照。還有一組是模仿交通事故受害者的死態，而他躺在血泊之中。這便是三島由紀夫「肉體的河流」所流經的最後一程。

# 行動的河流

肉體的河流很自然地匯成行動的河流。這是不可避免的事情。而對於一個女人的肉體而言，這類變化就永不會發生。男人的肉體帶著天生的本性和功能，強迫他走向行動之河，也正是叢林中最危險的河流。這條河流裡盛產兇猛的鱷魚和食人魚，還有毒箭從敵人的陣營裡紛紛射出。這條河流對抗著寫作的河流。我經常聽到油嘴滑舌的宣言說著「筆和劍殊途同歸」。但是事實上，它們只能匯合於死亡的瞬間。

行動的河流給予我在寫作的河流中從來不曾找到過的淚水、鮮血和汗水。在這條新鮮的河流裡，我遭遇了無須任何語言干擾的靈魂。這也是所有河流中最具殺傷力的地方，我也很理解為什麼只有極少數人願意靠近這條河流。這條河流從不會對擁有者慷之以慨，它既不會帶來財富，也不會帶來平和，更不會讓人安歇。就讓我這麼說吧：我，生為男人、長成男人，無法抵禦追隨這條河流的誘惑。

——出自〈三島由紀夫展〉展覽手冊

日本傳統文化中最為神秘的一面——也許也是最令人費解的特色——便是天皇制度。這對三島由紀夫的「行動的河流」至關重要。

天皇這個角色在日本古代歷史上有各式各樣的形象。封建時代的天皇們居住在古都京都，在他們的有生之年中，手握的權力微小而不足為道。「天皇」作為這個國家的宗教文化象徵被廣泛尊崇，既然如此，天皇在日本社會中便扮演了一個重要角色；他始終是個神秘莫測的、不可見的存在體。在日本，真正的統治者被稱為「將軍」（英文中的Tycoon意為將軍，詞源即來自於日文），幕府將軍只能允許天皇在國家機能中起到微渺的作用。一個又一個幕府將軍上臺，利用課扣稅收來扼制天皇，掌控了京都皇族的命脈，以至於曾有天皇不得不出售書法作品，以此方法彙集少許金錢以供養樸素的皇家機構，這位天皇手寫的卷軸只能堆積在庭院盡頭、牆下的竹筐裡。一直到一八六八年後，皇族遷都東京，年輕有為的明治天皇登基（明治時代：一八六八—一九一二年），恢復天皇制度，才令「菊花」所象徵的至尊權力終至名副其實。但即便是在明治維新時代，天皇還是受制於高層幕僚的擺佈。在明治漫長的統治期內，並沒有哪一個重要的國家政策是明確歸功於明治本人。明治的兒子大正天皇（大正時代：一九一二—一九二六年）

自幼體弱多病，在位僅十五年，甚而有傳言說他晚年處於精神錯亂狀態，故而疏遠朝政，從未涉足政務。大正天皇退位之後，裕仁天皇開始攝政，在位期間雖然只做出了兩次公開表態——亦即他的個人決定，卻都是性命攸關的重大決定。第一次，他平定了一九三六年的二·二六軍事叛變；第二次，一九四五年，他宣佈在太平洋戰爭中日本國無條件戰敗。

直到今天，日本天皇的角色仍然是個謎。根據憲法——即在戰後由麥克亞瑟將軍和他的智囊團於一九四六年起草、並於次年執行的新憲法，天皇不再是君臨世間的天命權威。天皇僅作為「日本國的象徵」存在，只能在內閣的建議和同意下從事象徵性、禮儀性的國事活動，並無關於國政的權能。在盟軍佔領時期（一九四五—一九五二年），天皇的權力也幾乎完全被剝奪，一方面因為《人間宣言》的公佈，裕仁天皇等於正式廢除了在日本國綿延二十個世紀、最重要的國民信仰——天皇制度；另一方面，佔領軍對待天皇的態度，也旁敲側擊地強調美軍只把「天皇」當作有名無實的虛擬當權者，從未與他商談政務。同樣，裕仁天皇的長子——皇太子明仁還有一位美籍家庭教師。這便是美國政府所理解的日本「民主化」進程。皇太子明仁在一九五九年迎娶平民女性正田美智子，這是日本歷史上第一次皇族與非貴族間的聯姻。從這件事來看，日本民眾已普遍接受從佔領時期開始的「象徵性天皇制」了。從二戰前到戰後這段歷史時期，天皇對於日本國民的地位顯然有了巨變。戰前的天皇無疑是神性的最高權力象徵，因此，其行動始終隱匿在皇居宮牆之內，就連騎著白馬步出皇居也是極少有的事情，隨意展示天皇的儀容體貌更是被嚴格禁止。這種情況仿似十七世紀英國查理斯一世和查理斯二世的統治時期；相形之下，日本天皇似乎更有難以言喻的神秘性。可是歷史畢竟改寫了這一切，天皇已完成了從「神」到「人」的蛻變（抑或說成「還原」更恰當），不再擁有至高無上的權威了。

但這種巨變不是一夜之間發生的，也就不可能徹頭徹尾。比如說，戰後的皇族貴族仍然和民眾保持距離；當時在媒體上也不能大肆討論天皇的各類事宜。但是，三島由紀夫對這種禁忌卻視若無睹，言論態度也相當激烈。事實上，二戰結束後，沒有人比他更大膽地談論有關天皇的話題。有時候，他表達無限讚美之情；有時候，他又嚴厲批評當時在位的裕仁天皇。很多時候，他表現的像是個徹徹底底的愛國主義者；而換成別的場合或話題，他似乎又對天皇做出無情的冒犯。對此，我認為不管三島由紀夫的表態多麼矛盾重重，他的確是一個帝制主義者——這種信仰既有賴於對天皇制度的誠摯的崇拜；也紮根於他私人的美學觀。並且我相信，後者才是影響他最深刻的因素，也是他做出「切腹自殺」這樣殘酷決定的根源所在，而不是像傳統觀念所認為的是為了展現對天皇的無限忠誠。換言之，切腹自殺只是他個人的決定，與其說是效忠天皇，還不如說是效忠於他長期以來堅定不移的美學觀：「我內心時常會走向死亡、黑夜、鮮血。」當然，他仍是一個帝國主義者，但若說得再精確些，則是與激情相得益彰的冷酷而自戀之人——他是這樣的一個小說家、劇作家和運動員。他有太多面向，以至於單以「帝國主義者」稱之根本無法概括他存在的中心點。崇拜天皇只不過是三島由紀夫多個面向中的一小個側面而已。

正如三島所言，「肉體的河流」匯合到了「行動的河流」。對此最好的彰顯莫過於他所熱衷的劍道——手持長竹刀的實戰運動。三島是從一九五九年開始練習劍道的。就在他去世之後，一九七〇年十二月的《體育畫刊》上登載了一篇他的文章，提及劍道「令我成為現在的我」。當他還是學習院裡的孱弱男孩時，他卻對這種廝殺深惡痛絕，因為是必修課，才不得不勉強為之。雙方劍友身穿竹質護甲、開場時來回踱步周旋、伺機出動時大聲喊叫……每每遭遇這種場景，三島都感到尷尬無比，因為那些叫喊聲「粗魯野蠻又嚇人」。他這樣寫道：「現在，也就是三十年後，我卻深感大不一樣。」劍道場上撕心裂肺似的叫喊聲令他倍感舒心；甚至於太喜歡了，「這聲響正是日本之本身埋藏在我深處的呼喊……是今日的日本羞於啟齒、並絕望地死命抵制的呼喊，但它一旦爆發就會粉碎一切的存在。這是和某種黑暗的回憶相勾結的呼喊，能召起鮮血流淌的記憶。」三島還說，劍道場上的呼喊聲喚醒了被長久禁錮在鎖鏈中的「古老日本的幽靈」（他對劍道這一古老武術的傾注贏得了本國專家的讚賞，也適時獲得了劍道高級段數的榮譽。一九六八年八月，他被授予「五段」高手稱號，這好比是顯赫的政治家被知名大學授予博士稱號，並頭戴穗纓流蘇高帽。但他總是堅稱自己的劍道水準並不高。）

三島對古老日本擁有濃烈的思鄉情，而一九六〇年發生的政治動亂則推波助瀾地刺激了這種浪漫主義的理想。他的父親平岡梓曾在他去世後說過，一九六〇年夏天的動亂事件和無秩序的社會對於三島傾向浪漫主義帝國思想有著至關重要的影響。而其證據也很明顯。一九六〇年春天「安保抗爭」示威遊行開始，逐漸演變為戰後日本破壞力最大的民眾抗議。這令三島第一次表現出對戰後政治的濃厚興趣，在此之前，無論是美軍佔領時期終結後（五〇年代早期）日本共產黨放棄暴力革命、還是日本社會發生的種種政治變革都沒有引起他的關注。但在安保運動中，他親自走上街頭，仔細觀察，獲得第一手材料，為全國性報紙供稿。當時，右翼首相岸信介不得人心，成為安保運動的犧牲品，像廢品一樣被政府扔出了辦公室；三島便在《每日新聞》報上撰文，描述了他在鄰近岸信介首相辦公室的一棟大樓的陽臺上守了整整一夜，看著下面憤怒的人群湧向大門。他寫道：

我想到那個瘦弱孤獨的老人（指岸信介）一定是坐在黑漆漆的官邸裡，所有的窗戶都蒙上黑夜的顏色。岸信介是一個極其渺小的虛無主義者，人們出於本能般地厭惡他，因為在他的身上人們可以找到自己……要想解答「不知道為什麼我就是不喜歡岸信介」的心理是多麼容易啊，只需將問題改為「不知道為什麼我就是喜歡某人」就行了。一個人若是如此憎惡一個微不足道的虛無主義者，也就很可能就會接受像希特勒那樣更嚴重的虛無主義者。

安保運動結束不久，三島寫了短篇小說《憂國》。對於他自己的作品，三島無疑是個優秀的評論者、還是個公正的法官。他說《憂國》包涵了「我寫作中最好和最壞的特點」，甚而可以代言他所有的文學作品。這篇小說完成於一九六〇年早秋時分，講述了一九三六年二．二六事件中的一位青年中尉。當時日本軍界的兩個派系都主張向外國擴張。持帝國主義路線思想的「皇道派」認為應該北上征伐蘇聯，另一方「統制派」則認為應該南下襲擊英倫和其他歐洲國家的殖民地。兩派爭執不休，皇道派軍人想早於對手統制派獲得軍事主導權，終於率先挑起了二．二六事件。陸軍部決定調遣皇道派的東京第一師團駐防「滿洲」是導致爆發二．二六政變的導火線，因為這意味著東京皇道派勢力將被大大削弱。一九三六年二月二十六日早晨，東京下了一場大雪，安藤輝三、村中孝次和栗原安秀等皇道派軍官，夥同步兵第一、三連隊、近衛步兵第三連隊的二十二名少壯軍官，抽調一千四百餘名士兵在東京起事。叛亂部隊高喊

「昭和維新」、「尊皇討奸」等口號，襲擊政府首腦官邸或私宅，殺死內閣大臣齋藤實、大藏大臣高橋是清和教育總監渡邊錠太郎，重傷侍從長鈴木貫太郎，誤殺岡田啟介首相的秘書，佔領陸軍省、參謀本部、國會和總理大臣官邸、警視廳及附近地區，要求陸軍首腦果斷實行國家改造，任命荒木貞夫為關東軍司令官，以壓制蘇聯，逮捕或罷免「統制派」軍官。他們佔領了東京市中心，聲稱這是以效忠天皇的名義，為天皇剷除身邊居心叵測的官僚。裕仁天皇沒有猶疑太久，很快要求年輕軍官們放下武器。這次兵變只持續了四天，以失敗告終。

《憂國》是以名叫武山的年輕中尉為主角，為駐紮在東京的陸軍軍官。武山的一位好友參加了皇道派兵變事件，與其心旨惺惺相惜，但武山卻被好友們排斥在外——因為軍官們認為他新婚燕爾，不宜參加這等血腥叛亂。二．二六事件爆發之後，武山又被派遣帶兵偷襲叛軍。武山遭遇了前所未有的兩難境地，既不願違背道義，也不願違抗軍令，唯一的出路只有切腹自殺。於是，他的新婚妻子麗子也勢必要隨夫自殺。在《憂國》中，三島極其細緻地描繪了武山切腹自殺的過程，尤其是細節的刻劃堪稱整個日本文學史上最詳盡、最精緻的關於武士切腹儀式的文字描寫；更讓人震撼的是，字裡行間顯示出作者在思想意識上認可了武山中尉及其同仁志士。即便是描寫切腹，三島仍用獨特的唯美筆調，雖然在一定程度上美化了這種殘忍的自殺方式，將三島式的觀點表達得淋漓盡致：切腹——這種可畏行徑——是由更高的理想主義作為思想依歸。

中尉終於把短刀拉到右側腹時，刀刃已變得較淺，露出被脂肪與血液弄得濕滑的刀身，中尉突然忍不住嘔吐，他嘶聲大叫。嘔吐將劇痛攪拌得更厲害，之前緊繃的腹部驟然起伏，將傷口整個拉開，就像傷口嘔吐般，迸出了腸子。腸子不知主人的痛苦，以一副健康而活潑得使人感到討厭的姿態，歡欣鼓舞地滑出來堆滿股間。中尉垂頭，聳肩喘息，他的雙眼微睜，滴落一絲口水。肩上的金色肩章閃閃發光。

鮮血噴滿一地，中尉跪在自己的血跡中，一手撐地歪倒。血腥味瀰漫室內，低頭一再嘔吐的動作在肩頭分明表露無遺。彷彿是被腸子擠出，刀身至刀尖早已整個露出，被中尉握在右手中。這時中尉用力仰身的姿態，堪稱無與倫比地壯烈。[45]

除此之外，文中還有別的驚心動魄的片段。當中尉自殺之後，剩下妻子麗子，她將緊緊跟隨他的腳步而去。玲子用短刀割喉而亡，並事先將裙擺仔細、嚴密地佈置好，以免當別人發現她的屍首時會看到不雅的姿勢。為什麼需要中尉先死、而妻子自殺在後呢？文中給予的理由似乎是很明顯的：「不管會發生別的任何事情，對於中尉來說最要緊的，便是在他的自殺儀式中不應該有任何紊亂或瑕疵。」要想領會這話中之意並不太容易，但中尉無疑是希望自己的切腹儀式能被他人「觀看」。哪怕就從這一細節去深究我們也能發現，《憂國》體現了這篇文章絕非出自一個正常作家之筆。

後來，三島又以二．二六事件為題材進行了兩次創作：一是舞臺劇《十日菊》，二是文體上很難歸類的作品《英靈之聲》，不如說是寫給死於戰爭中的戰士們的輓歌，同時也是對裕仁天皇的一次筆頭攻擊。因為天皇先是介入了二．二六政變，並漠視那些效忠於他的軍人之靈，卻又在一九四六年發表了放棄神權的《人間宣言》。可以說，三島一而再、再而三地肯定了一九三六年兵變叛軍們的思想主張。他曾在一篇評論中將這三個關鍵字——《憂國》、《十日菊》、《英靈之聲》——並置起來，稱其為自己的「二．二六事件三部曲」。在此文的後記中他詳盡闡述了這種定論，在此我節錄部份原文如下：

45 本段引文摘自〈憂國〉，《憂國——暴烈美學的極致書寫，三島由紀夫自選短篇集》，大牌出版，二〇一六年二版一刷。

我寫作《憂國》的觀點，是基於年輕軍人由於無法參加二．二六兵變，因而不得不選擇自殺。這既不是喜劇、也不是悲劇，而僅僅是個關於幸福的故事……如果他們（這對新婚夫妻）能再等一個晚上，就會看到偷襲皇道派叛軍的軍事計畫將被臨時取消，儘管官方依然會逮捕他（武山中尉），但是，他們死亡的必要性就能得到緩解。能選擇死亡的地點，同樣也是生命中最大的喜悅。在那樣一個夜晚，這對夫妻擁有的便是至福。何況，尚且還沒有兵變失敗的陰影籠罩他們；他們對彼此的愛情達到了極致的純潔，軍士痛苦不堪的自殺，也堪比於死於戰場的榮譽。我也不知從何處得到了這樣一種確信：若是人錯過了自己的夜晚，就再也找不到其它能夠抵達人生至福的機會。我自己在戰爭時期的經歷、以及當時閱讀的尼采著作、甚而還有對哲學家喬治．巴代伊、即所謂「尼采式情色」的無限認可……都令我對這種觀點確信無疑。

當二．二六事件以失敗告終時，必定有偉大的神性也隨之死亡了，但當時我只有十一歲。到了戰後我二十歲了，是最敏感的年齡，感到神的死亡帶有某種恐怖無比的殘酷性，而這與我十一歲那年的直覺偏偏聯繫起來，我能憑這直覺知道即將發生什麼。很久以來，我都無法理解這種關聯，但是當我寫作《十日菊》和

《憂國》的時候，突然有一片深鬱的陰影浮現在我的意識中，但它還沒來得及顯示確切的形態便又消失了。這便是關於二．二六事件的否定性形象；而肯定性的形象則是來自我童年時代對於叛軍軍士的英雄主義。他們的純淨，勇敢，青春和死亡都令他們名副其實地成為神話般的英雄人物；而他們的失敗和死亡則又令這些軍人成為這個現實世界裡的真正英雄。

與此同時，我心中的憂鬱也逐漸擴增起來，我意識到，自己曾經總以為對年輕人而言，最司空見慣的「崩潰」的必要條件便是無休無止的身心勞乏，如今我卻驚奇地發現，它們竟已質變為墮落的對立面——那正是催促我、施壓於我的事物。我愛上了劍道，並發現真正的重要意義只存在於狂熱的喊叫、以及竹刀和竹甲激烈碰撞時發出的空曠清冽迴響之中。這之後，我寫了短篇小說《劍》。我該如何解釋自己的心理狀況呢？我是腐朽了嗎？還是被提升到純化後的狀態裡呢？慢慢的，一種無目的的悲哀和憤恨在我的心裡堆積起來，遲早都將和二．二六事件中那些年輕軍官們的嘶喊聲結合於一體。這起政變在過去的三十年裡一直緊緊跟隨著我，在我的意識和潛意識裡來來回回地反覆浮現……想要藉慰這些影響我多年的真正英雄們的靈魂、想要重塑他們的聲譽、想要還原他們的生命——這些渴望始終深深地埋藏在我心底。但每當我深入去思考，我都會陷入迷茫，不知道應該如何面對天皇的《人間宣言》。昭和時代被戰敗分為兩個時期，像我這樣經歷了戰前和戰後時期的人始終無法擺脫一種強烈衝動，試圖要找到真正的歷史連貫性、以及這種一致性的理論基礎。不管是不是作家，這種衝動似乎是非常自然而然的事情。天皇本人宣讀的《人間宣言》遠遠比限定「天皇只是國家象徵」的新憲法更重要。我被迫走到不得不描寫二．二六事件之陰影的境地；因而誕生了《英靈之聲》。看起來，要在這樣的語境中提及「美學」似乎有點怪異。但是我突然明白了，我的美學確實有堅若磐石的基礎，那便是天皇制度。

不管誰有感於三島由紀夫的愛國論，都不可否認其中鮮明而充沛的激情。一九六六年，三島的生命中出現了某個不聲不響的轉捩點，當時他把自己關在東京的一家飯店裡整整三天，傾注所有精神，心無旁騖，寫下了《英靈之聲》這部八十頁的作品。事後三年，他親口對我說，寫完《英靈之聲》之後，他才真正決定要創建楯之會。一九六六年時他對此的思想框架已經生動地表現於作品之中，諸如反覆的提問：「為什麼天皇必須要變成普通的凡人呢？」這一次，大多數日本文學評論家一致認定這本書從文學角度上只是泛泛之作，因而隨著此書銷量遞減，便很快被人們遺忘了。但是，換個角度說，這部作品對於瞭解此時三島的思想狀況卻是相當重要的。在一篇針對《英靈之聲》所做的的專訪中，三島明確地闡明了自己的態度。此文刊登於一九六六年三月初的《Sunday每日》：

**三島**：我一直打算有朝一日能寫作這個主題。當然，因為這部作品本身擁有兩面性，我很可能會遭遇來自各個方面的反攻——對此，我也已經做好了準備。

**記者**：您是如何看待二·二六事件的？

**三島**：當時我只有十一歲，但這次政變對我的影響力非常深遠。我的英雄崇拜觀、關於毀滅的感受力——這也恰是我現在正在親身經歷的內容——最初都是從這次事件中獲取的。

我支持那些年輕軍官，這是無須多說的，雖然他們被稱為叛軍。為此，我相當憤恨那些公然譴責他們是叛軍的始作俑者。

年輕軍官們的所作所為很可能帶來昭和維新、昭和復國，那都將是基於拯救國家的信仰而行動。但是他們卻被稱為叛亂者，就因為圍繞在天皇身旁的那些怯懦無能、整天哭哭啼啼、膽小而又迂腐的庸臣們陷害了他們。結果就是，天皇也須為此負責，因為他接受了這種說法。天皇理應盡其可能，向那些墳墓中的死者傳達神旨，恢復他們被剝奪的光榮，終止對他們的不敬。

**記者**：請問您寫作的意圖是什麼？

**三島**：我寫《十日菊》是站在輔臣的立場上，《憂國》則是關於一個被排斥在起義事變之外的年輕軍官。這次的《英靈之聲》則是正面直視這起事件所包涵的精神，做一次深刻的斟酌。

現在的趨勢很不好，記者們避開菊花（指代皇族）、美國人和創價學會[46]的話題，全都避而不談，任憑人們視其為禁忌。作家們也一樣。而對於寫作者和記者們而言，最好的自我修養就是內省。

共產黨也減弱了對天皇制度的批判，這同樣顯得很懦弱。

我可以這樣說：之所以我決心在如此短暫的時間裡寫就《英靈之聲》，就因為決心的背後潛藏著因現代趨勢而受阻的挫敗感。

**記者**：您是否認為戰前的天皇制度才是對日本而言唯一可行的政體？

**三島**：是的。就是皇道、國家制度，但自從天皇作出了《人間宣言》之後這些都已崩塌了。戰後的所有道德困惑都源此、並且滋生不斷。為什麼天皇應該是一個凡人？為什麼他必須是神、至少對於我們日本人而言？如果我企圖加以詮釋，就會發現所有困惑最後都會歸結於一個關於「愛」的問題。現代社會，各國都從農業經濟轉向資本主義。這是不可避免的趨勢。封建主義滅亡了，國家完成了工業化，接著卻免不了成為現代福利社會——亦即最無望的境地。與此同時，一個國家越是現代化，人際關係就會變得越無意義、越來越冷漠。生活在這樣一種現代社會中，人們要找到「愛」是不可能的。打個比方說，如果A相信自己是愛B的，他卻沒有任何方法去確認這一點，反過來，B也一樣找不到確證。因此，如果說「愛」只是一種互動而共有的關係的話，「愛」就不可能存在於現代社會中。如果一對戀人之間沒有共同擁有第三個人的形象——好比是三角形的頂點——「愛」就必然在永恆的懷疑中終結。這就是D．H勞倫斯所說的「不可知論」。從古至今，日本人擁有三角形之頂點般的形象，那便是農業社會中的「神」；每個人都有一套關於愛的理論，因而才不會被孤立起來。

天皇對於日本人來說是絕對的。這就是為什麼我總是說我們需要神道儀式。

46 國際創價學會（Soka Gakkai International，簡稱SGI）以日蓮佛法的生命哲學為基礎，忠於和平，文化和教育的價值，共同認識到個人幸福與全球人類家族的和平與發展息息相關。

**記者**：您覺得今天的皇室是怎麼樣的？

**三島**：我是毫無疑問支持帝制的。一個人想說什麼、就能說出來，我覺得那才是一個愛國者。

皇族的現狀是混亂無序的。

比方說，人們對待美智子皇太子妃的態度就彷彿她是個電影明星，這實在是沒道理。媒體只是無來由地推波助瀾、增加她的人氣。我認為，媒體應該強調的是：美智子跟隨明仁皇太子前往伊勢神宮晉拜；畢竟，她畢業於一所天主教大學。皇太子也理應視察自衛隊學校，還應該把飾有菊徽的香菸分發給那些熱血澎湃的愛國青年。

以後，這樣一支香菸可能價值一億日元。這樣的青年才是天皇家族最終可以仰仗的日本人。

可惜的是，陛下沒有英明能幹的幕僚輔佐身旁。貼身的輔臣都是在英倫接受的高等教育，而那裡教育出的日本人都只能是機會主義者。因此，這些疲軟無用的僕臣僅能勉強維持現狀，這是已然註定的事情。

只有一個特例——吉田茂[47]，那是一個很有代表性的人物，是在佔領時期第一個敢於抵制英美體制的政客，並且還機智地採用了「英國式」的反攻方式。

其次，陛下始終沒有機會接觸青年人。

在二．二六事件時，陛下心懷怒火。如果他是凡人，這種被激怒的表現就會顯得很自然，因為他的大臣被暗殺了。但是陛下如果是神，那就不會有這種反應了。如果陛下曾經和年輕軍官們有所接觸，他就能夠理解這起政變事件背後的種種想法，也就決不會肆意踐踏年輕愛國者們的熱忱信仰。

**記者：**對於日本的未來，包括皇室的未來，您是怎麼看的？

**三島：**基於我是作家的身份，我希望關注人類的境遇，所以，現行制度必須引起政治家們的關注，我是這樣想的；儘管現在大多數政客都已腐敗了……

《英靈之聲》出版之後，三島立刻得到激進派右翼的刮目相看，同時也受到日本當政的保守黨、自民黨右翼人士的關注。和以往屢肇非法事端的右翼派不同，三島同很多保守派領導人友好交往，其中也包括首相佐藤榮作夫婦，其中佐藤夫人亦是機敏過人。但總的來說，

47 吉田茂（一八七八—一九六七），日本政治家。曾任內閣總理大臣。是日本戰後最著名的首相和政治家。

三島由紀夫的帝國主義思想很特別，有明顯的自戀傾向，這亦符合三島一貫的主張和行動。一九六六年，三島和偏執的右翼人士林房雄進行了一次長談，從以下引文中就能明顯看出三島帝制主張的唯美傾向：

〔明治維新的領導人〕成功完成了日本社會百分之九十九的西化。剩下的百分之一便是對天皇的定義，因為那是神聖不可觸及的，也是對抗西化的終極堡壘。

天皇是絕對的。他是世上最神秘的存在。

對我來說，天皇、藝術和神風連便是純潔的象徵。我想讓「神」來認可自己的文學作品。

上述引文中的前兩句說得較為籠統，但最後一句純屬三島本人的想法。我認為有時候他混淆了「神」和「天皇」的概念。有一次，他曾對我說：「在今天的日本，誰也不能讓我尊敬，就是如此絕望的境地，也不曾去考慮什麼人……」接著，便是一段長時間的停頓；這時，有一種古怪的神情在他臉上一閃而逝，然後他說道：「可能除了天皇……」

在他的文本中也透露出些許被虐傾向。其重要之處在於這也能說明他切腹自殺不僅僅是效忠天皇的諫死行為，另一部分原因是出於三島還想傷害自己。我經常回顧《太陽與鐵》這部自傳體散文，以便能更深層地探究三島的內心，他曾如此寫道：「所謂的痛苦，往往是肉體意識的唯一保證，也可能是意識唯一的肉體式表現。隨著我的肉體漸壯、更具活力，在我體內也逐漸萌生出積極的受苦傾向，而且愈來愈關注肉體性的痛苦。然而，切勿把它當作是想像力的作用，因為這是我用肉體直接從太陽和鐵那裡學來的。」在隨後的比喻中，三島選中了一種能引發痛苦的特定工具——刀。

> 如果試圖使看見的東西與存在的東西一體化，盡量使自我意識的性格變成內省性，是有益於己的。而努力使自我意識的目光朝向內面與自我，強化自我意識，忘卻存在的型態，如此一來，人就會像阿米埃爾[48]日記中的「我」一樣，能夠確切「存在」。但換言之，它就像一個從外觀即可清楚看見果核的透明蘋果……
>
> 事實上，果核所認為的確實的存在型態，就是存在，而且看見。要解決這

48 阿米埃爾（Henri-frédéric Amiel，一八二一—一八八一），瑞士日記作者，他以一篇自我分析的傑作《私人日記》而聞名。

個矛盾，只有一個方法，那就是用刀子從外表刺入內部，把蘋果剖成兩半，讓果核見到天日，也就是說，讓它與被切成兩半滾落的蘋果的紅色表皮平等地享有光亮，袒露在天光下。

三島將其多篇作品歸入「行動的河流」的名下——包括《憂國》、《英靈之聲》和《太陽與鐵》。這些作品列出了諸多原因，能夠解釋他為何採取自殺的行為。這個計畫應該是在一九六六年末開始成形的，當時他寫完了《春雪》，向自衛隊提出入隊訓練申請。而自殺計畫的第二階段準備則始於一九六七年初夏，三島開始尋找適合的年輕人，為他的私人軍隊或民兵隊作準備——他個人比較傾向於使用「民兵隊」這個稱呼。當時，左翼學生組成了「全學連」，掀起了大規模的反政府運動；而少數右翼學生也組織起來，反對極左路線。因此，三島有很多選擇的方向，不少青年有潛力成為他心目中的組織成員。最後，他聚焦於兩個團體，一是由學生持丸博主導創辦的小眾右翼刊物《論爭新聞》的相關人士，另一個則是極左翼份子雲集的早稻田大學的學生，而森田必勝便在這些青年之中，當時二十一歲，出生於三重縣的四日市市。三島在一九六七年和這兩個團體的青年學生密切保持聯繫，但最終更心儀於紀律嚴明且凝聚力較強的早稻田學生團體。然而由於這群學生把三島看成一個愛出風頭的古怪傢伙而不願和他扯上關係，迫使三島只能轉而謀求《論爭新聞》的支持。

三島自組的民兵隊有過一次正式的組團儀式。一開始，他組織《論爭新聞》的成員在刊物的編輯部活動——這類活動也只限於開會和長談。編輯部位於上板橋，是這群青年的活動中心。其中有一個與會者曾向平岡梓描述當時儀式的場景，於是，得益於三島父親的轉述，我們彷彿看到《假面的告白》中的驚悚的幻想片段直接搬入了現實。組團儀式那天，在場的大約有二十來個學生，圍坐在破破爛爛的會議桌旁。「他(三島)用墨水在紙上寫下：『我們在此發誓成為日本帝國之根基』，接著用一把安全剃刀割破自己的小手指，要求每個人都照做。他們站著把血滴在一個杯子裡，直到鮮血近乎注滿；隨後每一個人用沾了鮮血的毛筆在紙上署名……有些人感到頭暈目眩，還有一個衝出門去嘔吐。三島建議他們應該飲乾這些血……他端起杯子，問道：『這裡有人病了嗎？沒有人有VD[49]吧？』確認過後，他往杯子裡灑了點鹽，接著就喝了一口。其他人於是跟著照做了。『看看大家都變成了一群吸血鬼啊！』三島說著，環顧四周，滿意地看著學生們被血染紅的嘴唇和牙齒，發出他特有的沙啞大笑。」後來，學生們把這只杯子連同其中剩下的鮮血放進了《論爭新聞》的保險箱裡。這之後，三島才要求端上

49　VD，傳染性性病的簡稱。

咖啡和蛋糕，與大家一同享用。

一開始，這個小組織純粹是三島的私人道具，後來演變成了楯之會。一九六八年初春，三島組織隊員跟隨自衛隊去富士基地集訓，他很高興地看到早稻田右翼團體派出了十幾個成員一起加入。而他原先帶領的隊員卻被除名了不少——有一些只是抱著和名人打交道的心態，對參加軍事訓練乃至軍事行動毫無興趣；有的則拒絕服從三島提出的剪短頭髮的要求。早稻田的學生起初不太願意追隨三島，但當得知一九六八年三月三島將去富士基地集訓時，終於有一半以上的成員改變了主意，加入了三島的組織。森田必勝在這之前的一個月剛好因事故摔斷了腿骨，但最終也堅持參加了集訓。三島因此對森田刮目相看，特地在所有成員面前表揚他儘管腿上還綁著石膏，仍義無反顧地決意投入訓練。森田在富士基地的時候，曾寫信給朋友，信中提及三島時都一概使用「先生」這一稱謂，可以看出他已將三島視為領導人和導師。就從這時候起，兩人成了親密之交。

森田的存在在後來發生的一系列事件中都是舉足輕重的。他出生於戰爭結束前二周，父親是中學校長，家境貧窮，而他是家中老么。他的父親為他取名為「必勝」，可見對日本戰勝抱有信心，也是一個雄心勃勃的愛國人士。森田兩歲時，父母雙逝，他成了孤兒，由兄長森田治照顧長大，隨後被送往四日市市的天主教會學校，並在校內展現出領導人的潛質。高中時，雖然森田的成績低於平均分，卻被指派為班長。比起當時日本已盛行的籃球，森田更偏愛傳統柔道，且年紀輕輕就抱持著非同尋常的理想——成為一個保守黨政治家；相較之下在當時絕大多數與他同齡的日本青年若不是激進派，就是對政治毫無興趣。森田聽從了友人，也就是著名的保守中立派黨員河野一郎的弟弟的建議，決定從政前先完成大學學業，連考三年才被早稻田大學錄取。時值一九六六年，當時正好是左翼學生全面控制大學之際。早稻田大學是森田夢寐以求的高等學府，卻成了全國極左派學生的活動中心。他於是加入了一個新興的右翼團體與之對抗，該團體名為「日本學生同盟」（簡稱日學同）。

起初拉近森田和三島距離的是因為兩人的政治觀念相近。他們同樣都是認為必須以武力對抗激進左翼份子的少數派，也都想領導一個組織，更同為狂熱的帝國主義者，還各自都撰寫文章呼籲日本擁有核子武器。擁有這種性格的人少之又少，因而必定會相知相惜；三島和森田意識到兩人竟有這麼多共同點，於是，自一九六八年春天開始，就決定互相協助。三島會去參加由森田主持的右翼學生集會；而森田也保證早稻田的右翼學生跟隨三島的領導。一九六八年十月五日，楯之會正式成立，以來自《論爭新聞》的持丸博為學生領導人，並列出以下三大原則：

一、共產主義與日本國之傳統、文化、歷史相悖，並與天皇制度背道而馳。

二、天皇是我國歷史、文化社會和民族身份的唯一象徵。

三、面對來自共產主義者的威脅，將支持使用武力對抗。

漸漸的，森田成為三島直接領導下最有成果的學生領導人。他擁有不可動搖的意志和決心，並以其持重穩健的個性贏得楯之會成員的敬愛。一九六八年，當三島向大家展示楯之會新制服時，儘管不少學生因此離開，森田也沒有因為三島特有的浮誇而動搖。他甚至不受楯之會內部的矛盾對立所影響——森田穩重木訥的個性加上與隊長三島的親密關係，讓他免於被捲入內部派系的紛爭。

三島將楯之會發展成八個小組，每個小組大約有十個成員，其領導人都直接受命於他本人。楯之會總人數在八十名上下，幾乎都是就讀於東京各大學的學生；三島雖然也想過召集勞工階層，但因為參加楯之會的活動需要很多時間，因而使得成員多半都是有較多自由時間的大學生。三島的這種組織分部、小組長領導制都很英明，只可惜他自己的領導才能卻不怎麼出色。這支私人軍隊雖然聲稱支持帝國主義，然而三島自己對天皇的想法本身就相當含混不清，因此也就無法給予學生們明確的指導，讓楯之會作為一個實際的團體運作。

三島曾在一九六八年夏天寫過一篇散文，從中大致可見他對於天皇的想法充滿跳躍性思考且十分混亂。文章題為《文化防衛論》，大約花費一年多時間才完成，並在結論中提到：

軍事上的殊榮，必須作為一種文化觀念由天皇授予。我認為即便有現行憲法的限制，這種想法在法律上也是可行的，天皇授予殊榮的特權應該從本質上予以恢復。天皇不僅應接受閱兵儀式，也應該親自授予軍事勳章。

《文化防衛論》一文的軟肋在於，三島沒有試圖將文章主旨——天皇是一種文化意義上的象徵——和軍國主義的結論聯繫在一起。文章提到對戰前帝國制的緬懷，那時，天皇是日本國的神權象徵，也是軍隊的最高統帥（實際上，正如三島提到的那樣，戰前天皇會授予勳章給軍人。）

一九七〇年一月，三島曾接受《皇后》雜誌的採訪，針對楯之會做出一番論辯，但其內容仍讓人摸不著頭緒：

我的楯之會只有百餘名成員；是世界上最小的軍隊，而且我也無意擴大其規模。我們的成員不接受任何形式的俸祿，但每隔兩年他們會擁有一套新制服、包括軍帽和軍靴。這套制服是專為楯之會設計的，令人過目難忘，路人看到也會驚訝地止步端詳。我親自設計了會旗，上面繪有鮮紅色的日本古代盔甲，襯以雪白的絲綢為底；這個簡潔的會徽也將印製在我們的軍帽和制服的鈕扣上。

……楯之會的成員通常都是在校就讀的大學生……

……楯之會始終待命而動。沒有辦法得知我們出動的日子何時會到來，也許永遠不會有那麼一天，但也可能就是明天。到了那時，楯之會將保持沉穩的姿態，隨時待命。我們不會採用遊行示威、廣發傳單這種手段，也不會使用手持汽油彈，不會有演講，更不會有投擲石塊等舉動。不到那絕望的最後關頭，我們就不會輕舉妄動。因為我們是全世界最不具武裝、但最富於精神性的軍隊。

有些人取笑我們是「玩具士兵」。那就走著瞧吧。我在執勤的時候，只要軍號在破曉時分響起，我就會從床上一躍而起……

三島還為楯之會譜寫了讚歌，充分展露自己對楯之會的期許（以下翻譯由伊凡・莫瑞斯完成，並轉交於我）：

夏日的閃雷
冬日的嚴霜
來到富士山腳下
我們整裝待發
我們站在這裡，年輕的戰士
我們站在這裡，全副武裝
古老而純潔的大和魂
就是我們攜帶的武器
刀劍因此而千錘百煉
閃動著天際的光芒
讓我們大膽前進
手持盾牌在胸前！

我們必須藏匿沉重的悲哀
也藏匿起我們偉大的夢想

在我們深深淪陷的大地上
沮喪緊鎖了眉宇
大和的子孫們啊
為何當敵人侵來
卻怠惰地站在一邊
任憑敵人玷污我們親愛的的祖國？
真正的大和魂
是我們年輕人的鮮血
我們勇往直前
手持盾牌在胸前！

盔甲上那神氣的羽冠
就是我們所有的盾牌
為了在風雨交加的夜晚
保衛我們摯愛的天皇

破曉黎明的朝霞
映照在年輕戰士們朝氣蓬勃的臉頰
便是真理之幟的色彩
夜晚在黑色中腐敗
我們年輕的戰士一躍而起
英勇向前挺進
手持盾牌在胸前！

## 富士基地的野餐

一九六九年三月初，三島邀請我前往富士自衛隊基地參觀楯之會的集訓。據我所知，我是第一個、也是最後一個前往楯之會集訓現場採訪的記者。就在我採訪完畢、將文章發表在《泰晤士報》上之後，集訓行程就不再對記者開放了。

我記得，當自己費力擠過人群、搭乘從東京的新宿車站開往富士山的列車時，是帶著某種勉為其難的心態。我要去體察楯之會的徹夜集訓，而我的擔憂——也就是感到勉強的緣由——在於糟糕的天氣。前一天晚上，東京下了一場將近半公尺深的大雪，可能只有上帝才知道富士山上的雪會有多厚。在我位於東京市中心的家中庭園裡，厚重的白雪壓彎了枝頭，直到日正中午才略為融化；可是，富士山的氣溫更低，到了晚上更是苦不堪言——這可絕不是徹夜集訓的理想條件。我感到有點不情願，同時也是因為我不能確定，身為記者這次出訪是否真的能有所收穫？我隨時隨地都能在東京見到三島本人，對我來說並無必要專程前往富士基地見他。此行唯一的目的可以說是現場觀察楯之會訓練，但在這種天氣裡，真的值得跑一趟嗎？

那時候，我和大多數日本民眾一樣，對這個新興團體所知甚少，三島本人也只和我提過一兩次而已。他對我說，將楯之會翻譯成英文就該是「盾牌的社團」。這個名字由來自三島曾讀到的一首八世紀時的和歌，收錄於日本最早的詩歌全集《萬葉集》：

今日不顧我身家
誓為大君當醜盾

這首和歌歌頌了武士獻身衛國的忠心，曾在戰時流行於士兵之間。歌中的「盾」指的是用自己手中的盾阻擋敵人射向天皇的箭。而楯之會精神也正是如此，更確切一點說，是為了擋住共產黨對天皇的威脅。

我知道的，就只有楯之會成立時日尚淺、創建人是三島本人，並由他提供大部分物資贊助；也知道楯之會規模很小，而自衛隊正在訓練這支團隊。正是最後一點引起我極大的興趣：自衛隊為什麼要出面訓練楯之會呢？據三島所言，楯之會不是只是「世界上最小但最富於精神性的軍隊」嗎？自衛隊這樣做，似乎是要打破自戰後二十多年來箝制軍隊和民間關聯的基本規則——即自衛隊不能和政治扯上關係。然而不管從哪個角度看，楯之會都帶有明顯的右翼色彩。雖然三島一向不和本質上跟幫派組織無異的傳統右翼人士勾結，但也透過自己的方式樹立了表明右翼傾向的個人聲譽，而楯之會正是他一手創立的。也就是說，自衛隊正在利用自己的設備和人力培訓一個由作家組織建立的團體，而這個作家對日本政治的態度正如其在創作中表露的，跟戰前還有戰爭期間日本陸軍持有的觀點基本上並無不同。

當時我已經意識到，並非所有人都把楯之會當成政治團體，同時也有很多人懷疑三島的政論到底是不是認真的。在東京，大多數人把楯之會當作笑話看待。部分人士認為這個組織的存在無非是基於三島本人的奇思怪想，只不過是他用來炫耀自己、招搖過市的有趣玩物而已。另一種看法是由日本媒體界的朋友告訴我的，認為楯之會無非就是個同性戀俱樂部。但是根據我對三島的認識，儘管他在非文學領域的確有很多瘋狂的作為，我也不認為他創建楯之會只是為了結識英俊少年；畢竟這種做法未免太繞圈子了。他的同性戀傾向早已在多年前出版的《假面的告白》和《禁色》中暗示無疑，借用唐納德．基恩的話來說，就像「招魂般喚醒了東京地下世界裡的異類性癖者」。但我對他這方面的私生活不太瞭解，我也絕無打算以此為題來為《泰晤士報》撰寫特稿。作為一個記者，我的質疑在於：楯之會究竟是一個右翼團體？或者只是作家的玩物？事實上，我幾乎已經被某種預感所說服——或多或少，答案都該是前者。但即便是為了驗證我的猜想，我也不一定非得去參加他們的徹夜集訓。這件事根本不需要這麼著急，就連日本媒體都不把楯之會當一回事，而我之所以感興趣也僅是因為我和三島由紀夫有私交。

三島必定早就猜到我並不是很情願答應這種奇怪的邀約，去採訪深夜在富士山的訓練，而且以他的嚴格標準來看，我一貫是個不準時、不靠譜的傢伙，所以他制定了極其詳盡的安排，以免我臨陣脫逃。在那個星期剛到來的時候，他打了兩次電話給我，反覆確認了我將會在週四（三月十三日）到達自衛隊位於富士山麓的軍事基地；他還故意強調我是唯一一個到場的新聞記者。拋出這樣的誘餌，又反覆確認了我的應允，可說是布下天羅地網。我駐日本採訪寫新聞五年多，從來沒有領受過如此一絲不苟、甚至有點繁複的採訪計畫，每一個步驟都安排得天衣無縫，並經過無數次確認以保萬無一失。我需要搭乘下午三點十分從新宿車站開出的列車，並在四點四十六分到達富士山南邊的御殿場車站。還有三島的兩個助手負責送我上車，他們的名字是前田和中辻，我曾在空手道館見過他們和三島在一起，但也只有那一面之交。從御殿場站下車後，我得從通向富士山的出口出站，那裡會有一位姓今井的自衛隊軍官等著我，負責驅車送我抵達自衛隊基地。三島擔心如此精心的安排也可能有閃失，便又給了我御殿場一家名為富士藤本屋的旅館的電話號碼。旅館就位在富士山腳下，他已經幫我訂好了房間，還說如果有什麼萬一，我可以即刻致電旅館求助。即便是參加當時最活躍、辦事最有效率的創價學會的活動，我都不曾接到像這樣精確的指示。

因此，那天下午，我前往新宿車站，心裡還存有一絲幻想會不會到了最後一秒，活動取消或是推遲了。我穿梭在陌生的大街小巷、走過陌生的百貨公司、穿過地下道和月臺，建築物鱗次櫛比，終於到了小田急線的月臺。月臺上擠滿了要搭乘下午三點十分的列車前往御殿場的人，人們排著隊站在白線後面，等著列車門一開放就立刻衝進去；另外則有一些人忙著想搶到指定席的位子——這種高度紀律下的狂躁場景只有在日本才能看到。在人群中，我發現了三個有著運動員風貌的年輕人，穿著深色西裝、打著領帶，其中兩人看起來很面熟。他們也正在緊張地環顧周圍，剛好，我們對到了視線。他們正是與三島同盟的小型右翼雜誌《論爭新聞》的學生記者。我們相互點頭示意，他們告訴我：我們要搭乘的列車是「浪漫特快號」，馬上就可以上車了。這種觀景列車是小田急線專門為週末情侶或蜜月旅行的夫婦推出的。自動車門一打開，我的兩位嚮導就示意我上車，幫我找到座位。可是讓我吃驚的是，他們也坐了下來，很明顯地他們將陪著我一路坐到御殿場車站，因為他們總共有三張車票。這兩人上車後，另一個學生留在月臺上目送我們離去，他將負責打電話給御殿場方面，報告我們已經安全上路。

三島的安排的確萬無一失。我真是無比榮幸，能受到如此完善的接待，一切只為了確保我能到達御殿場。但三島為何要這樣興師動眾？這解釋起來似乎也很簡單，那就是他急切地想讓楯之會獲取媒體的注意力，並將我任職的倫敦《泰晤士報》視為最合適的選擇。因為在日本本土，他已沒有辦法讓媒體大眾嚴肅對待楯之會了，因此才將目光投向了海外媒體（順帶一提，三島喜歡拋頭露面這一點總讓我聯想到諾曼·梅勒[50]，而且兩人都以帶有情慾的描寫著稱；但除此之外共通點大概就只有拳擊了）。

列車在三點十分準時駛出新宿站。車廂廣播傳來日本女性在公共場合誦讀所特有的呆板腔調，介紹列車前進的路程。列車離開月臺後，穿著制服的列車小姐為我們送來了濕紙巾、時刻表和茶水的菜單。等待茶水的期間，我的兩位同伴便拿出第二十七期《論爭新聞》給我看。在這之前，我從來沒有讀過這份刊物，因此也十分好奇，想著這份雜誌會不會寫著楯之會——也就是我身邊兩位學生所屬的團體——的政治觀點。可是，如果說我一心以為會看到一份狂熱的右翼刊物，那顯然是要大失所望了。封面是佐藤首相的照片，他看上去容光煥發，這位與財閥結下友好盟約的人物有著最不具魅力的右翼形象。一篇關於左翼「全學連」的文章吸引了我的注意力，報導了全學連某一派系於近期瓦解，讀起來就像是警察的官方報告。兩周以前，我曾專程前往巢鴨拘留所，探訪了全學連最大派系的學生領袖，當時我的腦海中就徘徊著一個疑問：楯之會是否代表對這些左翼學生活動的反抗，雖然也許是遲來的行動——因為當時左翼學生運動剛剛被警方全面鎮壓，其領袖也都關押在監獄裡。我試圖和身邊的兩個學生記者談論這個話題，可惜因為他們不太會說英語，也就沒談出什麼結果來。

我的心思很快又轉移到了天氣上。列車已經行駛了四十五分鐘，來到了富士山麓附近；當我從車窗裡望出去，只見厚雪堆積在田野和鄉村裡，小路上的車輛都開得非常緩慢。我不禁擔心：我該穿什麼衣服才能抵禦半夜的酷寒呢？和身邊那兩個穿西裝、打領帶的青年人截

50 諾曼・梅勒（Norman Mailer，一九二三—二〇〇七），美國著名小說家。諾曼・梅勒被很多人認為是在世的美國最偉大作家，並獲得了美國國家圖書獎的終身成就獎，代表作有《裸者與死者》。

然不同，我穿著厚厚的滑雪衣，似乎做好萬全準備迎接嚴寒；其實我還帶了幾件厚毛衣和一件黑色帶帽夾克，更懷揣著秘密武器——在腰間圍上了羊毛的「腹掛」，也就是保暖的肚圍。而靴子，才是最大的問題所在。我考慮了半天，是該穿厚重的彈力扣滑雪靴呢？還是穿帆布製的美式越戰靴？最後，我選中了滑雪靴，就因為它看起來很龐大。事後證明，幸好我選對了靴子。這時，窗外只有灰濛濛的雲影，預示著夜晚只會更嚴寒。我以前從沒有這樣近距離地觀望富士山，但此時除了白雪茫茫和山間密雲，別的也什麼都看不清了。

到了御殿場車站下車，我們踩在月臺上厚厚的積雪裡，一位身著灰藍色軍服的男人走上前來。他早已得知我們的座位號碼，因此一眼就能認出我們。他向我們敬禮並作了自我介紹，這人正是今井軍士。於是，我們一行人快步走出車站，便看到一輛美式威利斯吉普車，車子停靠在一邊，以免影響交通。駕駛員坐在左邊，旁邊的座位則鋪上了一塵不染的白布，而我就榮幸地坐在這個座位上，座位前還有一盆香港製造的黃色塑膠花，而其他人都坐在後座。吉普車輕鬆地行駛在御殿場小鎮積雪的主幹道上，經過了一排店面之後，便駛上通往富士山的筆直大道。雖然天氣依然昏暗陰沉，但依稀可見山上的森林。大約一兩分鐘後，吉普車減速，突然急轉向右，開進了軍營大門，一看到我們，門口崗哨的士兵迅速敬禮示意。那時剛好是四點四十五分，我們抵達了基地指揮中心，眼前矗立了一棟毫無特色可言的長條型大樓。下車之後，兩名《論爭新聞》的學生記者走向大門，而我則被指引著走向相反的方向，今井軍士還提著我那只裝滿厚毛衣的休閒背包。

走進了大樓，沿著走廊一直走到一扇門前，我的軍士嚮導大聲地敲響了大門。走進去一看，狹小的辦公室裡放著一張大大的書桌；牆上貼著軍務準則，還有一些標語，像是「團隊」，但我只看得懂這句，因為這是用片假名寫的。我的一手邊有只大大的金魚缸，裡面游滿金魚；另一邊則是一把空椅子，安置在書桌前，是間相當舒適的辦公室。房間的主人穿著軍裝，我覺得他應該就是這個基地的指揮官。他站起來微笑地看著我，並在我們握手的同時，用另一隻手從胸前口袋裡抽出一張名片。在日本，沒有名片就好像沒穿衣服，或是承認自己是無名之輩；因此我也在幾年前習慣了這種風俗，立刻用左手掏出自己的名片，接著開始檢視彼此這張小小的證書。他的名字是深水宏，為富士基地步兵團團長，並兼管負責富士軍事學校。他採取了日本人接待外賓的客套禮節，請我落座於身旁的椅子，並命令今井軍士把我的背包放在座椅旁邊。

辦公室裡的第三個人便是三島。不管我已經見過他多少次，每次相遇我都會吃驚於他的短小精悍。他的高度有到我的肩膀，但他似乎總是羞愧於自己的身高，覺得自己是個矮子。現在我又看到了這張聞名於世的臉龐，依然有異常濃黑的雙眉、大而有神的雙眼、耳朵稍稍向外折出了輪廓，有那麼一剎那，這張臉似乎是完全靜止的。我即刻聽從團長的招呼坐了下來，發現三島也隨後坐下，似乎這才放鬆了全身，還從隨身攜帶的和平牌煙罐裡抽出一支香菸。當他的目光落在我的滑雪衣和大靴子上時，他笑了。對我來說，這是第一次看到三島的軍人裝束，外罩粗斜紋棉布軍服、裡面是褐色直高領運動衫，頭髮甚至比平日裡更短，大大的腦袋上只有一層黑髮緊貼著頭皮。

寒暄過後，團長對我的滑雪靴露出疑惑不解的表情。為了應對這種惡劣天氣、厚厚積雪，我怎麼知道該穿多少才不算過分呢？於是我回答說，這只是習慣問題，六年前我就買下了這雙靴子，我很清楚它們有多重。深水團長露出了微笑，也就沒有再繼續深究，而是像外交官那樣將話題轉到他自己手下士兵的靴子上。他說，自衛隊的經費還不能保證一些必要的開支，甚至在富士基地都有軍靴短缺的問題。對此我相信他的話，畢竟灰藍色制服看起來就像是二十年前的產品；總部大樓外牆上斑駁的塗料，還有送我們來的那輛威利斯吉普車都能證明經費不足。與歐洲相比，當時日本的軍費預算很少；但是真正需要作為比較的對象該是美國，因為美軍基地已經安穩地建造在日本國土上了。深水團長又說道，各項事務走上正軌還需要時間，到時候就可以為手下士兵們置備合適的靴子了。對此，三島表示同意，這才點燃了他手上的香菸。

這時，外面傳來軍號聲，團長起身離座。下午五點整，三島向我解釋說，開飯的時間到了。我們跟在團長的身後，一路走到吵鬧的食堂，和幾個軍官一起坐下來吃飯。晚餐有炸蝦、美味的沙拉和熱湯。我猜想，這份特別晚餐是看在我的面子上才特例安排的。雖然我不是地道的日本人，也完全可以在這種典型的日本式飯局上一言不發，但我認為自己最好還是出於禮貌參與其中（對暫住日本的外國人來說，飯局上的這類聊天是司空見慣的事）。飯桌上的話題依然是本地政局，我只用一隻耳朵聆聽三島的翻譯，另一半身心則全部投入在狼吞虎嚥之中。畢竟，漫漫長夜即將到來，一旦上了山，可能十幾個小時都不會有一頓熱騰騰的餐點了。軍官們談論著御殿場地區的局勢，像是保守派政客剛剛榮任市長，還討論了有關「入會權」的問題，即農林業主是否有權進入富士山軍用領地的社會爭議。在富士山北麓有一片炮兵軍事基地，而農場主人們總是會干擾其射擊訓練。這些人受到東京反對黨的贊助，同樣支持他們的還有這個國家的媒體。從這些細節中就可以看出自衛隊在日本的尷尬境地——在戰後的社會中，這種武裝軍事力量並沒有被公眾認可。

晚餐結束的時候，我終於盼來了好消息——因嚴寒和積雪，決定取消楯之會的徹夜訓練，這讓我大大鬆了一口氣。三島雖然堅持己見，但還是被大家否決了。自從我認識他到現在，第一次看到三島由紀夫不得不被迫全盤改寫自己的計畫，但他處之泰然地接受了這個決定。接著，他大聲談起楯之會在基地的集訓計畫，並將富士山營地類比為美國的空軍基地。但是，將這兩個軍事培訓基地相提並論，看來委實牽強，後者實力遠遠大於日方；但三島和往常一樣，基於浪漫的個人世界觀，熱衷於讓每件事情都蒙上傳奇色彩。他說，楯之會訓練得很不錯。在營地裡分為兩組，各有二十多人，一組正接受為期一周的入隊培訓，另一組則要在三島的帶領下訓練整整一個月。三島吹噓著他們一天內跑完近兩公里後還能完成四十五公里的行軍訓練，但在這樣的氣候條件下，也只能罷休了。我們都能休息了，多虧了老天爺幫忙。

雖然我躲過了徹夜訓練，但三島也沒打算讓我空手而歸，他預告的備用計畫即便與徹夜訓練不同，也和連夜攀爬富士山森林一樣艱苦。晚飯過後，他提議我們可以順道參觀附近的楯之會宿舍。於是，我們離開了步兵團總部大樓，在厚厚的積雪中跋涉前進。宿舍就在不遠處，燈光明亮，三島帶著我走進去，順著走廊到了一扇門前，他興致高昂地推開門，讓我就跟著他走進去。房間裡全都是身著楯之會制服的年輕人。雙層的單人床鋪擁擠在這間屋子裡，有的人坐在離我們最近的桌子旁，有的坐在自己的床鋪上，看著漫畫書或者聊天。現在是休息時段，我在此沒有看到任何和「軍營生活」有關的景象，比方說擦拭軍靴、整理制服等。我們一進屋，就有一兩個年輕人走來，和我們一起坐在桌邊，其他成員也相繼聚攏。這無疑也是事先安排好的，三島不太可能放棄這樣一個好機會。

於是，我主動問他是否可以採訪楯之會成員，他便先向坐在我們身邊的幾個年輕人介紹說：這位就是倫敦《泰晤士報》的記者，斯托克先生。說完，他習慣性地從煙罐裡抽出香菸；和往常一樣，他將擔當翻譯的角色。幾乎所有楯之會成員都是大學生，這是我和一個二十二歲的早稻田大學生池邊在交談中證實的第一個事實。我問他為什麼參加楯之會？他回答說，是受到三島先生「人德」的吸引。三島將「人德」這個詞語翻譯成「個性（personality）」，他還補充道：你應該能夠理解，楯之會不是一個「代碼」組織；我認為他應該是想說「秘密組織」，表達這個組織不具任何危險的意思。三島的英語一向都不錯，但在這個場合，我們的語言交流卻出現了障礙。不過詞義轉達的不精確只能說是這次溝通中的次要問題。我的直覺告訴我三島事先吩咐過學生們應該對我說些什麼，也包括要談到楯之會不具威脅性。如果真的如我所想，那只能說明三島早就預料到我來此之前，心中已經在某種程度上預設楯之會是一個極右團體。我自己並不太喜歡這種作法，因為這確實是右翼會有的行為。

接著，我開始和第二個年輕人談話，而他顯然非常率直地說出了心裡話，因此打消了我剛才的想法。三島簡單地向我介紹：他姓森田，二十三歲，也是早稻田大學的學生。森田的長相並無任何與眾不同之處，幾乎沒有讓我留下深刻印象；在事件發生後，我也只能依稀記得他的模樣。森田很嚴肅，乍看之下似乎有點木訥，對我來說，當時只覺得原來這就是那個楯之會裡扮演了領袖人物的耿直青年（三島和森田去世之後，我只能靠照片來追憶他的面容：下頜飽滿，這在日本人中很少見；下巴又寬、偏短；臉龐的下半段顯得滯重，因而讓人想到個性中的頑冥一面。森田稱不上英俊，粗壯的面容上沒有一絲敏感的氣質，看起來不像個機靈的人。但這張面孔足以表現他強而有力的個性，或者說，是個天生的領導人）。

對於我的提問，森田先是聊起了他自己，又用一段很長的話來闡釋參加楯之會的原因。他說，只有極少數日本人還會關心國家利益。在早稻田大學，他目睹了左翼的全學連運動，為其成員的猖狂以及遊行對校園破壞之大都感到很詫異。他也覺得，如果大多數日本民眾不得不將那些左翼學生視為早稻田的代表人物，那將是非常錯誤的結論。他先是參加了校內反全學連的學生團體，也成為其中一個組織的領導人；三島將這個組織的名字譯為「反防衛俱樂部」。但這還不能讓森田滿意，因為學生團體真正能做的事情實在太少了。他又閱讀了大量的民族主義作家的著作，以提高自己對時局的認識。只不過，他的種種努力都飽受挫折，自覺到自己身為男性的不足之處，最終轉向了楯之會，期望能接受軍事訓練。最後，他總結道——三島將這段話中的自己都譯作了第三人稱——「他想以他的方式跟隨三島先生……三島先生是和天皇相連的。」

我不禁要求森田解釋這句話的含義，特別是，什麼叫做「和天皇相連」？他認為三島先生是如何與天皇建立聯繫的呢？三島將我的問題譯成日文，可是森田卻露出疑惑不解的表情，有那麼一刻，他茫然地望著三島，似乎不曉得如何回答，也彷彿不準備再說下去了。愣了片刻之後，他還是回答了，但這回答也可能毫無意義，因為通過三島翻譯過來的句子似乎和前文搭不上任何關係。森田提到「日本的傳統」和「他自己的情感」；就是通過這兩者，他才可以把握住「聯繫天皇和三島先生精神理念之間的紐帶」。而在這個過程中，閱讀並沒有起到什麼作用，他「從來都沒打算通過閱讀來領會意義」，只是透過直覺。至於有關三島，森田再次表達了讚賞之情，因為三島先生「深諳日本的傳統」，但「不是透過政治，而是有他個人的見解」。

要理解森田的話好像有點困難，但我想自己還是能夠抓住他言談中的兩個重點。第一，便是有關天皇的觀念對楯之會至關重要；第二，他個人極其傾向於三島。吸引我的，當然是第一個重點。如果天皇崇拜是楯之會的思想核心，那麼，人們必須重視這個組織，因為它不再像人們所認為的，只是三島個人的玩具軍隊（事實上在日本社會，人們普遍認為在戰後仍盛讚天皇榮耀的人都繼承了三〇年代軍國主義者的傳統）。

在我看來，有鑑於三島給這個組織命名的時候就已先考慮到了天皇制度，而森田也反覆強調這一點，假設天皇是楯之會的核心價值觀，那麼這個組織無疑是有威脅性的。上一次對天皇的崇拜讓日本在二十世紀走向戰爭之路，軍國主義的復甦是不得人心的。這種天皇崇拜觀已為諸多極端行動提供了動機和正當理由，譬如一九一〇年的「日韓合邦」、一九三一年入侵中國東北成立「滿洲國」、一九三七年爆發侵華戰爭、以及一九四一年攻擊盟軍、挑起太平洋戰爭。在這些軍事入侵的背後，存在一整套天皇崇拜的理論，深刻毒害了人們的價值觀。如果楯之會成員滿腦子想的是這種戰時精神，那我最初的假設便得到了充分而確鑿的肯定。不過當時是一九六九年、加上還有三島由紀夫的參與，所以我感覺事情應該沒有這麼簡單。

森田的第二個重點是對三島本人的強烈崇敬，這無疑是私人的感情。但當時我還無法很好地理解他的話，或者說，他言語背後的涵義，因此也就無法理解三島在楯之會組織中究竟扮演了怎樣的領袖形象。很多年輕人都非常仰慕三島，這是很自然的事情。他要比楯之會中最年長的成員還要足足年長二十歲；又同時接受了戰前和戰時的教育；而且也贊同他們的民族主義立場，三島在這一點上顯然和他同齡的人大不一樣。因此，這些年輕人會對這位日本的知名人士傾慕有加並不會讓人奇怪。奇怪之處在於森田反覆強調的「三島和天皇之間的關聯」，看起來，森田是個言辭率真的學生，三島也是個負責任的翻譯，因此森田兩次強調的這種說法，應該不需懷疑。據我推斷，只有三島本人才能將這種觀點灌輸給楯之會成員，想必是他自己以某種方式令這些年輕人們相信三島和天皇是相聯繫的。重點在於他是**如何**利用自己的強勢思想，令讓他們信服的？但無論如何，他已經做到了這一點。我的直覺告訴我，他就是利用這條途徑才獲得了像森田必勝這樣頑固堅韌的學生們的熱愛，讓這些青年義無反顧地追隨他來到富士基地。

和森田以及另外幾個青年又談了一會後，三島提議我們可以去探訪另一個宿舍，住在那裡的成員大都是剛剛入會的新成員，他們將在富士基地堅持一個月的集訓。於是，三島帶著我到了另一間宿舍，和剛剛離開的那間很相像，有著一樣高的天花板，一樣的雙層床鋪，以及穿著楯之會制服的年輕日本學生坐在床邊聊天。我決定這一次不再提問，三島便一一向我介紹屋子裡的年輕人。我注意到他們都在關注我和三島間的對話，仔細聆聽三島所說的話；和大多數日本學生不一樣，他們之中有些人能聽懂英文。三島說，有一個青年曾經在新年參訪皇居時在外連續守了兩個晚上，終於成為二十萬人中第一個領受由天皇親筆簽名的新年致辭的人。這裡的學生圍繞著我們，聽得很仔細，我感覺他們比剛才的那組學生更活躍、更聰明。其中有一人就問我：「您是否認為，戰爭必須每隔二十年就來一次？最近，越來越多的學生想要戰鬥，只要看看東京街頭就知道了……您對此怎麼看？」作出了簡短回答後，我反問這個學生是如何看待全學連的？我想用這個問題挑起話端。

「他們非常幼稚。」一個學生大聲地回答。幾個學生還為這個回答鼓起掌來。另一個則接著說：「我們有真槍實彈，而他們有的只是棍子。」這說的是左翼學生在和員警街戰中手持的警棍。三島立刻對這句話作了補充：雖然楯之會成員被允許在營地持有槍械，但根據自衛隊的規定是絕對不許開槍的。學生們七嘴八舌地討論起來，屋子裡立刻變得吵雜；有些人從床鋪上看著我，表情似乎不太友善；還有幾個人坐在桌子對面，他們看著我和三島，大笑起來，互相開著玩笑。接著，三島把那位在皇居了守候兩夜的學生介紹給我，他姓田中，就讀於亞細亞大學。我問他：「你為什麼要在皇居外等候兩天兩夜？」三島幾乎得要大聲喊叫著翻譯，以便讓我在喧嘩聲中聽到田中的回答：「因為他打從心底尊敬和熱愛天皇陛下。」其他人也都提高了嗓門。一個高個子學生用英語說道：「不要把我們和三派相提並論。」他叫福田，來自早稻田大學，三派指的是全學連中最好戰的一個派系「三派全學連」。我本來應該回答三島本人在論及楯之會精神時其實做過這樣的類比，但是當時，我一下子不知道該如何應答。「你又是怎麼看待楯之會呢？」高個子學生大聲地反問我，「你害怕我們嗎？」於是，我回答說：「是啊，我怕得要死。」說罷，就連我自己都不知道這是不是真心的。這般問答令人感受到某種異常，在大聲喊叫的氛圍下似乎帶有一種性興奮。

我在日本已快有五年了，但是從來沒有經歷過這種見面方式。在日本，第一次見面時就領受到這麼強烈的反應，是相當困難和罕見的事情；我剛才見到的第一組楯之會成員就是典型的例子：溝通是緩慢、平庸無趣且艱澀的。然而第二組成員卻截然相反。一個學生大聲問道：「你是不是外國間諜？」在此說明，「外國」這個詞如果出自成人口中，既可以表示親密的意味、也可以是輕蔑。他們互相之間大聲說笑著，當然也有幾個人保持著典型的枯燥乏味的日本人表情。於是，一部分人喊著「外國間諜！外國間諜！」好像這是一個很滑稽的玩笑，而另一些人則用懷疑的眼光看著我。

這個場面很難理解，但我的頭腦深處還存有一個疑問：對於這第二組成員來說，天皇又意味著什麼呢？奇特的是，三島好像有讀心術似的，他靠近我說道：「在楯之會裡，A和B相連，B和我相連，而我就和天皇相連。」我想著原來他就是這樣告訴楯之會成員的。他接著又說：「整個事情就是基於個人之間的關聯。」當時，我沒有想到就這句話繼續追問下去：三島和天皇的個人關聯是如何建立起來的？在那種環境下，我整個人一片迷糊、只覺得渾身不自在。「你們都讓我怕得要死了。」我企圖再用一句玩笑話來搪塞一下，但這次，我的話起碼有一半是真心的了。三島指著一個學生說：「那個男孩子，被員警逮捕了八次，就因為他搗毀了三派設下的路障。」

當夜，我離開營地宿舍之前，和三島談及楯之會組織結構的問題。他對我說，資金方面完全仰賴他本人。學生們自己負責車票和旅行的開銷；自衛隊免費提供營地宿舍，也會承擔在富士基地所使用的個人武裝裝備和汽油等方面的開支。除此之外，所有的資金來源便只有三島自己。他說，出於這個原因，楯之會必須保持精簡的規模，成員人數不能超過一百。另外，他還跟我提到如何徵召成員。幾乎所有成員都是學生，因為一般勞工不可能一次就騰出一個月的自由時間。第一年徵召成員是通過在《論爭新聞》上刊登啟事，另外，楯之會學生領導人持丸博也會主動尋找合適的人選。三島特別指出，第一年的入會條件是非常嚴苛的，一百五十個應徵者中只徵召了五人入會。第二年，新成員基本上是由老成員推薦的形式進入楯之會的，除此之外三島自己也在早稻田大學的公告牌上張貼了啟事。那是發生在一九六八年夏天楯之會正式宣佈成立之後，而後東京的雜誌上也都有過相關的報導。

八點剛過，我離開了營地，坐著吉普車前往藤本屋，果不其然如三島所言，這家小旅館距離營地非常近。不到兩分鐘，我就回到了我所認為的真實世界。大廳裡有一位上了年紀的女服務生迎接我的到來，我脫下笨重的靴子，在她的指引下走上了冰涼的走廊，這份冰冷在嚴冬的日本小旅館裡不足為奇。好不容易抵達我的房間，在女服務生的協助下，我以很快的速度換上了和服，再疊好了滑雪衣。為了隱藏裹在腰間的腹掛又費了不少功夫，我可不想成為鄉間小鎮民眾的笑柄——裹著腹掛的外國人，多麼滑稽啊！我問道，這時節是不是藤本屋的旺季？老婦人答道：「還行。」接著又催促我去泡澡，為此還得再走一遍那寒徹骨的長廊。到了澡堂，我脫下了和服，準備舒舒服服地泡上一陣，一眼瞥到一張用英文寫的告示：請勿在澡缸裡使用肥皂。似乎這個小旅館裡的瑣碎問題都是外國人引起的，我這才終於體感到自己所在的小旅館被日常瑣事和普通人環繞著，是個真實的世界。泡完澡回到自己的房間，看到榻榻米上已經鋪好了床被。一條棕色的毛毯被疊得方正，一絲不苟地壓在被子上，可謂典型的日本風格。我掀開毛毯，鑽進了被子。感謝上帝，此時此刻我沒有在富士山上。

次日清晨，七點剛過，我就來到營地，一來就發現全天日程都被塞滿了。行程大致如下：三島和我擔當「通報者」，或者說，扮演間諜的角色。我們會帶領一支楯之會分隊穿越敵區，最後還要發動攻擊，佔領敵營。我不禁努力回想十五年前自己在英國某公立學校接受的軍事訓練課程，包括如何使用軍事地圖、匍匐前進、進攻等等。思緒退回十八歲那年我在溫徹斯特公學青年團的時候；趴在東英格蘭的樹叢裡，「側面攻擊！投擲煙霧彈！」各種發號施令的聲音在耳邊響起，忍受著蒼蠅的折磨。現在，我強迫自己找回當時的感覺。

天氣好得非比尋常。明朗的藍天一掃前日的陰霾，萬里無雲。空氣乾燥而冰涼，放眼望去，處處都是白雪晶晶的反光。營地上方一兩公里之外，便是一大片被厚雪覆蓋的森林；森林之上便是富士山，看起來高遠而不可觸及，又有神聖不可侵犯之感。三角形雪山頂映襯在蔚藍的天際，能看得很清楚。這是我和富士山的第一次近距離接觸，這座火山最後一次噴發是在十八世紀，現在差不多該被認為是死火山了吧。還有什麼是更重要的呢？我明明渴望著在富士山上滑雪，穿上上等海豹皮的靴子，悠然地從山頂滑下粉末般細緻的雪地，但在這一天，這些美好事物都不會存在。我什麼都指望不了，所以很擔心我們今天最多只能走到林木線，而即便到了海拔一千八百公尺，也不過是走到半山腰而已。如果有雪橇，這點距離自然不在話下，但我們沒有雪橇，只能緩慢地向上攀登。

在營地的小宿舍裡，我找到了三島，我們喝了咖啡，聊了一會兒剛剛出版的《春雪》，之後他帶我出去，外面已停了一輛吉普車，那是專門來接我們上山的。三島按照計畫部署，打扮成「間諜」角色，但他的裝束卻比我想像得要講究得多：下身穿一條藍色牛仔褲，還很時髦地泛著白色；在單薄的自衛隊統一樣式的軍靴裡還有長及膝蓋的綁腿，這樣便能有很好的防雪功能；上身穿著一件黑色夾克衫，有點像他在電影《風野郎》中穿過的那種款式，對襟雙排扣，腰間有束口。對於這次演習訓練，三島的全身上下只有一樣可以算是「飾物」，即一頂大大的褐色遮耳帽，這種帽子的頂部圓圓的，能夠貼合腦袋，兩邊還垂下毛裡的遮耳，厚厚沉沉的蓋在耳朵上，當他在清晨明亮的陽光中做熱身晨練時，兩條遮耳邊就跳躍在空中。而他跳進吉普車前座時，毛皮遮耳也搖晃個不停。他讓我和另一個軍士坐在後排，吉普車離開了營地，沿著一條清過雪的窄路，向東行駛，這時候，富士山在我們的左側。

很快，我們就到達了指定的集合地點。我們將在那裡等待步行而來的楯之會分隊，他們比我們出發得早。按照計畫，我們將從這裡開始擔當嚮導。時間還早，我們需要等上一會兒。陪我們一起來的那位軍士帶來一隻獵人背包，在這時從包裡取出了乾糧，然後忙著生火。沒過多久，我們就靠著篝火暖和身子，三島和我談起了國家主義派的領導人影山正治：太平洋戰爭結束前夕，此人的支持者們一一切腹自殺，而他本人卻拒絕加入切腹的行列，正當他說到這裡、而我聽得津津有味時，遠處依稀可辨楯之會分隊的身影，正慢慢地向我們走來。我不得不承認，他們也按照演習計畫，穿著的裝束都像個遊擊隊。有的人帶著P-6型對講機，天線很長，隨著步行者的動作晃來晃去。分隊約有十二、三個人，每人都背著很不錯的武器——日本六十四式步槍，頭上戴著美式頭盔。三島和我排在分隊的最前頭，那位軍士因為對地面情況更瞭解，在最前方帶路。我們就這樣開始了雪地跋涉，窄窄的小路將直通富士山。一開始，學生們間的距離拉得較開，但隨著道路越來越狹窄、雪也越來越深，我們在深度及腰的雪裡，跟著那位精力旺盛的軍士嚮導，吃力地踩出一個一個深深的腳印，後面的學生也就不得不緊緊跟上，踩著前一個人留下的腳印前進。就這樣緩慢行進兩個多小時後，我們進入了森林。森林最前沿是一片銀色的白樺，我們在此稍事休息。登山也就到此為止了。

此時已是午餐時分，我注意到有一輛軍車及時趕來，送上了補給品，可想而知，一定還有一條能通車的好路。從這輛車上下來不少軍士，為了不會混淆兩支隊伍，這些人都穿著白色的防風厚夾克。他們便是這次小型軍事演練的裁判員。軍士們沒有和我、三島共進午餐，而是走到附近的樹下，加入了楯之會分隊的休息處，似乎特意不來打擾我倆進餐。只有跟我們來的那位軍士照顧我們的各種需要，他清除了雪地上的雜物，拿出毯子鋪好，接著在我們面前擺上錫製托盤，上頭放了各種食物。餐點是營養的日式菜色，其中竟然還有用糯米和紅豆做成的日式「赤飯」，這可是在喜慶或隆重場合才會吃的食物。小瓶的醬油被擺在一邊，盛宴開動了。三島吃得很快，大口大口地吞咽下去。可是糯米飯卻無法順暢地滑進我的喉嚨，哪怕靠喝熱騰騰的綠茶也無濟於事。三島吃完他那碗赤飯時，我才剛剛吃了十分之一，真不知道他的食道是否經過特殊設計，所以才和我有如此懸殊之差？又喝下不少軍士奉上的綠茶，我好不容易才吃完了三分之一，但無論如何，我再也吃不下了。我從毯子上起身，道了歉，在雪地上用手挖了個小洞，倒入我碗裡剩下的赤飯，埋起了我的盛宴。

三島扭頭看著我，什麼都沒有說，但是毫無疑問，從他那陰鬱的表情來看，我犯下了大錯。在此之前我從來沒有意識到日本人和英國人對於「野餐」的理解有其截然不同之處。三島沉默了下來，儘管前面我們正談到興頭：他在說明新儒家陽明學派的哲學思想；還談到科學家、政治家丸山真男[51]的種種罪過，三島譴責他修習陽明學而不得其道。我當時的感覺就像是冒犯了主人的小狗，必須安靜地等待寬恕降臨的時刻。我們總要離開這片被我汚染了的休息地，到那時，寬恕也必將到來，而那個時刻卻意味著另一種折磨將開始。果然，沒過多久，大夥兒都站起來活動身子，準備出發了。在深深的雪地裡跋涉，身子很快暖和起來，三島似乎也回到了先前的好興致。他走在我前面，眼睛不停地觀察周圍。我只能看到他膝蓋以上的身軀。天氣明媚依舊，雪地平滑無痕，周圍幾乎沒有別的動物活動的痕跡。偶爾會從富士山那邊傳來低沉的炮聲，天上也時不時能看到直升機，飛向周邊的自衛隊基地或美軍基地。但大部分時間裡，沒有外界干擾，我們在萬籟俱寂中享受徒步行軍。

三島抬頭仰望山頂，幾朵白雲飄高了，更增添了富士山的俊美。除了我們踩踏在雪地上發出的嘎吱聲，其餘什麼都聽不到；偶爾，也會有樹枝上的積雪被某個隊員撞下來，乾潔的雪粉嘩嘩地灑了一地。在這片雪白的廣袤世界裡，我們只是一群黑褐色的小點；又似乎遊動

51　丸山真男（一九一四—一九九六），日本著名政治思想家，著有《日本政治思想史》、《日本的思想》等名著。

在這樣深厚的雪海中，隨著波濤似進而退。三島扭過頭來，扯開嗓門，聲音越過我們之間的雪地傳來：「我們真是找了一個好理由在這麼美麗的雪景中散步啊。要是自己一個人走，肯定會覺得要瘋了。」他一邊大步向前，一邊說著話，頭轉來轉去，帽子的遮耳又來回甩動起來，啪啪地打在能見到頭皮的鬢角處。白色的毛皮反射著銳利的陽光，遠遠望去，就好像在肩上垂掛著兩顆大大的蒲公英。

我們越來越接近目的地了，也就是演習計畫中的「敵營」。可是，看起來整個團隊對此並不在意，只是一昧地興致高昂。楯之會成員排成一列，大步流星，完全放鬆警戒，既不打算分散目標，也沒有隱蔽行蹤的企圖，事實上，他們只是走成一串，馬上就要離開森林區域了。在東英格蘭草叢中匍匐的情景隱約浮現，我彷彿記憶起校友大聲喊著「散開！散開！」要是大夥不散開，會不會被機關槍一齊掃射？難道這不是最基本的作戰法則嗎？這時，我才猛然反應過來：我們**的確**是在雪中散步；而軍事演習確實是「在這麼美麗的雪景中散步」的好理由。甚至於那些一路陪同我們的軍士同樣顯得再舒心不過了。他們和楯之會成員並排前進，穿著白色外套、戴著黑色墨鏡，邊走邊聊，笑聲不絕於耳，看起來就跟滑雪教練沒兩樣。我不禁想起當天早餐咖啡後和三島的閒聊；他把楯之會和全學連做了一番比較，並堅稱楯之會更具「精神性」、更接近「武士道精神」。然而無法否認的是，當楯之會只在進行訓練時，全學連已經投入實戰了；更不用說楯之會的集訓強度實在不高。如此看來，楯之會和傳統武士並沒有多大關聯，除了楯之會領導人所抱負的浪漫觀點：他想成為日本的拜倫勳爵[52]。但事實上，那天早上的談話中，三島是帶著嫉妒心談論拜倫，他想不通為什麼詩人拜倫就可以擁有三百僕從，不僅服侍自己，還能修建大船。

我們在森林邊界逗留了約兩個小時，終於等到了軍事指導員的命令——三島和我要先離開楯之會遊擊隊，先行前往敵營。到了敵營，便能看到楯之會遊擊隊搶奪陣地的最後一戰。沒多久，我們抵達了觀察點，比後面的遊擊隊員們早到了很多，還發現敵方築起了幾個雪屋和一堵雪牆，這樣在開仗之前，他們就能暖和地待上一陣子——裡頭的確看起來挺舒適的。接著，我們等了很長的時間，有時候能聽到他們在大喊大叫，我們也能遠遠望見軍事指導員的身影。當「戰鬥」終於打響的時候，已是傍晚時分。楯之會遊擊隊的學生們從附近的一座小山丘上一個個向我們這裡衝過來，煙霧彈也在雪地上嘶嘶作響。若身在真正的戰場，他們已經必死無疑，因為他們個個挺直身子，身影完全映襯在藍天的背景上，方圓兩百公尺內的「敵人」因此能輕鬆瞄準，可他們誰也不曾彎下身子，一行人就這樣暴露於來自敵營的閃光彈中。

52 拜倫勳爵（Lord Byron，一七八八—一八二四），英國浪漫派詩人，曾參加希臘反抗鄂圖曼的戰爭，死於這場戰爭中。

當他們總算奮力穿過了這片雪地之後，「敵方」開始發動猛攻，他們衝上去和遊擊隊隊員扭打成一團，然後使勁將對方撲倒在地，在一瞬間拽下靴子。三島也加入了這場小規模混戰，在雪地上打滾，和軍士纏鬥時還發出了尖聲大叫。混戰在十分鐘內就大局底定了。

回程又是長時間的雪中跋涉，到了營地後，熱水澡已經準備好了，所以我直到晚餐時分才回到旅館休息。我做做筆記、給東京方面打了電話，時間過得很快，一下子就將近五點了，於是便離開旅館前往營地。這天晚上將有一場送別會，楯之會的高級成員結束了入隊訓練，即將離開富士基地。走到了營地大門口，有人引路帶著我前往食堂，送別會將在那裡舉行。沒想到，我是第一個到達食堂的人，屋子裡擺滿了桌椅，晚餐也都一一放在餐桌上了：有好幾打的瓶裝啤酒、軟性飲料和許多三明治。房間的一角還有一台點唱機，牆上掛著的月曆印有一個豐滿的金髮美女。我不想讓自己成為引人注目的焦點，所以在角落裡的一張桌子旁坐下來，等楯之會學生們來。這個派對規模還不小，總共約有五十人。

高聲喧嘩著，學生們魚貫而入，三島尾隨其後於五點整走進食堂，穿著筆挺的制服，腳步輕快。晚餐開始了，一支支啤酒在人們手中傳遞，配上清酒、或是日本威士忌，沒過多久，我們的臉龐都變得紅通通的。學生們提高嗓門，說說笑笑，甚至淹沒了點唱機播放的樂聲。這些年輕人一個接一個地站起來唱歌，最後演變為全體大合唱，鄉土氣息濃郁的歌謠無不是關於櫻花盛開、神風隊、幫派，以及「大和魂」。三島起身離座，站到正中央，其餘的人都坐在原位，他一邊領唱歌謠，一邊把抽完的菸蒂遞給旁邊的學生，再把它掐熄在菸灰缸裡。這裡洋溢著顯而易見的英雄崇拜氣氛。每個人都有點醉態，身子歪歪斜斜的；坐在我身邊的一個學生戴著眼鏡，看起來頭腦不錯，他比其他人晚到了一些，此刻正把筷子粗魯地戳進小香腸裡。他們一首接一首不停地合唱，直到七點鐘三島才宣佈晚會到此結束，並號令大家為楯之會高呼三聲「萬歲」。大夥兒都離開了座位，我和身邊戴眼鏡的學生也站起來，這時候，大家嘹亮地唱起日本國歌。戴眼鏡的學生突然轉向我，緊握著我的手，說道：「我熱愛英國」，然後又重複了一遍。

第二天早上，我一醒來就感到渾身不舒服。又變天了，烏雲密佈，氣壓很低，比前兩天悶熱得多。我必須快點去吃早餐，因此即便還沒睡醒，我還是糊里糊塗地爬起來走出旅館，大約七點半左右到達了營地。雖然這是我在此逗留的最後一天，但還有很多問題沒有採訪，在我們離開之前，我必須和三島面對面談談。早餐後採訪似乎太早了，還可以等一等；三島和我會在午前動身，之後將結伴坐上回東京的列車。

這時，營地的人通知我要去觀摩楯之會的閱兵表演，就在靠近大門口的一棟大樓裡舉行。一般來說，這種表演應該在露天的軍營廣場上進行，但是外面的雪還沒融盡，泥濘不堪，根本無法進行任何操練。我走進大樓，看到楯之會成員們已經排好隊伍，穿著棕黃色的制服；還有一些自衛隊基地的軍士和一兩位軍官在場。三島朝我走來，他也是全套楯之會服裝，寬帽簷的帽子上繪有日本古代武士頭盔的圖案。我們簡短地聊了幾句——他沒什麼時間——接著我就得站在專屬於我的位置上，觀賞這次閱兵式；我比較喜歡靠在邊上，不太顯眼，但三島卻想讓我站在左側的最前排，那裡本來是軍官發言的演講台，能將整個場面一覽無遺，旁邊的軍樂隊也剛剛排好隊伍。基地士兵們在三島的旁觀下先進行了一次預演，三島沒有作任何指示，看起來不管是對於富士基地士兵的操練、還是閱兵式，都不會由他本人發號施令。隊伍裡的二十五名年輕人聚精會神，但這卻只維持了幾分鐘而已。出人意料的事情發生了，有兩名隊員突然昏倒，不得不被人抬走。氣氛非常壓抑，我感到十分不自在。

八點整，楯之會成員們再次集中精神，深水團長從大廳的另一頭走來，身旁還有幾位軍官作陪。終於，有人喊起了口令，楯之會青年們一致地將目光轉向我這邊。軍樂隊奏起了國歌，這樂聲聽起來簡直是永無止境，因為二十五雙眼睛直勾勾地盯著我看。此刻我終於明白這是在做什麼——楯之會成員們面向東京的方向，也就是天皇之所在。只是穿著一身笨拙滑稽服裝的我——還不太講究地連穿了三天——碰巧站在了他們投注視線的方向。我是不是也該有所表示、比如說轉向天皇所在的方向並舉手敬個禮之類的？為此，我深深思索了一秒鐘，但之後，一切表態都太晚了……我不由暗中祈禱，最好三島什麼也沒看到。好不容易，國歌演奏結束，青年們的二十五雙眼睛又轉回了前方。這時，團長向大家敬了個軍禮，我按照隊伍前排的三島的暗示向他鞠躬，還鞠了兩次，我真不知道是不是有此必要。接著，團長視察了楯之會行列，並走向了演講台，做了一番關於「領導力」的簡短訓示。幾分鐘後，一群人便湧至戶外。

對富士基地的專程採訪即將結束。我在雪地裡等待三島告訴我回程安排，望著他和楯之會成員們最後一次聚集在雪地上，排著隊，準備留影。三島俐落地指揮著：個子矮的站中央，個子高的站後排，最後，他自己則站在隊伍的中央。等到富士山山頂終於從密雲中露臉，合影才順利拍完。儘管三島總是忙忙碌碌，但好歹我們還是談了一會；他提到前一晚發生的意外事故——就在晚餐派對後不久，一個楯之會學生往自衛隊軍士頭上澆了一桶涼水。接著便是流淚、道歉，肇事者被罰五十個伏地挺身，而且還是由三島親自帶頭。早上昏倒的兩個學生，便是昨晚的肇事者。三島還說，他改變了回程計畫，已經租好了一輛計程車，過了午後我們便可以坐車回東京，他會到旅館來接我。

新計畫有點鋪張浪費，但我還是很高興，因為這就等於說我有充足的時間提前準備好採訪大綱，也能完全不受干擾地和他單獨交談。關於楯之會，我倒有正反兩面的質疑；我剛抵達的兩天前的夜裡，耳聽目睹的都是關於思想意識、不著邊際的對話，關鍵字是「天皇」，那種場面令我深信楯之會是個有威脅性的右翼民族主義團體。可隨後第二天，當我們在雪地裡跋涉時，我又看到了完全不同的另一面。我得到的最重要的感受是，這些學生並沒有經過正統軍訓，實在不能說是有實效的「武裝力量」。從我涉足富士基地前、直到集訓開始，我始終想問：楯之會究竟是個右翼組織、或僅僅是場遊戲？一開始我傾向於前者，但看到了眾人在雪地上的表現之後，我又開始懷疑這個結論。所以，採訪三島時就必須涉及、並企圖解答楯之會的本質意義是什麼：法西斯俱樂部？大作家的玩具？（當然，我很清楚這個問題無論如何都不可能被解釋得明白；同樣，我也不認為這對於三島本人來說是根本上的問題，畢竟他的主要事業還是在於寫作。）

午後剛過，三島坐著計程車到旅館接我，我把自己塞進後座，擠在他旁邊。從這裡坐計程車回東京可不便宜，我們完全可以坐火車，還能節省不少時間。然而，坐火車這種旅行方式似乎不太適合三島當天的情緒。這顯然是那個特立獨行的三島由紀夫。坐在回程車上的三島已經換上了平素的打扮，彷彿剛剛和朋友在鄉間度過一個週末，現在正要回首都過平常日子：一身漂亮的斜紋軟呢西裝，剪裁一流，布料來自倫敦，搭配合適的領帶，還有一雙進口的褐色散步鞋。可是他是否想過自己要回的究竟是哪個國家的「首都」呢？我們到底是在哪個國家？在日本，還有哪個知識份子會如此大費周章地為自己打造整體形象？拋開楯之會集訓不談，三島這身裝扮就是他人不曾企及的終極格調。他還有一大包沉甸甸的行李，必定是留在營地了；隨身只帶著一個小巧的手提箱，我在上車時就看到了。這便是三島由紀夫，那個不費吹灰之力就顯得無比優越的人。顯然對他來說，格調高於一切。如此一來，質問這樣一個人，究竟有何意義呢？

開車回東京的有趣之處在於沿途的風景。從箱根的群山中望見的富士山最美，與此相比，我們在御殿場時因為太靠近富士山，反而得不到最佳視角。計程車行駛在通往小田原的下坡路段，我們終於都有心思好好談話了。我問他，為何組建楯之會？此時計程車被捲入小田原附近的擁擠車流中。他答道：「楯之會是國家保衛隊的第一個模範。」我認為，他恰好以此正確表達了楯之會的精華本質——作秀。三島希望「以愛國的自豪感喚醒民眾」，言談至此，他的眼前似乎出現這樣的幻覺：軍樂響起、旁觀者歡呼雀躍。我意識到，三島在和我的單獨對話中，有點刻意地強調楯之會對他的個人意義，以及其具有的非意識形態的浪漫意義。我試圖引導他往右翼的性質問題上談，特意問他：是不是只有楯之會擁有接受自衛隊集訓的特權？而答案當然是肯定的；只有楯之會被允許可以拿槍練習。儘管也有成千上萬的市民曾走進自衛隊軍營體驗訓練，但大多數人只是逗留幾日，僅是自衛隊宣傳的一環而已。自衛隊也不會允許其他人觸碰基地中的步槍。我直截了當地問：為什麼楯之會能受到這樣的特殊待遇？三島回答說：這的確是非常困難，他不得不為此會見許多自衛隊的高層人物，但最後真正促成此事的是防衛廳長官增田甲子七，以及根據我的猜想，應該還有首相佐藤榮作。

車子行駛得相當緩慢，交通壅塞，這時候，我拋出了下一個問題：楯之會的規模將會發展到什麼程度？三島正湊近司機，以嚴厲的口吻讓他改走捷徑，而司機也堅定地表示三島提議的那條高速公路尚未正式開放。三島無奈地收回身體，重新靠在後座上，朝我聳聳肩。他開始回答我的問題，表示想要擴招到一百人，但一百人就是極限；接著，每個人還可以負責領導二十人，以便形成大規模的武裝組織，足以發動一場有效的行動。難道是想計劃政變嗎？我理應順勢這樣提問，但我沒有說出口。畢竟就連我自己都不太能相信這種政變之夢。如果一個人和三島談論楯之會，就會發現，談話總會與他的種種夢想接壤，讓我又一次感受到他在我面前是刻意表露出這個組織的私人屬性，而不傾向政治立場。這下子，我覺得要接著問下去就很困難了。於是我採用了更迂回的方式，問他是什麼時候決定組建楯之會的。三島答道，約三四年前，也就是一九六九年六月完成《英靈之聲》之後。但我還沒有讀過這部作品。車子從陡斜的山路一路下坡，來來回回地急轉彎，眼前盡是些高大樹木，這時，三島談起了歌德以及他那些關於自殺的隨筆，並總結性地詮釋道：「如果文學不是一種能夠負責任的行為，那麼行動本身就是唯一的途徑。」

我們將小田原拋在身後，車子開上了沿著海岸線的高速公路，還路過了一個大工地，這意味著我們距離回到首都，最少還有一小時的車程。高速公路下面沒有沙灘，只有一排排沉悶無趣的大型消波塊，抗衡著大海的龐大力量，而海水則不斷衝撞我們腳下的這堵巨牆。「我信賴的是文化的形體，而不是精神性的。」三島說起了當時創作的《癩王的陽臺》，以及他正試著在舞臺上建造模擬的吳哥窟。他看起來非常疲累，但還是接著說下去：「我想把日本的精神維持下去。」好像他不曾意識到前後所言正在自相矛盾。他的聲音繼續漂浮在我耳邊，「天皇就是終極的文化形態」；他自己的「身體」本身也是文化的形態。從日本獨一無二的天皇體制以及歷史悠久的古典詩文中，他找到了至高的價值觀。最後他又補充了一句：「我不相信非物質性，只相信確實存在的東西。」幾分鐘後，他的左手撐著腦袋，靠在後座椅背上，很快就睡著了。計程車正在順暢無阻的向前行駛，大約還有半小時就能抵達東京市內。我覺得，要想理解這個與眾不同的人，我彷彿還隔了幾個世界那麼遙遠；而我也很快打起盹來。我時不時瞇著眼睛，看著車窗外的建築物、新工廠，以及其他的高速公路。過了茅崎市，路邊可見稀疏的松柏，這是昔日連結江戶跟京都的主要幹道之一的東海道殘留的景色。「舊時日本」所遺留之物，如今可能也就只剩下這幾棵松樹了。

## 桑拿浴和秘密

行動的人註定要忍耐長期的緊張和專心，直到他以最終行動完成他一生的最後時刻：死亡——無論是自然死亡還是切腹自殺。

——三島由紀夫，《葉隱入門》

楯之會結束富士基地集訓之後一個月，三島被邀請參加一場和極左派學生的辯論會，地點就是他的母校東大。三島赴約了，前往駒場校區的大禮堂，穿著一件有束帶的黑色襯衫。就在辯論會場外，他看到一張海報，把他畫成了個大猩猩。辯論雙方群起激昂，各自毫不留情地施展語言攻擊。辯論持續了兩個半小時，非常成功，但這只是從娛樂性的角度去評價。東大的左翼學生在三島的刺激下，也對天皇的話題產生了極大興趣：

**學生**：三島寫了一大堆關於天皇的書。箇中原因就是因為天皇並不存在。他的「不存在」構成了三島所說的絕對的美。那麼，為什麼呢？他為什麼一直都在做這種蠢事呢？他本來應該牢牢地抓住美學不放呀。可他不是，他開始到處做秀，所以天皇所代表的那種美就這樣被毀了。

**三島：**我被你的愛國言論打動了呢。你想保持對天皇的美好想像，出於這樣的目的，你還希望我繼續我的創作……（笑聲）

**另一個學生：**我也想針對天皇問你幾句。如果天皇碰巧愛上了一個女人，而且勝過對皇后的愛，他該怎麼辦呢？如今看來他必須在各種方面都強烈自制。這讓人們不得不感到同情。

**三島：**不過我真的認為天皇最好還是有幾個情人……（笑聲）

（摘自一九六九年新潮社出版的現場錄音記錄）

就在抵達駒場禮堂之前，三島一時之間產生了偏執的妄想，害怕左翼學生們會抓住他、當場把他殺了。事後他曾說：「我緊張得就好像正要走進一處獅子的巢窟，但整體說來我還是非常享受的。我發現我們之間有很多共同點——比方說，各有一套激進的意識形態、還有對暴力的肯定。他們和我共同代表了日本新的人種，彼此之間也有愛情。這種感情就像是隔著鐵絲網，我們雖然朝著對方微笑，卻不可能接吻。」他還如此評價左翼學生：「全學連學生和我所力爭的東西其實是一樣的。我們手上有一樣的牌，只不過王牌在我手上——那就是天皇。」

這段時間裡，我和三島相談甚歡，聊了很多時事新聞，後來，到了仲夏，我問他是否願意為我寫篇短文，讓我把這篇他親自撰寫的思想總結，推薦給倫敦《泰晤士報》。八月中旬，他跟我說文章寫好了，並順便邀請我去下田的鄉下取稿，當時他正和家人在那裡度暑假。我在那邊待了好幾天，和三島去海邊游泳，最後拿著他的稿件獨自返回東京。

這篇短文於一九六九年九月二十四日見報，可以說是我們多次談話的結晶，也是三島對其「政治」觀點所撰寫過最清晰的概括：

> 不久以前，大約是八月初，一個日本年輕人帶著一把小刀守在機場，刺傷了美國國務卿威廉．羅傑斯先生。日本媒體大肆抨擊這名年輕人，強力譴責他的所作所為。
>
> 這個年輕人聲稱他是為了報復才想刺傷能夠代表美國的人物，並解釋這是因為參加了「反對美國在沖繩建立軍事基地」示威運動的日本人曾被美國人的刺刀所傷。他對於羅傑斯先生並無個人恩怨，而且也不屬於任何一個右翼組織。

我個人不贊成恐怖主義，也不贊成這個年輕人這麼做的精神。然而每一家日本報紙都連篇累牘地譴責他，對此事件的所有反應都表現出某種相似的歇斯底里，這讓我很感興趣。不管報紙的政治立場偏向左翼、中立或是右翼，反應竟然都是相同的。只有那些有所隱瞞的人才會顯露出這樣的歇斯底里。那麼，在這些千篇一律的憤怒和責罵聲背後，日本媒體究竟打算隱藏什麼？

讓我們把思緒往前推一下。在過去的一百年中，日本人曾大費周章，期望把日本國改造成西方文明的典範。這種極不自然的姿態卻無數次地出現破綻，讓日本人露出了馬腳。二戰之後，人們認為日本最大的缺陷已然被揭露。此後，日本躋身進入世界前列的工業發達國家，也不再害怕暴露自我。人們覺得，我們的外交官該做的事情無非只是把日本文化宣揚成熱愛和平的形象——以茶道和花道為典型代表。

一九六〇年，社會黨主席淺沼稻次郎在東京遭刺殺身亡，當時我人在巴黎。刺殺淺沼的犯人是一名叫做山口二矢的十七歲右翼青年，之後被關進監獄不久便自殺了。與此同時，巴黎的紅磨坊正在上演一齣日本諷刺劇，其中甚至還有一段劍鬥的戲。駐巴黎的日本大使立刻提出請願，希望紅磨坊刪除這一幕，以避免

「誤解」。而害怕被誤解，有時就是因為害怕被揭發。

我總是會想起一八七七年的「神風連事件」。在當下日本知識份子們心中，這起事件被認為是反映了日本民族的狂熱盲信、不符邏輯的特點，然而，很可惜的是，他們認為這是不該讓外國人瞭解的事情。這起暴力反抗事件的核心是約一百位頑固而保守、又有強烈民族沙文主義思想的末代武士。他們痛恨一切西方事物，抵制明治政府，將其視為帶領日本西化的敵人。甚至於，當他們不得不從電話線下走過時，都要用白扇遮頭，因為電話線也是西方魔力玷辱日本的證據。

這些武士拒絕一切形式的西化。明治政府頒佈了「廢刀令」，這便觸怒他們，因刀劍是最能代表武士精神的象徵符號。於是，一百名叛變武士偷襲了已然西化的日本軍營，除了刀劍盾牌，別的什麼武器都不帶。很多人被正是從西方引進的槍炮武器所擊殺；所有倖存者均以切腹告終。

阿諾德．湯恩比[53]在《歷史研究》一書中寫道，十九世紀的亞洲只有這些選擇：看是要接受西方，徹底投降，完全西化，之後才有一條生路；不然就只能在頑冥抵抗中迎接滅亡。這套理論是正確的，毫無例外可言。

實際上，日本就是仰賴接受了西化和現代化，才建造出如今這般統一的現代國家。在這種現代化進程中，唯一一次純潔、震撼人心的反抗行動就是神風連事件。其餘的抵制運動多少帶有政治傾向，缺乏神風連那種意識形態上的純粹性和文化元素。

日本人因其現代化改革與創新能力而受到高度盛讚，儘管有時會用上幾乎可稱為狡詐的途徑；相較之下，亞洲其他國家則是因為在這方面較為怠惰而被世人看低。但是，西方世界對於日本不得不做出的犧牲卻知之甚少。

與其說西方世界試圖瞭解這部分的真相，倒還不如說他們寧願持有「黃禍」論，出於某種本能性的直覺感到亞洲精神中隱匿著黑暗的惡兆。民族文化中最優美、最細膩的一面往往是和最令人厭惡的另一面緊密相連的——恰如伊莉莎白一世的悲劇。

日本忙於將本國推上現代化的道路，以此為途徑，向西方人嶄露自身的亮面。文化的整合統一就意味著亮面和暗面必須平均地相互擁抱，但在我們的歷史中，從未有哪個時期像今日的日本這樣在極大程度上犧牲了文化的統一性。

53 阿諾德・湯恩比（Arnold Toynbee，一八八九—一九七五），英國著名歷史學家，《歷史研究》是其代表作。

在我生命中的前二十年，民族文化是由非自然而極端嚴苛拘謹的軍國主義者所控制的。這過去的二十年裡，和平主義思想成為武士道精神的桎梏，受到日本人受激勵而生的「西班牙」式精神的壓迫。權力機制的偽善已逐漸滲透到了人們的思想裡，因而人們找不到出路。不管何時何地，只要有人想重整日本文化的統一性，就必定發生瘋狂的事變。這種現象被詮釋為日本民族主義的潛流，就像火山熔岩那樣，間歇性地爆發。

在機場刺殺美國國務卿的日本少年所做出的這種非比尋常的過激行動，或許應該根據以上文脈來做解釋。但其實很少有人注意到日本右翼和左翼是在各種各樣的國際化面具下，開拓民族主義的發展道路。在日本，反越戰運動的主要參與者是左翼團體，但還是具有強烈的民族主義傾向；可以說是一種奇特的代理式民族主義。事實上，在越戰爆發以前，很多日本人根本不知道越南在哪裡。

出於不同的政治目的，民族主義就可以被任意使用，所以，人們經常失去對事實的判斷力，忘記了民族主義的本質其實是文化問題。另一方面，上百名武士只帶著刀劍去偷襲現代化軍營，其實便是認識到了這個根本性的事實。這樣的行動不計後果，失敗也在所難免，但卻是必要的，為了顯示最本質性的精神依然存在。他們的觀念很難讓人理解，但這是第一次暴烈的預言，預兆了日本現代化過程中潛在的固有危機，即現代化必定會毀滅文化的統一性。當年「神風連事件」只能讓日本人含糊領會到的某種意義，如今演變成為我們今天所感受到的日本文化令人擔憂的現狀。

另一方面，三島與楯之會又是如何呢？十一月三日，他邀請了一些外國記者參觀他這支民兵團的公開閱兵式，這是楯之會唯一一次在媒體前公開亮相，當然，我也在受邀之列。閱兵式是在國立劇院頂樓平臺上進行，當天強風大作，相當寒冷。他們在平臺上搭起了一個大型條紋布幕，還為前來閱兵的貴賓們擺放了座椅。達官顯貴們陸續抵達會場，其中有不少是自衛隊的高級官員，還有一位退役陸將，大家都恭敬地朝他行軍禮。接著，楯之會成員們湧上了平臺會場，所有人都穿著慣例的棕黃色制服。森田負責喊口令，三島則在閱兵場的一側監督，緊身制服束出他那矮小瘦削的身形。楯之會成員邁著整齊的軍步在平臺上來回走了數分鐘讓陸將視察。閱兵式的最後一段，所有成員轉向皇居護城河的方位——也就是靜靜流淌在國立劇院下方的小河，並向天皇陛下敬禮。之後，所有人離開了頂樓，走進劇院大廳，招待會已然準備就緒。三島就在貴賓們細嚼慢嚥三明治小點心時，發表了兩次簡短的演講，其一是用日文，其二是用英文，內容完全一樣，而我作了筆記：

我創建楯之會的原因非常簡單。露絲．潘乃德曾寫過一本有名的著作《菊與刀》，描述的正是日本歷史的特色：「菊花」和「刀劍」。大戰結束後，這兩者之間已經完全失衡。自一九四五年之後，「刀劍」就被徹底忽略了；我的理想便是重建這種平衡。我會透過我的文學和行動來振興傳統的武士道。因此，我懇請自衛隊每個月給予我的楯之會成員一次最基礎的訓練。

如今自衛隊是由志願者所組成，但二十五萬人並不足以捍衛這個國家。因此，一些民間聯盟合作便有其必要性。二十世紀的戰爭乃以遊擊戰的形式進行，因此需要我們這麼做；遊擊戰是一種新形式的戰鬥，由非正規的組織行動所擔當……我的理想便是以類似於瑞士民兵組織的體系為基礎。

一九六九年十二月初，三島前往韓國。這次短期旅行的目的是他想觀摩韓國的軍隊系統是如何運作的。他回國後寫信給我表示非常失望，因為在韓國只看到了平穩的情況。他說，他去了東海岸，觀摩了從北朝鮮南下的遊擊隊基地、反遊擊戰的軍事訓練、以及海岸防衛的民兵隊。載他回漢城的那架YS-II飛機，在第二天竟被劫機開向北朝鮮；要是他當初坐的是那班飛機，或許也就不至於感到無聊了。這封信對我產生了一種誤導，含糊了他當時真正的思想狀態。事實上，三島那時已經正在積攢決心做最後一搏，準備策劃一場小型政變，以及他的切腹儀式。尤其在一九六九年十二月三島和友人村上一郎的對談中也能看出端倪，這段對話被收入一九七〇年出版的《尚武之心》。三島的言辭極其曖昧不明，他說：「一個人必須言出必行。對於寫下來的文字，也是一樣的。如果這個人寫過：『我要在十一月份去死。』那麼，他就不得不去死。一旦你輕視言談，就會一路輕視下去。」

一九七〇年四月初，三島在楯之會內部秘密組織了一個更小的團體，以便輔助他實施二十世紀版本的神風連事件。小隊的成員首先當然包括森田必勝，其餘便是小賀正義和小川正洋，兩人也都是東京的在校大學生。由於小賀和古賀的姓氏的日文發音相同，所以在稱呼時會用「小小賀」和「古賀」加以區別。小賀正義出生於和歌山縣有田一個經營橘子農園的家庭，是家裡的獨生子。小賀的父親於一九五三年去世，母親一個人將他拉拔長大。小賀十二歲時，母親將他引入一個持有強烈民族主義信念的宗教組織「生長之家」，讓小賀形成了他的右翼觀念。小賀在一九六九年結識三島，接受了一個月的富士基地集訓後遂正式加入楯之會。同年四月，他就被任命為班長，儘管個子不高卻勤勉努力，全心投入楯之會的活動，得到了三島和森田十足的信賴。另一方面，小川正洋的背景則和小賀完全不同，他的父親是公司職員，家住鄰近東京的千葉縣。小川是森田的密友，並由森田將他引薦給三島，於一九七〇年四月被任命為班長。小川正洋個子高瘦，臉色蒼白，唇上留著一撮小鬍子，同時身兼楯之會旗手之責，雖然在閱兵式上顯得鶴立雞群，體力卻稍顯虛弱。於是，三島由紀夫、森田必勝、小賀正義和小川正洋組成了四人小隊，經常秘密開會，並不時改變指定的會面地點，以免引來哪怕是一絲一毫的懷疑。就這樣，他們開始著手策劃。

主要的策劃人是三島和森田。四月初，三島約見小賀在帝國飯店的咖啡店見面，詢問他是否願意一同走到「終極的盡頭」，但並沒有解釋清楚計畫的內容。小賀正義立即表示同意。一周後，三島向小川正洋提出了相同的問題，地點是在三島位於東京郊外的私宅。小川雖然猶豫了一下，但很快就應允了。到了五月中旬，在三島家又開了一次秘密會議，三島向這三位楯之會學生提議應該與自衛隊協力發動一次起義，並最終佔領國會，要求修正憲法。但是，三島這時候似乎只有一個模糊的目標，並無確鑿的行動計畫。大約過了三個星期，在六月十三日那天，三島又召集了這三位學生，這一次的會面地點是在大倉飯店八一二號房間。他解釋說，他們必須靠自己實施這次計畫，不能依賴自衛隊（估計這時，三島已作多方打探，但從自衛隊方面獲得的消息並不樂觀）。於是三島提出了新的計畫，來了一次一百八十度的大轉折：他們不但不與自衛隊合作，而且還要攻入自衛隊。三島仍然是泛泛而談，並無具體的設想，但是他卻提出了幾種可供參考的方案。一是偷襲自衛隊的軍械庫；另一個則是抓住自衛隊裡的陸將作為人質，並建議目標可以是高階將領益田兼利陸將，他是自衛隊東部方面的總監，其辦公室所在的總部大樓位於東京市中心新宿區，那個地點本身對於戰前日本皇軍來說本就具有歷史意義[54]。三島試圖想出一個好辦法能強迫自衛隊召集一大批年輕士兵擔任聽眾，他的終極目的就是面對這些士兵做出人生中最後一次演講——那時候，他對年輕士兵們還相當有信心——並期待以演講來激勵他們，跟隨他和楯之會學生們發動起義。

我認為，三島這時已然將自己推入一條死胡同，迫使自己相信這種不可思議的腳本真的能夠付諸實行；但與此同時，在他心中具有冷靜和理論的某個部分，應該也仔細分析過這個計畫的可行性。要想領會三島所下的決心，人們就必須忽略這種矛盾性，並假設他的終極目的便是尋死。只要能達到這一目的的手段可以讓整件事充滿戲劇性張力，那麼，手段本身也就沒那麼重要了。三島和三名學生在這次會議中達成共識：不管利用什麼時機也好，他們需要把益田總監作為人質扣押；時間將定在楯之會兩周年的閱兵式前後，也就是當年十一月。

54　陸上自衛隊東部方面隊總部所在的新宿區市谷在二戰結束前是日本陸軍部總部駐地。

他們將以邀請總監檢閱閱兵式為由製造機會，再抓住他。

就在大倉飯店會議之後的第八天，三島又召集三人進行新一輪的討論。這次的會議選在位於東京駿河台的山頂飯店。三島首先通知三位學生說，他已獲得自衛隊的批准，允許楯之會使用新宿區市谷總部的直升機停機坪作為訓練場地。之後，他又說道，劫持的人質也將從益田總監轉向駐紮在市谷基地的步兵團團長宮田一佐，因為比起益田的辦公室，宮田的更靠近停機坪（或許也可以說，宮田一佐是相對來說較容易搞定的目標）。三島還建議他們都帶上日本刀為武裝，並要求小賀事先為這次行動專門購入一輛小汽車，以便帶上他們、以及各自的刀劍進入自衛隊基地。所有人對此都表示同意。

三島期待達到的目標究竟是什麼呢？跟隨他的這三位學生堅信這位領袖是熱情熾烈的愛國志士，但是他並非只是這樣簡單的人物。在這個時間點，三島差不多已經下定決心要執行切腹儀式了。這一點可以從他們在山頂飯店的會議上，三島堅定地表示行動時應攜帶日本刀作為武器。根據我的推測，三島心中很清楚即使他上演了一齣攻擊自衛隊基地的造反事件——哪怕甚至動用到槍炮——他也不能保證自己一定會死。他意識到自衛隊既不會向他開槍、也不會向楯之會學生開火，因為自戰後開始，自衛隊就受到法律的嚴格規制，無論在什麼情況下，都不能向民眾開火。因此，他才萌生了以刀劍為武器的念頭，攻其不備地襲擊新宿市谷基地，這樣一來無論現場發生什麼樣的情況，只要他手中握有日本刀和短刀，就靠自己親手了結生命。

當這一切正在悄悄進行中，我和三島見了一面，但是我卻什麼跡象也沒能看出來。事實上，我的確看到了一個與平時不同的「另一個」三島由紀夫——通常來說，他是非常熱忱好客的。暑假時，我在下田見過他，完全沒有顯示出特別的緊張感。他在游泳池裡舒服地放鬆自己，渾身上下都被曬成了古銅色；到了下午，他還會帶著家人去海邊遊玩。有一天，他接到首相身邊的得力助手保利茂打來的電話，專程來電確認三島和首相佐藤榮作的見面事宜；還有一天，直接管轄自衛隊的防衛廳長官中曾根康弘也打來電話，請求三島為他的支持者們——也就是中曾根在執政的保守黨內部的小派系——做一次演說。我感到很吃驚，沒想到三島在保守黨政客之間還挺有人緣的。但三島一向對這群政客相當刻薄；他曾公開指責中曾根是個騙子。三島說他不打算答應，但在所有這些事情的來往中，似乎都存在著某種戲劇化的元素。

同樣，他在自殺這個問題上侃侃而談，情緒激烈，也可以視為是某種表演。當他躺在泳池旁，曬著日光浴，充滿自信地描述其他作家的自殺事件（比如楚門．柯波帝），再就一些神秘的作家死亡事件做出他的推斷和假想（比如聖修伯里[55]，三島堅持認為是他駕駛飛機飛越大西洋直到燃料用盡）……此時此刻，根本難以想像他是嚴肅地在琢磨自殺。有一天晚上，我陪三島去看了一場黑幫電影，之後他硬是要請我喝咖啡，我們便去了一家小吃店。三島固執己見地說：黑社會裡的流氓地痞現在是唯一擁有武士道精神的日本人。我當時不禁覺得他在說什麼傻話。

戴著這類輕佻無謂的面具，三島在偽裝背後，悄然無聲地繼續他的密謀。從下田回東京後，他和三個楯之會學生保持密切來往，甚至出錢讓他們去北海道度暑假。同時，他要求三人再招募一個成員；他似乎覺得要想完成預想中的行動，四人組合略顯力不從心（這時，他也以能保住秘密為首要條件）。於是，被選上的便是古賀浩靖。古賀的父親是北海道一所小學的校長，亦是「生長之家」組織的講師，因而在父親的言論引導下，古賀逐漸成為堅定的右翼學生。當時，古賀浩靖二十三歲，比小賀與小川都大一歲，且剛剛開始學習法律，打算以後當律師。九月九日那天，三島約見了古賀，地點選在銀座的一家餐館，並信心十足地把整個計畫都告訴了他。三島表明要找到自衛隊的人協助這次的起義活動是不可能的，而他自己無論事情發展到如何的地步，都將切腹自殺。時間已經選定在十一月二十五日。

到了九月十五日，五人在東京兩國的某間餐廳聚餐，在這之前他們一起去看了忍者表演——這是由一身黑衣的忍者表演的古老武術，能在轉瞬間讓身影消失得無影無蹤。這之後的第十天，他們在新宿的一家桑拿會館碰頭，三島表示他們必須為十一月的楯之會例會制定嚴謹的規則，凡是在自衛隊中有親屬關係的楯之會成員都將被排除在外，不得參加十一月例會，並且將由三島本人親自發出邀請。一周之後，他們又在銀座的一家中餐廳碰頭，三島仔細闡述了這次行動的細節：例會將在上午十一點開始，到十二點半時，三島和小賀將以「參加某人的葬禮」為由離開會場。他們開車去取各自的日本刀，順路還要前往帝國飯店接上兩名新聞記者（都是三島的朋友），但行動計畫對這兩位記者朋友將是完全保密的。然後，三島和小賀開車回新宿市谷的自衛隊基地，將汽車停在三十二步兵團總部門前，記者們就坐在車裡等候。接著，便將宮田一佐捕為人質。到此刻為止，楯之會的其他成員（也就是三島親自邀請而來的學生，形成一個精簡後的楯之會）應該已經完成在直升機停機坪的儀仗操練。十月九日，三島一行人又開了一次會，但古賀浩靖缺席——他要去北海道和家人告別。這之後第十天，他們穿上全套楯之會制服，在東條會館拍攝了集體合影。儘管在這個攝影社裡，婚紗照才是最主要的客戶群（三島還和四人開玩笑說，東條會館的攝影師們就是有本事把每個人都拍得漂漂亮亮的）。

十一月，三島的全盤計畫終於推演到了最後關頭，他們在東京市中心六本木區一家名叫「霧」的桑拿會館裡見面。這家會館以人工岩洞著稱，他們在此洗了澡，之後前往頂樓的休息

55 聖修伯里（Saint-Exupery，一九〇〇—一九四四），法國飛行員，著名作家，二戰中加入法國空軍，一九四四年在執行任務時失蹤。著有《小王子》、《夜航》、《人的大地》等作品。

處，由三島將眾人聚攏在一張原本是為經常來這裡打麻將的客人準備的桌子旁，這裡的位置就藏在煙灰色的玻璃屏風後面。三島宣佈：「我非常欣賞你們勇於赴死的堅定信念，我們會團結在一起。但是我必須請求小賀、古賀和小川，請你們確保宮田一佐不會在我切腹後也以同樣的方式自殺，並在最後把他安全無恙地交給自衛隊的人。」三島還補充道：「森田必須擔當介錯，要盡快砍下我的頭。別讓我痛苦太久。」就這樣，三島更改了原計劃，避免讓三位年輕學生共赴黃泉；三個人激烈反對這個新計畫，三島和森田好不容易才平息了他們的激動情緒。三島說：「活下去，要比死亡艱難得多。我請求你們所做的，正是這一切事件中最難做到的那部分。」三個學生這才終於答應了。三天後，五人小隊去了富士山腳下的御殿場，專程向在基地受訓的年輕學生們告別。當他們在鎮上的旅館裡聚會時，學生們完全沒有意識到這是一次天人永隔的告別。在座一共有四十位學生和幾位自衛隊軍官，三島為其一一斟上熱好的清酒，並和每個人乾杯，在他這一生中，從來不曾如此放縱沉醉地喝過酒。回東京的路上，森田等四人專程繞到市谷自衛隊基地，選定了十一月二十五日那天的停車位，之後向三島彙報了情況。十一月十二日，他們在鄰近新宿的一家咖啡店碰頭，這裡是附近大學生們經常光顧的小店。這天，森田請求小川擔任自己切腹後的介錯，小川也答應了。十一月十四日，他們又在「霧」會館碰頭，三島通知他們說，自己會準備照片以及檄文的影本——那將是他此生最後一次公開宣言——在二十五日早上直接交與兩位記者友人：NHK的記者伊達以及《Sunday每日》的記者德岡。第二天，他們換了一家桑拿會館碰頭，商討了具體的時間表。制服宮田一佐、並召集自衛隊員至少需要二十分鐘，三島的演講需要三十分鐘；其餘四名楯之會學生會再各自發表五分鐘的簡短演說，最後將以高呼三聲「天皇萬歲！」作結。

然而到了最後關頭，計畫還是發生了重大變化。十一月二十一日，森田拜訪了市谷基地，本想去確認宮田一佐在二十五日那天一定會在辦公室，卻發現一佐臨時決定當天要外出。三島等人立刻聚集在銀座的中餐廳開會，三島決定改為扣押自衛隊東部方面總監益田陸將為人質；無論如何，也只能如此了。三島親自打電話到益田的市谷總部辦公室，約定了十一月二十五日上午十一點將專程拜訪。二十一日和二十二日為週末，三島忙著在家陪伴家人，便讓四個學生外出購買各類所需用品：捆綁總監用的粗繩、佈置路障用的鐵絲和鉗子、用來寫標語並掛在陽臺上的長白棉布條、以及一瓶白蘭地和水壺。所有購買費用都是由三島支出。二十二日夜裡，森田請求古賀如果他擔任介錯時失手，務必請他出手解決，因為森田始終擔心自己無法砍下三島的頭顱，而古賀浩靖則是公認的劍道高手。對此古賀表示答應。

十一月二十三日、二十四日，這五人在皇居酒店五一九號房開會。根據已定的計畫腳本，他們一共演練了八次：先是由三島將四人介紹給益田總監，藉口說要表揚他們；接著向將軍展示「關孫六」；當三島把日本刀拿給總監看之前要先擦刀，他會說出「小賀，手帕。」這句話，這時小賀就該走到益田背後將他制服。古賀和小川也會上前幫助小賀。三島和森田會利用這個時機在各個門口佈置好障礙物。這樣一來就能阻擋打算闖進房間的自衛隊軍官；然後他們會把要求唸給門外的軍官聽。只要總部大樓前召集好一定數量的隊員，三島就會到陽臺上發表演說，其餘四人也會簡短地介紹自己。之後，三島和森田就會切腹，並完成介錯的最後步驟。

他們把繩子切成合適的長度，把要求寫在了白棉布上，還寫了告別短歌，就好像二戰時士兵出征前寫的遺言。三島彩排演講時，特意把房間裡的電視機開得很大聲，讓外面即使有人路過也就不會聽到什麼。最後，他們把所需的一切物品打包好，其中還有一捲捲的棉絮。森田問三島：這是做什麼用的呢？後者微笑地說，他們可以用這些塞在肛門，以免切腹時醜態畢露。一切準備好了之後，三島打電話給兩位記者友人，告訴他們準備好明天要用的照相機以及表明身份的臂章，並且他們必須在十一點前做好一切準備。三島告訴他們，自己會在第二天早上十點再打電話跟他們確認，到時候再傳達具體指示。

二十四日夜裡，五人舉行了臨終告別聚會，地點在新橋的一家日本料亭。這家店雖位在市中心，地段卻不太顯眼。附近的酒吧和餐館面朝窄街，都只有兩層樓高；雖然很多流氓和酒家女都住在這附近，但這裡卻有一座著名神社「烏森神社」。這家料亭很小，大包廂只有一間，楯之會成員便在此享用了最後的晚餐。房間裡有榻榻米、牆上還有鳩山一郎所作的大幅書法，寫著「敬天愛人」，這是十九世紀時西鄉隆盛的名言。

吃過晚餐，一行人開車前往三島私宅。他先下了車，剩下的人又開車送森田回到新宿區的住處。之後，剩下的三個學生一起驅車前往小賀正義的住所，一同過夜。

回家後，三島去隔壁探視父母。倭文重出門去了，三島發現自己孤零零地和父親面對面。平岡梓嘟囔著，埋怨兒子抽菸抽太兇，和平牌香菸幾乎從不離手。就在這時，倭文重回家來了。母子倆聊了一會兒天，倭文重便送兒子出門。她回憶說：「我看著他走出去，不禁想著他看上去怎麼那麼累啊，一直低著頭，肩膀也垂得很低。」回到了隔壁的自宅，三島整理稿件和書信直到深夜。他在《天人五衰》的最終稿件上簽上名字和日期：一九七〇年十一月二十五日，並寫了兩封信給國外的好友——伊凡．莫瑞斯和唐納德．基恩，之後，封上了信封。在他的書桌上，還留下了一張字條，寫著：「人的生命是有限的，但我想永遠地活下去。」

## 《天人五衰》

寫完了這部超長篇小說（《豐饒之海》），讓我感覺像是走到了世界的終點。

——摘自三島由紀夫寫給本書作者的私信，一九七〇年十月

三島為何選擇十一月二十五日作為自殺的日子？這一疑問引來了各種各樣的猜測。有人認為這一天是十九世紀明治時期的大文人吉田松陰的忌日，所以三島才選定了這個紀念日。我在一九七〇年去下田和三島度暑假時，曾經談到過吉田松陰的雕像，就在距離我住的小旅館不遠的神社裡；這座神社的名字恰好是「三島神社」（因為「三島」小鎮距離富士山很近，三十年前，三島的筆名正是源自此地。）但是，在我們的交談中，三島似乎對吉田松陰不太感興趣，所以我對這個觀點持保留意見。

我的猜想是：三島選擇十一月二十五日，是因為那天他必須交出超長篇小說《豐饒之海》的最後一卷、也就是第四本書的結尾。這一天，就是連載交稿的期限，而三島又是一個極其嚴格對待截稿日期的作家。他估算到十一月底的某天，他將會把《天人五衰》的完結篇快遞給《新潮》雜誌編輯部。該雜誌連載這部小說已有多時，幾乎每個月都是以二十五日為截稿期

限。事實上，三島早在一九七〇年八月就寫完了這部小說，因為唐納德．基恩也曾去下田探望過三島，當時他便已經看到了完結篇的手稿。因此，不妨說是三島提前了寫作，以便有充分的時間安排自殺，並能將截稿期和死期合而為一；也就是說，在生命終結的這一天，他的文學之路也將正式終結。這是三島典型的行事作風，想把最後的細節也控制得一絲不苟。這個男人在最後的下田暑假裡始終保持著微笑的神情，卻同時秘密策劃專屬於他自己的染血末日，並依次將文學事業的日程表忠實地貫徹到底。

這該是怎樣一部小說呢？一邊謀劃著自殺，一邊寫成的小說？不妨就將其視為檢審三島所作之事的辯白之辭——作為留給子孫後代的最後訊息，但這也只是這部相當複雜的小說所展露的一個側面而已。《天人五衰》當然能折射出三島人生末年的絕望思境，用他自己的話來說便是「以大災禍為終結」，這是十一月十八日三島接受文學評論家古林尚的採訪時提出來的概念，以供評論家斟酌使用，同時也是三島人生中最後一次接受正式訪問。評論家提到了貫穿《豐饒之海》的轉世輪迴之論，對此，三島答道：「（我採用這一主題的）首要原因在於技術上的便利。我想過，編年體的時間順敘方式已經過時了。因而採用轉世輪迴的想法，就能更方便地在時間和空間中跳躍；我發現這確實便於敘事。但是，一旦冠上了轉世輪迴之說，這部小說就會變成傳說故事。因此，我才在《曉寺》中著力分析了轉世輪迴的哲學思想。這是為第四卷小說埋下了伏筆。所以，在寫最後一卷時，我只需通過情節推進便能直接導向大災禍。」這最後一部書稿，三島寫得非常快——自從他下定決心在一九七〇年自殺之後就更是加快了速度，不僅圓滿了這場輪迴故事，也為他的人生觀劃下了完美的句點。那麼，何謂「大災禍」呢？整本《天人五衰》便是這個問題的答案。

這部小說的背景是七〇年代早期的日本，情節發展從一九七〇年初夏開始，於一九七五年夏末結束。本多繁邦再次成為主角，與之相關聯的另一個重要主角便是俊美絕倫的男孩——透。與前三卷小說相比，這一部的情節線索較為簡單。此時，本多是個上了年紀的著名律師，收養了少年透為自己的養子，兩人便一起居住在東京。透聰慧過人，很快就考取了東京大學。隨著時間流逝，本多越來越蒼老，透則越來越好鬥；本多不安地等待著透二十歲的那天，因為他左側腹的三顆黑痣無疑顯示了他是松枝清顯的第三次輪迴之身，同時也就意味著透也將在二十歲時死去。但是透卻期盼能早日繼承本多的富足遺產。透變得很邪惡，終於有一天冒犯了本多，手持火杵打傷了這位老人。本多對此無計可施，他甚至擔心一旦有所抱怨，透就會把他送到老人院裡關起來。在《天人五衰》的最後，本多和透都面臨了不幸的結局；透遭到本多的老朋友慶子的羞辱和折磨，遂決定服毒自殺，但結果只是導致雙目失明，這件頗有寓意的事故恰好發生在他二十一歲生日之前。

活到了二十一歲，透會不會是個冒牌貨？這還是不是真正的轉世輪迴呢？天仙般的少年似乎用自身的行為將本多置之一旁於不顧。「或許星辰的運行已偏離自己，產生某種微乎其微的誤差，從而將月光公主轉世者的行蹤同本多引向茫茫宇宙的兩極。三代化身在耗盡本多畢生心血而又無意伴隨其走完生命旅程之後（這也是偶然中的必然），現在忽然曳著光芒飛向本多知所未知的天空一隅。或許本多將在什麼地方再次見到其第幾百個、第幾萬個、第幾億個化身。無須著急……」[56]透在養父家中也過著悲涼的生活，而本多自己也因為在公園裡偷窺他人戀愛而遭到輿論譴責，報紙紛紛打出這樣的標題：「原法官偷看蒙冤」。隨著年歲增長，本多的胰臟也出現病恙，「全身的衰老與波濤一般時高時低的病痛來襲，反而刺激著本多的思考，使他越來越難以集中於一點，老化的腦髓重新產生針對同一主題的集中力。不僅如此，還將不快與痛感積極轉化成思考；甚至為過去僅僅依賴理智的思維，注入了豐贍活躍的生命因子。這是本多進入八十一歲高齡後才悟得的妙境。本多體會到，較之理智理性、較之分析力，肉體的異樣脫落感、內臟的悶痛、食慾不振，更能使自己痛快淋漓地縱覽世界。」本多進而得出這樣的結論：「生乃存在於內側的死。這種生與以往的生——或希冀恢復一度老化的

56 本段落引文均摘自《天人五衰》，林少華譯，收錄於《豐饒之海》（上下），北京燕山出版社，二〇〇一年十二月第二版。

健康，或自信痛苦是暫時的而盲目樂觀，或認為幸福是虛幻的而貪得無厭，或忖度幸福過後必有不幸，或將周而復始的起伏消長作為自己預測的根據而在平面旅行——不同，它從終端一側來看世界。而只要看上一眼，一切都確定下來，一切便在一根細繩牽引下向終端齊步邁進。」

這天，本多與癌症科醫生約好了診療時間，檢查的前一天，本多看了平時很少看的電視，節目裡正在轉播某處游泳池的光景，年輕人正在興奮嬉鬧。「本多即將在從未曾體會到健美肉體持有者的心境情況下，關閉生涯的大門，如果能進入那肉體之中生活該何等快意啊！哪怕僅僅生活一個月也好。他恨不能馬上那樣。自身擁有健美肉體將是怎樣一種心情呢？俯視匍匐在自身肉體面前的人們，將是怎樣一種感受呢？尤其對自己健美肉體的跪拜不採取和平的形式，而達到狂熱崇拜的地步，以致只能使本多感到痛苦的時候，便能夠在陶醉、在苦悶當中獲得聖靈之性嗎？本多最大的損失，正是失去了通過肉體而獲得聖靈之性這道黑暗狹窄的關隘。當然，這也是極少人才獲准具有的特權。」

檢查了一周之後，本多得到了診療報告，醫生說，「好在像是良性胰腫瘤，摘除就萬事大吉了。」本多一點兒都不相信，他認為腫瘤肯定是惡性的了。於是，本多請求推遲一周住院。

他先去探望了透。在小說的開頭，作家就已經通過本多之口解釋了何謂「天人五衰」：那是徵兆天人將死的五種衰相。根據《佛本行集經．第五》：「天壽已滿，自呈五衰之相。何為五衰，一為頭上花萎，二為腋下汗出，三為衣裳垢膩，四為身失威光，五為不樂本座。」而現在，本多在透身上幾乎發現了所有五衰的跡象，「花毫無芳香」；「透身上衣服藏納的污垢、油漬以及年輕男子發出的夏日髒水溝般的氣味伴隨淋漓的汗水味兒充斥著四周」；「連唯一可以表現的微笑也不見了」；「任憑絹江隨意處理脖子以上的部位」……我們彷彿已能看到，天人臨終的景象。同樣，也由此看到了本多繁邦的人生結局，但似乎，他的最後旅程會漫長一些。

（「他沒有這種意識想要繼續生活下去。因為他不是天人。」）

得知自己身患絕症之後，本多決計前往月修寺，了卻這一生中唯一未償的夙願。剩下的時間已經不多了，他必須要抓緊時間去見綾倉聰子，也就是《春雪》一卷中的女主角、松枝清顯的戀人，六十年前，聰子因在大婚前懷孕，不得不隱匿在月修寺，遂剃髮修度。現在，聰子也已經八十三歲了。一九七五年七月，本多寫信約見她之後，專程從東京出發，直奔奈良，一路上毫無顧忌地打量風景和路人，在京都的旅館裡留宿，次日便上山，前往月修寺。那是一個明媚的夏日，雖然司機執意要開車送他上山，但本多斷然拒絕，他無論如何都想親自體驗一下六十年前清顯這一路的辛勞。山中蟋蟀蟬鳴不絕於耳。本多拄著拐杖，沿著石板坡路走上山，偶爾因疲勞和病痛停下腳步；最終，他慢慢地走到了寺門口，大汗淋漓。

這時，六十年前的回憶完全復甦，宛然在目，本多只覺得，六十年不過是彈指一揮間，好像此時此景正如年輕的自己站在同一拉門前，而清顯則在山下小旅館裡高燒昏迷。月修寺裡的僧人出來迎接本多，引入正殿。本多和僧人說著泛泛的閒話，本多感到非常慰藉，當他意識到，一年多前出現在東京報紙上的有關他的醜聞並沒有影響到這次約見，更是無限寬慰。「若非負此恥辱、負此罪孽和死到臨頭，本多也不至於產生來這裡的勇氣。現在想來，去年九月那樁醜聞，倒是月修寺之行第一個陰暗的推動力。再說確切一點，阿透的自殺未遂也好、失明也好、本多自身的發病也好、絹江的懷孕也好，全都聚為一點凝為一團，敦促本多下定決心，使他沿著烈日下的山路奮勇衝到這裡。」

在獲得住持許可之後，本多進到北面的客廳裡。不久，老尼住持拉著弟子的手出現了。「這位身穿白衣紫袈裟、腦袋青光閃閃的老尼，便是應當八十三歲的聰子。」本多激動得幾乎不敢正面仰視她；只有淚水湧了出來。住持坐下後，本多一眼即看出是聰子，端莊秀麗的鼻子、漂亮的大眼睛都和以前一樣，「一般人從青春年少到風燭殘年遍嘗的俗世辛酸她都一一得以倖免」；「在聰子身上，老並非趨向衰竭，而是直指淨化……美麗的眼眸更加澄澈，彷彿體內有歷久彌光的瑰寶，使得年老結晶為渾然天就的玉石。」

聰子說，已經讀過了本多寫來的信。她說：「見您如此熱心，我想可能是佛緣，就決定見您一面。」

本多便直截了當地提到：六十年前，前任住持沒有允許他見聰子，所以當時頗有怨恨，因為「松枝清顯是我最要好的朋友。」

聰子卻反問：「這位松枝清顯，是什麼人？」

本多目瞪口呆。他想，耳朵誠然有點失聰，但她還不至於聽錯了他的話。

不料，本多再問了一次，聰子的回答依然如故：「這位松枝清顯，是什麼人呢？」

本多頓時心中產生很多顧慮，不得不在注意不致失禮的同時，把自己和清顯的關係、清顯和聰子的戀愛、以及悲劇性的結局講述了一遍。說完之後，對方卻以不帶任何感慨的平淡語調說道：「倒是蠻有意思，只是我不認識那位松枝。至於他的那位對象，您恐怕記錯人了吧？」

「可您原名不是叫綾倉聰子嗎？」本多著急地咳嗽起來，一邊急切地追問。

「是的，那是我的俗名。」

「既然如此，不會不認識松枝清顯吧？」本多有點怒不可遏。他心想，所謂不認識，只能是裝糊塗，不可能是什麼忘卻。本多想到，也許聰子出於某種緣由而一口咬定說不認識清顯，但問題是，德高望重的老尼住持居然說出這樣的彌天大謊，他甚而幾乎要懷疑其信仰的虔誠。「因為到這一境地都尚未擺脫塵世的偽善」。

面對本多超乎常規的追究，聰子絲毫沒有驚慌，紫色袈裟也彷彿在溽暑中透出絲絲涼意，聲音、眼神都全然不為其所動，談吐依然流暢動聽，她說：「不，本多先生，在俗時受到的恩惠我一件也沒有忘記。只是，的確沒有聽說過這位松枝清顯。恐怕根本就沒有這個人吧？您倒像是覺得有，而實際上則莫須有——事情會不會是這樣的呢？聽了您的這些話，我總有這麼一種感覺。」

本多無法接受：「可你我是怎麼相識的？再說，綾倉家和松枝家的家譜也應該還有吧？戶籍總還查得到吧？」

聰子回答：「俗世上的來龍去脈，固然能以此理清。不過，本多先生，您真的在這世上見到過清顯這個人嗎？而且，我和您過去的的確確在這世上見過面嗎？您現在可以斷言嗎？」

「的確記得六十年前來過這裡。」本多答。

「記憶這玩意兒嘛，原本就和變形眼鏡差不多，既可以看取遠處不可能看到的東西，又可以把它拉得近在眼前。」

「可是，假如清顯壓根兒就不存在，」本身如墜雲霧，就連今天這裡面見聰子也半像是做夢，他像是要喚醒自己——如同哈在漆盆邊上的氣暈一般急速消失的自己那樣情不自禁地叫道：「那麼，動不存在，月光公主也不存在……說不定，就連這個我……」

她的眼睛第一次略微用力地盯住本多，說：

「那也是因心而異罷了。」

雙方靜默地對坐了片刻，聰子喚來子弟，想帶本多觀賞寺院的花園。

這是一座別無奇巧的庭院，顯得優雅、明快而開闊，唯有數念珠般的顫聲在這裡迴響。此後再不聞任何聲音，一派寂寥。園裡一無所有。本多想，自己是來到既無記憶又別無他物的地方。

「庭院沐浴著夏日無盡的陽光，悄無聲息……」這便是本多的結局，也是《豐饒之海》的最後段落。

這很可能就是三島所說的「大災禍」。轉世輪迴之說被質疑，同樣陷入迷惑的還有本多的一生。「誰知道呢，可能根本沒有我。」四卷長篇小說都基於轉世輪迴之說而構成，清顯之死帶來了動、月光公主和透的生命。但是，在這總共一千四百頁的巨作的末尾，三島似乎徹底推翻了這種講法，從本質上否認了三個美少年是清顯的三代輪迴；就這樣，貫穿《豐饒之海》

四卷小說的終極主題遭到了經典而諷刺的質疑。這就是我對於結尾、以及三島所言「大災禍」的含義的詮釋。

事實上，這是一個恰如其分的結尾。三島自己也不曾信仰轉世輪迴之說，他為《豐饒之海》選定的主題本來就缺乏一種信念；所以也就不難理解：他會有所存疑、乃至在巨作的終結時放棄這一想法。透過前幾卷小說中對輪迴學說的強調，他將寫作推至高潮，並質疑整個故事的結構。他將主角留在漫長人生的終點，懷疑這一生是否有意義？當然，縱觀這部小說，沒什麼是能簡單定論的。看起來，本多已然到達佛家所說的涅槃境界，也就是滅絕——在一個冰冷的、毫不舒適的、且不存在記憶的地方，一個酷似月球表面的死寂之地。「豐饒之海」也就成了一個諷刺的名字，而這樣的結尾顯然是圓滿了這種反諷。毫無疑問的就只有對此的詮釋將被後人長久地爭論下去。三島由紀夫將自己文學的終結——以及他整個人生的最後一次宣言——納入了這樣一種態勢，這多像是他的風格啊。透過小說的最後幾頁，你幾乎都能聽到他那獨特的笑聲：哈——哈——哈！

三島的自殺和密謀事件之後，我得以見證了發生在東京的諸多後續事件。三島切腹後十五分鐘，市谷自衛隊總部召開了記者招待會，我是唯一一個在場的外籍記者。第二天，我前去拜訪三島的家人，並給遺孀留下了一張字條，出乎意料的是，我竟然受到了邀請，准許進入三島的私宅。我本來已經做好了心理準備會被拒絕，畢竟他的家人可能不希望接待訪客。走進三島家，滿目都是白色的菊花、穿著黑色和服的優雅婦人，來訪的都是親戚和密友。我又成了現場唯一一個外國人，我只待了片刻，和三島生前的一個朋友聊了幾句。這是一場私人性質的葬禮，哀悼大約進行了半小時，之後便是火化。

十二月時，我再次以記者的身份參加了一次追悼會，那是在池袋豐島禮堂舉行的公開悼念，距離三島生前最後一次舉辦影像展的東武百貨不太遠。翌年一月時，我又參加了在東京築地本願寺舉辦的公開祭奠儀式。參加這場追悼會的民眾大約有一萬多人，是日本歷史上參加人數最多、規模最大的作家葬禮。一般來說，不允許普通民眾入內瞻仰，但那天的祭奠儀式之前，有一場可供三百人進場的小型追悼儀式。祭壇佈置得很漂亮——由白色的菊花拼出的巨大花球中，點綴著許多細細高高的蠟燭。最前排坐著三島的家人以及川端康成，後者亦是重要的致悼辭者；在他們身後，坐著整整八十名楯之會成員，全部穿著制服。川端康成身穿一襲黑色西裝，看來極其蒼老而虛弱，起身致辭，篇幅雖短，卻極其拘謹克制，言辭之間主要是向在座的人士呼籲，要盡其可能幫助遺孀和兩個幼兒。

看來，這場公開祭奠性的葬禮只邀請了我一個外國人，也許也邀請了別人，但他們最終沒有出席。同樣，在後來的法院庭審中，我也是唯一的外國人。一九七一年三月，東京地區法院對市谷自衛隊基地襲擊事件中三名倖存的楯之會成員進行了公開庭審。當局只允許聽眾席上有一名外國記者，並且要有日語更好的人陪同，還要負責為所有外國媒體提供現場筆記的通稿；多虧了《紐約時報》的記者岡孝幫我擔當了這個重任。為了能坐進法庭的聽眾席，我和大約五百位日本人一樣，清晨七點開始便在法庭外排隊等候。大家只能憑運氣，由法院的人決定誰能進去，成功的概率大約是十分之一。慶幸的是最終我拿到了劃有叉叉的小紙片——意味著我可以列席庭審。

庭審大約持續到一九七二年四月，最終判決這三名楯之會學生四年監禁，但審判前半段才是最值得關注的。尤其是第一天的庭審，古賀、小賀和小川是事發後第一次在公眾場合露面，他們都穿著西裝、襯衫或馬球衫，外貌整潔，神情機警。最令我吃驚的是——他們看起來是那麼「小」——體形矮小，甚而有些孱弱，也相當稚氣。古賀和小賀都有男孩氣的臉蛋，個子很矮；身為旗手的小川不但個子高出一截，唇上的小鬍子也讓他看上去更成熟一些；但是，和我印象中的三島的形象相比，這三個學生未免太年輕了，幾乎只能說是孩子。庭審時，法官要求三人分別發言。古賀浩靖的神色頗有點善感，事實證明，他是三人中口才最好的一個，能長篇大論地表述他們心中的沙文主義、帝國主義等思想體系以及對三島由紀夫的無限忠誠，這便是他發言的主旨。自從三島去世後，還產生了某種微妙的變化：古賀浩靖沙文主義式的發言，和三島站在作家和男人的立場上所宣揚的一切思想，頗有不同。我意識到，三島曾在小說中、言談中偶爾表露出的對外國人的調侃已被以他為中心的右翼組織極度地誇大了。我一邊聆聽法庭上的證詞，一邊在內心感嘆——作為三島由紀夫人生故事終結的庭審，以及作為他文學事業終結的《豐饒之海》，兩者竟都如此諷刺。

第五部——

# 後記

1995—1999

一個人終其一生不懈辛勞，就是為了打造死亡之屋。

——米歇爾·德·蒙田，《隨筆集》

三島由紀夫去世已有二十五年了，但他依然是——可能永遠都是——擁有最多譯本的日本作家，這歸功於他精力充沛的多面創作。他是日本史上唯一一位在文學四大領域享有盛名的作家，無論是長篇小說、短篇小說，或是散文和戲劇都有傑作流傳。此外，他在戲劇方面的創作兼及古今東西，在世界各地上演。那麼，這對他而言是否輕而易舉呢？三島名作的翻譯至今仍持續進行，應該便足以反駁這樣的評斷。三島由紀夫，時常被人冠以諸如「另類怪人」的標籤，彷彿他只不過是愛出風頭。但當人們反覆閱讀他的書，就會重新發現他擁有出其不意打動讀者的能力，並品味出他銳利先鋒的思維。三島的前輩，即一九六八年諾貝爾文學獎得主川端康成，曾給予他極高的讚譽，在一九七〇年回應《紐約時報》的記者時，川端說道：「三島由紀夫擁有非同尋常的天賦，並不是在日本範圍內這麼說，而是在全世界範圍內都難找到這樣的天才。像他這樣的天才恐怕三百年都難遇一個。」這般評價不禁讓我想到，三島作為作家始終奮鬥不已，撰寫遺作《豐饒之海》時他也遇到了巨大的瓶頸，不可避免地遭受嚴苛的對待，正如瑪格麗特．尤瑟娜[1]所批註的，他的天賦似乎唯有欣賞他的人才能看到。

但若用到「天才」這個詞形容三島由紀夫呢？時至今日，少數日本評論家會表示同意，而

1 瑪格麗特．尤瑟娜（Marguerite Yourcenar，一九〇三—一九八七），法國詩人、小說家、戲劇家和翻譯家。

另一部分人則會強烈反對，尤其是那些痛恨三島政論觀點的人，可以強烈感受到這些爭論是非文學性的。至於東京文學界的共識是：谷崎潤一郎[2]和其他作家是真正的文學大家，三島由紀夫只能退居二流藝術家的席位。而在西方評論界，戈爾．維達爾[3]早在二十五年前便持有相同觀點，近來，石黑一雄[4]也這樣認為。但是，三島傳達給我的是一種與處於危難的世界相符的迫切感，這是其它日本作家所無法企及的，除了芥川龍之介，即在七十年前寫下《羅生門》的作者，芥川最終也是自殺身亡。這倒不是說日本文壇會大爭特爭名聲地位。書店經營者會告訴你，二十年前最暢銷的是三島由紀夫和川端康成的小說，如今則是漫畫和電玩大行其道。對於這樣的社會文化現象，三島在其人生晚期已有洞見，顯然，他當時已經預測到了會有這樣一天：「日本會消失。日本會變得無生命力、空洞無物、毫無立場可言；日本還會變得富裕而精明，成為遠東地區的經濟大國。」

他預言了現代日本必將全民空虛，同時也屢次體現這份「虛無」，即「醜陋」的代名詞，對他來說則是更為戲劇性的「嗜血」——在一九七〇年十一月二十五日迎向自己的末日。至今，這件事情仍讓人費解。二十五年過去了，我真希望能報導這樣的新聞：在東京，有人無意間發現了一些被隱匿的信件，一本日記或一本備忘錄，只求能開啟秘門、能通往三島由紀夫的精神世界。但不幸的是，沒有任何新發現。二十五年後，三島給人留下的全部印象仍是和森田必勝一起切腹自殺的那個下午所拋給人們的疑慮，用朝日新聞社的著名記者深代惇郎的話來說——三島自殺的動機或許該概括為「由同性愛、陽明學和天皇崇拜拼接出的一幅燦爛華麗的馬賽克」。的確是獨到的見解！在一九七四年我撰寫第一版三島由紀夫傳記時，就曾引用了這句話，那是我和深代私下談話時說到的，但沒來得及向他致謝，沒過多久他就因白血病去世了，那真是日本新聞界的一大損失。

整整二十五年過去了，我的思緒仍在掙扎，即便有了深代所留下的至理名言的幫助，也還是無法釐清三島的所作所為。三島完全靠著一己之力，和他的小隊策劃了整起事件，在他去世後，法院的檢察官也是如此判定的。但是，三島到底是怎麼策劃出這套腳本的呢？大多數日本人會追溯到一九三〇年代，為三島的行動找到一個原型。三島也好、森田也好、另外三名楯之會的學生也好，毅然地擔負起「雙重愛國」的重任。「雙重愛國」這個術語由牛津大學的學者理查德·史托瑞[5]發明，他在日本居住多年，專門研究日本的軍國主義。我們還可以採

2 (作者注)谷崎潤一郎於一九六五年去世，著作包括《細雪》、《瘋癲老人日記》等。

3 戈爾·維達爾(Gore Vidal，一九二五—二〇一二)，美國劇作家、藝術評論家、散文作家和小說家。他於一九四八年發表的《城市與樑柱》是美國第一部反映同性戀主題的小說。

4 石黑一雄(一九五四—)，日裔英籍作家，二〇一七年諾貝爾文學獎得主。出生於日本長崎，五歲移居英國。小說作品有《群山淡景》、《長日將盡》、《我輩孤雛》等。

用休・拜厄斯[6]著書的書名來概括三〇年代的日本——「暗殺政府」的時代，休・拜厄斯是一位敬業的英國記者，那個年代正住在東京。那該是個怎樣的時代啊！雙重愛國志士湧現，幾乎無處不在。這些極端的民族主義狂熱份子接二連三地刺殺政府要員、高官富賈，一心想把日本推上和西方對抗的戰爭之路，並且，他們通常以天皇的名義行動。三島就是在這樣的歷史氛圍中度過青春期的，那時候，他還在學習院上學。

但是，也許有人會好奇：有多少經歷三〇年代薰陶的日本人最終成為「雙重愛國者」，站上一九四五年之後的日本歷史舞臺呢？還記得那個十七歲的少年山口二矢嗎？一九六〇年，他在講臺上用刀刺死了左派領袖淺沼稻次郎（這起刺殺事件的現場攝影被列為戰後日本最有影響力的新聞攝影作品之一，與其並列的還有三島由紀夫在市谷自衛隊總監部大樓的陽臺上講演時拍下的照片）。然而無論是這個誤入歧途、在獄中自盡的十七歲少年，或是其他雙重愛國主義者，都無法和三島由紀夫及其同伴們相提並論，十七歲的山口二矢根本沒機會經歷三〇年代的動盪社會。「三島事件」以兩人切腹自殺告終，但沒有傷害他人的企圖。當然，也有人指出古賀浩靖揮刀砍下了三島和森田的腦袋，應被視為謀殺，但是如此說來，三島也將是個謀殺犯，並且是蓄意謀殺，因為是他策劃了森田必勝跟隨他一起赴死。

一些較為公正的評判會從這樣的角度看清三島由紀夫的性格特點。我有一位過去在東京共事的美國記者朋友，他曾對我說：從他的想法去分析，三島確實是犯下了謀殺罪。按常理，會是這樣反駁的：森田必勝自願自殺，事實上，森田還試圖親手砍下三島的頭顱，這是大家都看到的事實。最後，我也不能確定該如何看待這種謀殺論了。不能否認的是，三島是在心中、頭腦中犯下了無數次地殺戮罪，這可以從《假面的告白》中提到的「殺人劇場」等情節中得證。只要看過那本書的人都會記得，三島曾多次在夢中將白種男孩推到刀下。只要和他有私交，便更會被迫地強烈意識到這個男人心中的這種「另一面」。這讓我想起，一九六九年我曾在三島的家裡度過了一個恐怖的夜晚。當時，三島拿出他心愛的、引以為傲的武士刀收藏品，其中，當然也包括了日後他用來介錯的那把「關孫六」（他的刀劍收藏品都仔細地用布包好，看起來像是個小型軍械庫）。在場的除了我，還有彼得・泰勒（Peter Taylor），一位來自倫敦泰晤士電視臺的朋友。我記得三島要求我跪在地毯上，就在他家樓上小小的起居室裡，他讓我示範，以便讓泰勒看懂何謂「介錯」——即砍頭的儀式，擔任介錯者負責砍下切腹者的腦袋。我記得當時的自己頓覺後頸發涼，汗毛倒立，登時站了起來，不禁喊出一聲——**不！**我看到三島站在

5 理查德・史托瑞（Richard Storry，一九一三—一九八二），英國著名日本近代史專家。

6 休・拜厄斯（Hugh Byas，一八七五—一九四五），一九一四年作為倫敦《泰晤士報》的特派記者初次訪日，後身兼《紐約時報》的駐日記者，直到一九四一年開戰前夕才離開日本。

那裡，手握三尺長的鋼刀，臉上帶著難以言喻的古怪神情。他顯得非常心滿意足。當時我心想，聖母啊，可不能隨便和這樣的三島開玩笑。

> 索多瑪[7]城裡有美嗎？相信我，大多數人就是在罪惡之地找到了美。你知道這個秘密嗎？
>
> ——杜斯妥也夫斯基，《卡拉馬助夫兄弟》

在他生命的最後一段日子裡，他顯得比任何時候都匆忙。我最後一次和三島見面，是在一九七〇年十一月十二日，大約晚上九點，我們在東京一家高級飯店頂樓的法國餐廳共進晚餐。精確來說，三島由紀夫留給我的最後一個身影是他疾步跨進電梯的瞬間，他往電梯員的手裡塞了一點鈔票，這讓後者目瞪口呆（在日本沒有給小費的習慣）；然後，他飛快地旋過身，對我稍稍鞠了一躬，露出那頭髮剃得極短的腦袋。大忙人的退場便是如此。九天前，除了他的小隊，在外界一無所知的情況下，三島完成了人生裡最後一個重大決定：和楯之會學生領導森田必勝在十一月二十五日率先出擊。在十一月三日，他們對另外三個成員作出了明確的指示：古賀浩靖、小賀正義和小川正洋三人不能死，只能見證整個過程（古賀負責三島和森田切腹之後的介錯），並且作為證人出席隨後的法院裁決，乃至接受入獄的命運。

針對市谷所發生的事件，大部分的描述都如同本書的第一章那樣強調了三島的勇敢無畏，不管是持贊成意見者、還是反對者，幾乎都是從三島的觀點著眼。在此，我倒是想談一談其他的參與者。我們完全能夠想像那三位學生在得知自己使命的當下所感到的震驚和困惑，十一月三日，位於六本木的桑拿會館中，濕氣彌漫，那一帶龍蛇混雜，很可能只有三島熟悉這樣的世界，另外四人則第一次接觸。古賀、小賀和小川都不過二十歲出頭，閱歷尚淺，一直與家人住在一起，幾乎沒什麼自己做決定的機會；三島由紀夫於一九六八年二月二十六日在血誓中創建了私人軍隊，距此不過幾年前，而這幾個年輕人循著不同的路徑聚集於楯之會，他們終於決定了自己要走的道路。

一九七〇年的夏天到早秋之間，他們都活在「將死於今年」這堅定不移的假設中；三島和森田始終都是這樣對他們說的。他們也宣誓願意赴湯蹈火，一切都是為了天皇。然而日子一天天過去，一個月又一個月，直到距離行動僅剩二十二天的此時此刻，他們卻又得到新的指

7　索多瑪（Sodom），出現在《聖經》中的城市，因為它的邪惡和墮落和蛾摩拉（Gomorrah）一起被上帝摧毀。為「罪惡之城」的代名詞。

示：忘掉之前說過的那一切，在最後的關頭，你們不能死，你們必須活下去。自從這五人的命運走入同一個深淵、共存在必死的陰影下之後，三島和森田就沒有再為其他成員考慮過生與死的命題。三島和森田莫非明知道他們最後要怎麼做、先前只是以言語迷之惑之？可能不是這樣的吧。這兩位領導人在關鍵問題上的不明確，反映出他們是多麼地匆忙，我是如此猜想的。

不論事實如何，這個結果對解釋三島事件及其動機來說至關重要。總是最肆無忌憚發表言論的週刊雜誌，這次幾乎統一口徑，將這起雙人自殺事件描繪為同性戀人的殉情。二十五年後，這個觀點仍然是在日本國內的標準解釋。媒體將事件詮釋為三島個人美學的終極境界——「愛神和鮮血結合」，使得大眾幾乎接受了這個的觀點。而整個事件中最重要的事實證據莫過於三島和森田決定共赴黃泉，拋下另外三人不管。在日文中，有一個詞用來形容倖存之苦——「殘活」（生き残る），意為留在人世苟活。如果說武士道的偉大理想就是能死得其所（這一觀點的影響力極其深遠，乃至於影響到日本戲劇的想像和表現），那麼，反過來最糟糕的命運莫過於：死亡的時刻到來，卻不能赴死。

武士道的死亡觀在一九七〇年夏天指引了這五人制定策略。三島和森田為什麼一前一後自殺？對大多日本人來說，這個問題似乎只能有一種合理解釋——他們被自私的狂熱激情沖昏頭，其他三人不過是實現神聖殉情計畫的工具。「性衝動是解開三島事件的關鍵。」這話是日本當局一位政府高層、身居日本最重要部門的次長在幾年前親口對我說的。我曾把自己寫的三島傳記日文版交給他看，他看過之後就致電到我在東京的辦公室，說出了上述的觀點。因為這位高官當時負責政府發布資訊，站在指導國民的立場，因此我幾乎把這個電話視為官方表態了。但我不同意這種解釋，同樣也不能接受凡事都扯上政治立場的想法。不過他的自信倒是給我留下了深刻印象，竟然用性愛衝動來斷定這起事情的來龍去脈。

三島和森田都沒有留下日記或信件，因而無法佐證社會公認的「同性戀人」之說。他們刻意銷毀了所有可能洩漏他們如何策劃死亡起義的證據。就我所知，活下來的三名年輕學生也無法清楚表述整個計畫的來龍去脈。在此，我想再度借助於武士道的教誨和道義規範，來徹底理解這一切。在日本，人們會返回古老教義，以尋求心靈慰藉。在此要特別提出討論的是一種被視為高尚理想的境界——「忍戀」（忍ぶ恋），武士應該互愛，且決不向外人洩露自己與其他武士間的關係。三島正是如此實踐的。《葉隱》是三島愛不釋手的一本書，內容講述武士之道，由生活在十七世紀晚期至十八世紀初的山本常朝編撰。在今天的日本，公認的看法認為《葉隱》一書論及同性愛戀，是在三島由紀夫一生中對他影響最大的書。

十幾年來，我始終避免去讀《葉隱》（我感覺我已經受夠關於同性愛戀的討論）。但是不久前，我去了一次佐賀縣，那裡是山本常朝的家鄉，當地人帶著我參觀了一間資料館，還給我看了據稱是最古老的《葉隱》副本——神聖無比的手稿早已不存在世了。副本是本泛黃的輕薄手抄本，保存在玻璃展示櫃中。招待我的人一臉嚴肅虔誠，這莊嚴的表情令我震驚，彷彿在我眼前擺開的是《死海古卷》。一回到東京，我就把束之高閣的《葉隱》又翻找了出來，是現代英譯的版本，由哥倫比亞大學的凱瑟·史芭玲（Kathryn Sparling）於一九七八年翻譯出版。我注意到前言介紹中，譯者特意標出的一句話：「如遇生死幾率各半的危機，就應該決定選擇即死。這事一點都不複雜，只需振作精神，付諸實行……」對於熟知三島人生最後幾年的我來說，我幾乎頓時感覺到這些詞句是如何令他振作起來的。為了探究《葉隱》和陽明學的根本，他必須有所**行動**。只是坐在家裡安逸舒服地閱讀這些文字，是遠遠不夠的。雖然僅是簡單的闡釋，但我相信這就是最基本的原則。《葉隱》是一整套明確的指令、再簡潔不過的觀念。確實是「一點都不複雜」。

閱讀《葉隱》，就好像是在「閱讀」三島由紀夫的人格——即便不是全面的，也至少是最重要的那部分。在關於此書的評論中，三島寫道：「從戰時起，我開始讀這本書，總是把它放在書桌上，或是其他觸手可及之處。假如說曾有一本書能連續二十多年間始終令我愛不釋手、常看常新，那必定就是《葉隱》了。尤其是當《葉隱》盛行一時、作為全社會義不容辭需要熟讀之讀物的戰爭時代結束之後，它的光輝開始在我體內閃亮。也許《葉隱》的本質在於悖論。在戰時，《葉隱》像是暴露在日光底下的發光體，但在黑暗中，《葉隱》方能顯示出它真正的光芒。」再翻到正文，第一卷中有一章節題為「武士之道即迷戀死亡」，其中說道：「受制於平凡的思路，就無法完成壯舉。你必須變得盲信，並培養對死亡的狂熱。一旦樹立了思辨的能力，要想再付諸行動就太晚了。在武士之道中，忠和孝都是多餘的，你只需要對死亡的迷戀和狂熱。」

通觀全書，還能找到這樣的片斷：「所謂的愛便是忍戀。一旦被分享了，愛情就減滅了精神性。一生不公開的愛戀才是最高尚的愛。」三島撰文總結了《葉隱》的核心教義，「你當然不能同時兼顧兩個方向——對男人的愛、和對女人的愛。即便當你愛上了男人，你也必須集中所有精力於武之道。同性愛戀與戰之道相得益彰。」我們可以把這些段落和三島小說中的情節相對應，尤其是寫成於一九五一年至一九五三年的長篇小說《禁色》，當時三島還不到三十歲。小說中有關於東京同性戀圈的描寫，有庸俗的、挖苦人的、也有滑稽的悲傷。那是一個與《葉隱》截然不同的世界，在東京六本木的同性戀酒吧裡。儘管如此，在三島的理念深處，必定擁有不同於此的高尚偶像。

如果我在此強調「三島真的是同性戀」這一觀點，也是因為有些人假裝不知道，還發表了否認的文章。二十年前，我根本沒想過會有人在公眾媒體討論某人是否為同性戀，因為這是連私底下都會避免談及的話題。一九七四年，我在歐洲完成了本書第一版後，又為了寫一本關於日本金融的書而重返東京。就是在那次，我第一次遇到了東京同性戀圈子中的一員，他找到我，想站在同性戀者的角度和我談談三島由紀夫。根據這位三島生前的多年好友所言，三島尤其偏愛兩種類型的性伴侶，並且是截然不同的兩種類型：其一便是學習院裡的那種書生型，並且對文學有一定的欣賞品味，我們可以對照到三島的短篇小說《香菸》[8]——貴族學校總是盛產這類男孩；另一種類型則是皮膚黝黑、體毛旺盛的黑幫流氓，《假面的告白》中用了很多篇幅著墨於這類粗獷型的男人。

但是，日本社會在這方面非常假道學，哪怕只是稍微暗示地提到三島由紀夫的同性戀傾向都會引來軒然大波，當保羅．許瑞德[9]的電影《三島由紀夫傳》於一九八五年面世時，三島的家人對其中一景表示有疑慮——扮演三島的演員出現於一間同性戀酒吧，於是，電影沒多久就被禁演了。彷彿是針對電影的反駁，幾年之後，又有一本書問世，這次則以某種權威的姿態扳正了對三島性向的評價。這部大作篇幅長達五百頁，名為《三島由紀夫的世界》，作者村松剛是和三島一起長大的密友。該書的主要命題可以濃縮為一點：三島由紀夫是異性戀者。

大約是在一九八〇年代後期，村松剛在此書出版前夕和我談過一次，他向我概述了他的結論，尖銳地強調三島根本不是同性戀。三島的初戀發生在少年時代，但他心儀的女孩拒絕了他，三島為此非常受挫（這段不愉快的人生經歷可以從《假面的告白》中描繪園子的情節中窺得一斑）。在那之後，根據村松剛所言，三島為自己選擇了另一種替代的形象——同性戀者——這也就是《假面的告白》之所謂的「假面」。終其一生，三島都在使用這種假身份，擺出假姿態。我很瞭解村松剛，因此，我想把他如此詮釋的動機概括如下——第一是假道學；第二是出於對三島家人的尊重；第三則是因為村松剛是位保守的知識份子，認為自己和三島由紀夫站在同個地位。公眾對三島性生活的種種猜忌令他很痛苦，因為那將分散公眾對三島政治活動的注意力，而這恰恰又是村松剛極其看重的事情。雖然在對同性戀身份的辯解這一點上，他的這本書看起來沒有給什麼人留下深刻的印象，但從學術上來說，這無疑是本值得尊敬的作品。

到了一九九四年初，村松剛罹患了癌症，正在痛苦掙扎之中。當時我認識了一位他的好友，是個美國學者，他提及了村松剛的著作不可能定論三島由紀夫的性向問題。這位學者深表遺憾，因為他將這本書視為村松剛致命的缺憾，幾乎會抹煞村松剛所有累積的成果——多

8 （作者注）《香菸》一文由約翰．本斯特（John Bester）翻譯，收錄於英譯本合集《崇拜之舉》（*Acts of worship*）。

9 保羅．許瑞德（Paul Schrader，一九四六—），曾是影評人、影史作者、編劇。七〇年代末期轉任電影導演，專拍自己所寫的劇本。作品多是揭示人心的陰暗面，引起爭議。

年的寫作和經歷都會因此化為烏有。我不能確定自己是否能夠接受這個觀點。村松剛很清楚三島由紀夫的為人，在某些方面比任何一個日本人都更瞭解三島——包括三島和政治家們的密切來往，甚至知道三島通過某些不為人所知的管道，直接與當時的首相搭上線。村松剛只是無法處理性向問題。他的態度讓我想到了自己年輕時代的那些崇拜湯瑪斯．愛德華．勞倫斯[10]的人。那時候，他們根本不情願去揣測任何有關他的性向問題，就好像勞倫斯是用木頭做的似的。不過，村松剛並沒有針對我這本書中多處提及三島是同性戀的論據做出任何質疑。儘管他私底下有過暗示，但並沒有施加任何壓力。一九七八年，我重返東京擔當《紐約時報》東京分社社長之後，也沒有受到任何來自三島家人或其他人的反對意見。十七年過去了，仍然沒有人要求我做出更正。這並不是最終的定論，也不能因此證明三島和森田死於同性戀者的殉情。不過，我也有其他的間接證據能輔佐我的推測。我的間接證據和引述主要來自於一名警官和一位上流社會的夫人，我不打算在文章中寫出他們的真實姓名，只要是對事件有了解的讀者（包括村松剛）應該都能輕易辨認出他們的身份。這位警官和三島有多年私交，也是三島的弟弟平岡千之的朋友，他告訴我三島和森田可能是戀人關係，但他相信永遠也不可能找到所謂的鐵證。為了證實這一假設，警方做了大量的調查工作，包括三島入住的飯店紀錄，也採訪了旅館服務人員，調查是否有人目擊誰在什麼時間進入了客房。在大多數國家，這類卷宗都是警方的寶貝，絕不可能公開。

事情就是這麼巧，我認識的這位警官正好負責這些卷宗，不但願意跟我透露搜查詳情，還能說一口流利的英文，為人也十分儒雅機智。他是介於法律和媒體之間的溝通管道，這樣一位內部關係者正是了解事實的一條捷徑。對他來說，三島由紀夫不是什麼百思不得其解的謎團，也不是什麼禁忌話題。每個人都知道三島是同性戀……問題在於，他和森田必勝在一起時究竟做了什麼、花費了那麼多時間？這位警官告訴我這必須追溯到一九六〇年代末，有一天，三島突然出現在他的辦公室裡，要求讓楯之會加入員警的隊伍，上街鎮壓全學連的學生運動。「我直截了當地拒絕了他。」警官說著，露出一絲微笑，他被三島當時古怪的模樣逗樂了。正是這位警方高層在幕後部署了整套鎮壓全學連造反的方案，最終在催淚彈的助攻下贏得了勝利。當時他年僅四十歲就身居高位。他是個完美的情報來源，只不過感覺個性中有一絲天真。多年以後，我意識到這位警官和所有官員一樣，是樂於看到「同性戀殉情」之說在社會上大肆蔓延的，這樣一來，就能分散媒體的注意力，讓大家逐漸忽視三島事件的政治寓意。

再來說說那位夫人吧。她的家世背景極其顯赫，所談及的內容也很讓人印象深刻。她認

10 湯瑪斯．愛德華．勞倫斯（Thomas Edward Lawrence，一八八八—一九三五），英國探險家、軍人、作家，人稱「阿拉伯的勞倫斯」，著有《智慧七柱》等書。

識三島由紀夫已有多年，三島曾經試圖和她結親。這在日本是很普遍的事情——沒錢沒勢但才幹出眾的年輕男子一帆風順地完成了高等教育，便有機會娶到富人家的小姐，三島也不例外。不過她回絕了三島的求婚（也可能是出自她雙親的意思，就像正田美智子的家庭反對她和三島結婚一樣，美智子後來成了日本的皇太子妃）。三島由紀夫固然才華橫溢，是東京帝國大學畢業的高材生，又進入了大藏省擔任事務官，這幾乎是日本有志青年夢寐以求的終極目標。不過他畢竟有其異於常人之處，要麼是天才、要麼是瘋子。所以，和這樣的人結婚無疑是一種冒險，大多千金都不會予以考慮。而我的這位線人生性風趣幽默，思維敏捷過人，她向我提到她曾收到很多封三島寫的情書，甚至給我看了幾封（後來，我想，她可能就是村松剛腦海中認定的三島的初戀情人，但他拒絕對此做出肯定或否定的表態）。

近十多年來我和這位夫人沒有再聯繫。她的健康狀態很不好，我不忍心去打擾她。況且，她已經把她知道的告訴我了。她的陳述大多基於直覺（她當然不可能像警官那樣依據卷宗來說話，但她也有可能通過她的丈夫瞭解到警方所掌握的資料，畢竟，她的丈夫是位顯赫的政客），她認為三島必定是深深愛上了森田必勝。她對於這件事的直覺是非常重要的。首先，這無疑直接否定了「三島不是同性戀」之說；其次，她相信是森田深刻地影響了三島。這一點可謂是一針見血，觸及了事件的核心。我們當時在一間飯店裡邊吃午餐邊聊天，這位夫人堅信三島由紀夫絕不可能獨力完成這一切。她的觀點和我的正好吻合，直至現在我也同意。三島不是一個軟弱的人，但他始終都需要外界的扶持——就好像他的文學之路始於母親倭文重的大力相助，那時候他還很年輕，為成為小說家奮鬥著，是倭文重帶著他的原稿四處找尋出版機會。三島由紀夫有他的極限，而切腹的痛苦是難以想像的。不管三島變得多麼「瘋狂」，下了多大的決心——從他生命最後的表現來看，他的確極有膽魄——但單獨面對切腹這件事不是會去做的，他也做不到。

高官夫人的直覺恰好與警方的調查結果相符。警方證實首先提出要透過楯之會發起政變的人，確實是二十四歲的森田必勝。森田率先在一九六九年末向三島提出了這一計畫的構想，但被三島否決了。三島當時還沒有作好準備。森田擔憂的是：楯之會將會變得一無是處、百無一用，人們會說楯之會不過是大作家的玩具軍隊（我本人也是這樣想的），最後，參與楯之會的年輕學生也會落得自「愚」自樂的下場。森田如此刺激三島，直到一九七〇年初，三島才第一次制定了一份日程表，決定在同年完成《豐饒之海》。三島終於下定了決心。他截斷了和昔日故友們的所有聯繫，包括村松剛，集中所有精力完成手頭剩下的寫作工作，或者應該說，是他藝術創作的極致終點——死亡、黑夜和鮮血彙集一處之地。《葉隱》就曾教導武士：如果上級怠忽職守，下級就該大膽進言，這促使森田必勝的進言終於見了成效。三島鐵了心，他甚至不再接聽朋友的電話，一切都經由一位新任命的仲介人來轉達，那便是如他影子般的伊澤甲子麿[11]。

我印象中的森田必勝只是幾個模糊的片斷。根據我的採訪記錄，我和他第一次見面是在一九六九年三月，我為了《泰晤士報》去富士山腳下的自衛隊基地採訪楯之會集訓。當時，森田對我談到了三島，說明他們的工作，並提及他（森田）是「透過三島」才能和天皇「相連」，他心目中的天皇是偉大的領袖，有著在戰爭歲月中騎著白馬的形象。從一九六九年的富士基地到一九七〇年的市谷事件，這句話貫穿了一切。當我隔了這麼多年再次回顧，我才發現每一個細節都是吻合的，每一件事情都嵌入了本來的位置，最終迎來的是兩人的自殺。不管多麼血腥恐怖，也不管多麼悲慘可憐，這個結局顯然是富有戲劇性的，就好像由一個嫻熟老練的劇作家精心安排的舞臺劇。在人生的終結時刻，三島由紀夫作為一個劇作家無疑是傑出卓越的。

為何天皇必須把自己變為普通的凡人呢？

——三島由紀夫，《英靈之聲》

那麼，三島由紀夫之死是否可以單純地視為美學追求和性衝動——即鮮血與愛神呢？我想答案該是否定的，如同我在本書中屢次點明的觀點——「三島之死」蘊涵著政治因素，這可以從三個層面去解釋：第一，他手持日本武士刀，率領極少同伴衝入市谷基地，挾持一名四星陸將作為人質，要脅自衛隊軍官召集部隊列席他的演講，聽取他修正憲法的訴求，毫無疑問地是一場富有政治寓意的行動！第二點，三島長期以來默默接受了日本最高層政客的援助。在這主題上，我的主要資訊提供者是村松剛，他一方面是三島的密友和崇拜者，另一方面又是活躍於當時執政黨（自民黨）內部的著名知識份子，因此他的話可信度很高。三島除了自己活動之外，還通過村松剛和其他幾位政壇文人的人脈網路——如右翼保守派的石原慎太郎——才能與佐藤榮作內閣保持聯繫（佐藤首相政績不俗，連任八年，直到一九七二年才退下首相之位），其中還包括佐藤的左右手、內閣官房長官保利茂，還有一位雖然不是位居最高層，但也十分重要的中曾根康弘，他當時還是個羽翼逐漸豐滿、野心勃勃的年輕政客，後來在一九七〇年一月被任命為防衛廳廳長。

就好像命中註定一樣，三島事件牽連到的這幾位政界名人——佐藤、保利和中曾根——當時恰好都在事業窘境危機之中。因此，他們和三島之間的秘密來往顯然絕對不能外泄。當

11　伊澤甲子麿（一九二五—），日本教育評論家，三島由紀夫的密友。曾與林房雄共同撰寫《歷史的證言：三島由紀夫・鮮血的遺訓》（一九七一）。

我在一九七〇年八月去伊豆下田拜訪三島時，注意到了政客們對他的關注。先前也提到過，這三人直接打電話到三島一家度假時下榻的飯店，幾乎好幾天都有這樣的電話，如果我理解正確的話，三島並不排斥接聽這些電話，哪怕致電人只是要拜託他到自民黨保守派支持者的集會上演講。在那個時候，三島對於政客們已然不抱任何幻想了。但是據村松剛所說，兩年前、也就是一九六八年時，事情還不是這樣的，一九六八年前後，三島四處尋找認識政界保守黨派的管道——除了政客，富商也是他尋找的目標——其目的主要是為楯之會找到資金後盾。如果在這件事情上我們完全相信村松剛的陳述(我沒有任何理由認為他有所隱瞞)，那麼，三島的資金交涉有一部分是交給村松剛負責的，只不過談了好幾年都沒有下文，一直拖到了一九七〇年。結果，在三島決意自殺的那年，佐藤榮作親自亮了綠燈，指示保利茂把活動經費交給三島——若不是直接交給他本人，那就是通過了某些中間人。村松剛說，佐藤和保利茂當時已決定從內閣經費中撥款，向三島由紀夫及楯之會提供四百萬日元(以當時的匯率計算，約合四萬七千美元)的活動經費。

村松剛在他的巨作中並沒有涉及太多這方面的細節，他非常慎重。而對於錢的問題我在此也必須謹慎處理。資金是否分成數筆支付？三島究竟有沒有接納這些援助？他最終拿到錢了嗎？到了一九七〇年，三島看來已無意接受來自任何政客或外界組織的資金援助。一直都是他自己為楯之會買單——根據我的估算，楯之會這三年大約需要合計二千萬至二千五百萬日元的開銷，主要花費在七十幾名成員的夏冬兩套制服上。不過，重要的是佐藤榮作和保利茂在這件事情上表現出十足的熱情，似乎非常渴望能援助三島。他們這麼做是有理由的。三島是全日本最公開表態的右翼知識份子，當時大部分的作家、戲劇界人士、記者都是站在左派立場上的，其中不乏很多三島的多年好友。三島的知名度、激情澎湃的行動力以及流利的表達能力，都使他成為政客們極願拉攏的對象，爭相邀請這樣一個有魅力的作家作為自己政黨的座上嘉賓。全學連學生暴動的場景依然鮮明地留存在這些政治家的記憶中，三島曾親訪衝突的現場，在母校（東京大學）直接挑戰左派學生、做面對面的辯論。很顯然，像他這樣的知識份子大概再也找不出第二個了，他是在和整個國家的知識份子主流勢力打對臺。

最後，三島毅然邁上生命裡最後的舞臺——市谷自衛隊基地，緊接著，諸如佐藤榮作這樣顯赫的政客立刻明確表態，不止是否定事件的正確性，更譴責他的所作所為——佐藤說，三島瘋了。但也可以說，作為國家領導人他們別無選擇，只能這麼做。可是，這麼多年來媒體在這方面從未試圖揭露三島和政界的關聯，頂多略為提及。政客們面對聲譽的威脅，為了明哲保身只好拱出益田兼利陸將作為三島事件的代罪羔羊。這位倒楣的將軍在自己的辦公室被突襲而來的楯之會青年綁住手腳、堵住嘴巴，待事件結束後，他就被革職、逐出自衛隊東部方面總監部，調至羽田機場擔任閒職。幾年後，益田就去世了，終究沒有說出他知道的內情：即三島由紀夫和軍方高層的關係，很大程度上是基於他在政界的受寵；在「三島事件」發生之後，引起了日本軍界激烈憤慨（他們認為三島嚴重背叛了軍方給予他的信任）。事實確是如此，中曾根於一九七〇年初被任命為國防部部長之後，很樂意讓三島帶領楯之會借用自衛隊的基地進行各種集訓，這基本上就意味著三島得到了通向國內任何軍事部門的通行證。公正地來說，中曾根當時尚且是黨內的晚輩和下級，他是無法反抗上級、即內閣高層官員的——也就是佐藤和保利等人，他們把三島由紀夫看成是朋友，即便自己不是公開的資助者，也不能否認三島多年來擁有的種種特權。

現在，我要接著討論三島之死和政治因素相關的第三層面。當三島自殺的動機被全社會輿論定論為「同性戀殉情」的時候，包括員警、自衛隊和政客在內的國家機構高層成員們，很可能在暗自竊喜。這種輿論越強勢，留給民眾的思考餘地就越小，也就不再會有人去深究三島所稱道的「意識形態」。對於日本戰敗所引發的核心問題，就我所知，三島從來沒有清楚定義過他的政治立場。例如：天皇本人的意志在戰爭中只起了微乎其微的作用；戰時內閣中軍隊和人民各自擔任的角色；一九四五年八月十五日宣佈了決定日後命運的戰敗聲明——在這個決定背後，海軍與陸軍持不同意見，在意見無法統一、幕僚們無法做出決定之下，便將這個責任交由天皇本人承擔。如果三島曾企圖深入探討這些事實，那我只能說，我完全沒有留意到。不過，他的中心立場還是無需質疑的：對於一九三一年至一九四五年間日本的軍事冒險，天皇及其幕僚皆負有責任，哪怕只是含糊、不明確的意向。三島的這種立場是相當明確的，尤其在他所有作品中最激情慷慨的短篇小說《憂國》、在文體特殊的《英靈之聲》中都可以明確地找到這種思想脈絡，他即興說出的言論也可以佐證——「我的美學觀確實有堅若磐石般的基礎，那便是天皇」。

今日，在東京老一輩的官員當中還流行著一種觀點，尤其是在對外國人談論此事時，他們認為三島其實不了解天皇，是個被人們質疑其道德觀念的邊緣人物——這主要是針對他的同性戀傾向。在此引用日本當代傑出學者三好將夫為三島的最後行動所創的專用詞彙——「可怕的肉體宣言」，無論如何，三島的「宣言」是針對天皇的，他的行動從本質上說是一次經典的死諫，以告誡裕仁天皇及其幕僚。日本的體制中有這樣的慣例：一旦大事發生，最高層的領導人必須引咎辭職，哪怕他的實質責任微乎其微、或只是名義上與此事有關。裕仁天皇就曾經三次承擔了這種「負責人」的角色（在一九四五至一九四六年、一九四八年和一九五一年），和三島由紀夫同時代的大多數知識份子認為天皇理應退位，讓長皇太子明仁（即今上天皇）登基。據我所知，三島從來不曾表示他認為裕仁天皇應該退位。他對天皇的評論意見是與眾不同的，針對的是天皇放棄神權、並宣佈從此之後天皇的後代子孫都是凡人一事，裕仁天皇在一九四六年的元旦因美軍施壓而發表了《人間宣言》，對此三島在《英靈之聲》中寫道：「為何天皇必須把自己變為普通的凡人呢？」一旦宣佈放棄神權，就意味著否認戰時為天皇犧牲的成千上萬日本人，至少從名義上說，他們是為天皇而戰的。

即便時至今日，在日本也無法透徹、公開地討論這個問題。我提到過的朝日新聞社記者深代惇郎就曾忠告我要謹慎地寫這本書，他說：「天皇是終極的禁忌之題。」他不能就天皇問題自由地發表言論，他所屬的報紙也做不到。裕仁天皇是全世界、也是日本歷史上最後一個享有過神權的君主。即便在他於一九八九年去世、明仁即位後，日本各界還是對天皇的話題諱莫如深。三島觸及了這個禁忌，他自己也因此成了某種禁忌之題，我相信這解釋了為何三島由紀夫一直能夠激起全民的興趣，乃至到新世紀來臨，依然有人好奇不滅。

自殺總是無需思量始能完成。

——賽謬爾·詹森[12]博士

很多人都能輕鬆地看透他人，卻看不清自己。而三島由紀夫卻是相反的，他就是他自己最重要的命題，他也比任何人都清楚降臨在自己身上的命運將是什麼。自殺前不久，三島曾與文學界前輩石川淳見面，雖然後者儒雅的個性和三島截然不同，但這不影響他們成為朋友。在這次會面中，三島說出了恍如預言般的一席話：「我走上舞臺，期待著觀眾會流淚，但反應卻是相反的，他們爆發出陣陣笑聲。」當他在市谷自衛隊總監部向年輕士兵們演講時，發生的正是這樣的一幕。住在東京的資深記者阿爾文・E・卡里森（Alivin E. Cullison）有一次對我說，假如要拍攝一部記錄三島一生的電影，「那就必須在片尾拍攝士兵們的狂笑，最後一個鏡頭就該特寫他們大笑時的嘴巴，接著淡出。」不知道該如何解釋，三島就是有直覺：自己會被嘲笑，就好像他是個小丑。

這，便將三島推向了末路——他是多麼擔憂後世評價啊！他一直忙於表達，直至生命最後的時刻。約翰・南森也撰寫了一本三島由紀夫傳記（南森的傳記涵蓋了更豐富的三島年少時代、早期創作的素材，與本書是互補的），書中記錄了三島留給家人和朋友的遺言字條，上面寫著他將「作為武士」赴死，而不是以作家的身份。三島寫了一些遺書，由瑤子夫人寄出，收件人是哥倫比

12 賽謬爾・詹森（Samuel Johnson，一七〇九—一七八四），英國著名文學家，評論家，編撰了世界上第一部英文字典。

亞大學兩位教授——伊凡．莫瑞斯、唐納德．基恩。媒體上曾節錄三島寫給伊凡．莫瑞斯的遺書內容，提到了陽明學派以及他發自內心的對文武兩道的虔誠追求。三島自始至終都在努力，想讓哥倫比亞大學的兩位日本文學研究界的權威人士站在他這一邊。

一九六〇年代初，伊凡．莫瑞斯前往東京訪問時與三島見了面，莫瑞斯才識出眾、風格優雅，又有豐富的婚姻經驗，這些都自然引來三島的關注。加上莫瑞斯完成了《金閣寺》的英譯本，在他心目中，這是三島最傑出的小說代表作。我可以想像莫瑞斯收到那封「自殺宣告」後的反應，雖然他並沒有親口向我形容當時的心境，遺書直接寄到紐約河濱大道的莫瑞斯住處，信件在「三島事件」發生後數日才抵達莫瑞斯手中。那該是多麼錯愕驚詫的時刻！大約四年後，莫瑞斯才藉由另一本著作抒發了當時的心情，那已是七〇年代初了，書名叫作《失敗的高貴》（*The Nobility of Failure*），篇幅很長，內容深入研討日本自古至今的英雄觀，以三島由紀夫作結。莫瑞斯在該書前言中闡述了「三島之死」的定位：那完全契合了日本民族的英雄傳統，即與命運抗爭、終至可恥的失敗。莫瑞斯將日本歷史上的諸多英雄人物與西方歷史中的英雄典型完全區分開來。西方歷史中的英雄事蹟包涵某種世俗化的、被公認的價值，即便他們死了，也總有流下一些「了不起的東西」。但日本民族的英雄不只是肉體上的死亡，還失去了一切——家庭、朋友、財富、聲望。而要獲得認可又是幾十年、甚至是幾個世紀後的事了。

三島死後，至少幾十年過去了。但他仍未獲日本國內的認可，在日本之外的任何地方也一樣，沒有人把他尊為英雄，也許唯一的例外就是伊凡．莫瑞斯。莫瑞斯於一九七六年的夏季突發心臟病去世，當時他正在義大利度假。如今的日本人即便能夠認可三島由紀夫的聲望，那也僅來自一小部分。右翼極端份子（也包括狂熱份子，或是兩者兼有）每年都會在一些非正式場合張貼海報，諸如在東京地鐵的出入口，並且，海報永遠都是三島在市谷總監部陽臺上高聲演講的照片。同樣，我的日本親家（我的太太是日本人）也不能接受三島的這種做法，我的朋友們也不認為他是英雄。他始終被認為是個不可思議的男人，令人難以忘卻、也根本無法漠視他這等重大的存在，但人們就是不把他當英雄看待。

在莫瑞斯的著作尚未問世之前，我在一九七四年間埋頭專攻於這本三島傳記的第一版時，也遭遇到了同樣的問題：該如何定位三島的地位？英雄？或是，不算英雄？我向他人諮詢意見，那些比我對日本更有見解和親身體驗的前輩們，他們的專業研究涵蓋了日本一九三〇年代以及戰後時期。要知道，戰前的日本和戰後的日本簡直有著天壤之別！而三島的一生就跨越了這兩極的巨變，他在戰敗後曾說過，自己的一生被「切成了兩半」。若對三〇年代沒有直接的了解、沒有像理查德．史托瑞和休．拜厄斯那樣擁有豐富的日本社會體驗，有可能對三島由紀夫做出精準的判斷嗎？我不太相信有人真能做到。伊凡．莫瑞斯並不太瞭解當時的情況，缺乏第一手資料，但如果是我和三島共同的好友，且曾經在東京生活過的人，也許就能做出更清楚的判斷。接受我諮詢的這位好友是約翰·皮爾斯(John Pilcher)爵士，他是當時英國的駐日大使。

藉由皮爾斯爵士這位東京常住居民的描述，我恍如身臨其境——東京市中心皇居背後的半藏門就是富麗堂皇的英國大使館所在地。爵士告訴我，每當裕仁天皇要出行，皇宮裡的僕人就會分頭在街道上鋪灑一層潔白的細沙，減免尊貴陛下所乘坐之車輛因觸碰凡間塵土而受到的玷污。無數便衣員警走在天皇一行人之前，他們的職責之一是確保每一扇高處的窗子——也包括英國大使館的窗戶——全部關閉。不得有人探頭觀望或俯視天皇的容顏。三島會選好位置，以期和天皇保持任何一種形式的關聯，這一點讓皮爾斯爵士甚覺純為愚蠢之舉，或者該說是冒犯君主的罪過，或是兩者兼而有之——爵士不能在這個問題上繼續談下去了。他很喜歡三島的小說《宴之後》，但除此之外的作品，爵士都沒感覺。《宴之後》之所以會吸引爵士，是因為嶄露了某種幽默感，而這正是三島大部分作品中所缺乏的。這是一位傳統主義人士的觀點，而我在一旁誠懇聆聽著。我沒有必要同意他對三島作品、抑或三島自殺事件的看法。於是，皮爾斯爵士想到了一個主意：何不直接去京都呢？在那裡，我可以去找他的一位老朋友——一位高僧住持，也許，他能在三島問題上提出與眾不同的見解？

看起來是個好主意。拜訪高僧，同時還能讓我詢問一些有關陽明學的哲學道義，三島曾在《豐饒之海．奔馬》中大篇幅地闡述，甚至在給莫瑞斯的遺書中都一再強調。因此，我想我應該找尋其他的管道——除了三島以外的管道——多瞭解一些陽明學。就我的理解，三島並未在這方面有切實深入的研究，但我的朋友深代惇郎曾確信無疑地對我說：陽明學是解開三島思想之謎的三大關鍵之一。皮爾斯爵士很慷慨地為我寫了一封推薦信給京都的這位高僧友人，很快地就定下了拜訪的日期。

那是一九七二年春天一個美麗的下午，我抵達了那座悠久的古寺，映入眼簾的是滿佈綠苔的庭園，矮牆逡巡長達幾百公尺，黑瓦屋頂在綠樹掩映間只露出一半來，古樸的大門緊閉著，玲瓏的小池塘比比皆是。

就在我走向目的地的時候，我突然猛然醒悟：「三島之死」這整場噩夢已經牢牢佔據我心深處的某個角落。如果我需要一把解密之鑰、讓我能打開他思想的秘藏，那也等於說是在自我解救。我**必須**弄明白這場災難到底是如何爆發的。

「所以說，你認識他？」這位禪師個子中等，走進鋪有榻榻米的小房間，我在那裡已等候了一會兒，他的赤足靜悄悄地滑行一般前進幾步，彷彿是能劇的身段，只不過他打著赤腳，沒穿足袋。「你是如何看三島的？你們有通信嗎？」

這時，一個英俊的年輕僧人進屋來，手裡端著托盤，盛放著兩只古樸的茶碗，深黑褐色的碗面上間雜有許多不規則的斑紋，茶碗看起來相當沉重，質樸得就好像一段老樹樁。

「對不起，」我打斷了一下，面對著放在我面前的茶碗，無助地問道：「我知道，按照茶道的規矩，我必須把茶碗轉三次後才能喝一口。但是，到底是往左轉、還是往右轉？」

「別灑出來即可。」禪師這樣回答我。

嚐！他的話恐怕就是傳說中的「棒喝」吧，專門打在那假裝潛心冥想、實則困頓瞌睡的小沙彌後腦勺上。

我們喝著各自茶碗裡帶著泡沫的濃茶。

「唔，他的事情，我感到很遺憾，非常非常遺憾。」大師開口了。他的英語很不錯，只有些微的日本口音。我猜想大師很可能曾在劍橋就讀。

「我很希望他能先來找我，」他接著說，「也許我可以幫到他，只可惜，他太著急了。」

「他太著急了。」大師重複著最後一句話，稍稍予以強調。

房間裡寂靜無聲。榻榻米彷彿綿延到了上百公尺之外。我們坐在一片簡潔之極的平原上，這是很恰當的形容，平原之上只有一陣微風輕輕撫過。茶道奉上的茶是不可牛飲的，每個人都得斯文地、緩緩地喝上一口，撫慰空蕩蕩的胃。

所以，三島是「太著急」了。

這是一個嚴苛的評判，我完全沒預料到會是如此。雖然我也不知道自己期盼聽到什麼樣的評語，但這種批評確實是我意料之外的。在日本，「著急」是最為糟糕的一件事。「太過著急」則等於說：太過不謹慎，毫無預備，有欠周全。三島就是這般的「太著急」。

靜默。禪師坐在我的對面，我們之間只隔著一張榻榻米。他的和服垂在盤起的膝蓋上。在我的聽力所及之處、大約兩尺外，那個年輕的僧人安靜等待著新的指令，我看不見他。三島自殺的時候，那些自衛隊的士兵和警察也是如此近在咫尺。三島著急地一往直前，他們沒有任何意念能夠阻止他。

可是，他有**必要**那麼「著急」嗎？我把這個疑惑留給了自己，陷入沉默……

「你剛才提到了陽明學？」

大師的目光落在我的臉上，他提出了這個問題。表情肅穆，褐色的瞳孔發出澄淨的目光。和服依然垂在膝上，他將雙手搭在膝頭……

「陽明學很接近禪道。」他接著說，「就是所謂的『知行合一』，你可能也知道。」

「知而不行，只是未知」，三島曾這樣概括陽明學派，這時，這句話出現在我的腦中。這也是僧人的信條。光是知道早上要掃地是遠遠不夠的，你必須早上五點就揮動掃帚，把地掃了。

看來，也是我該告辭的時候了。和高僧的見面當然是有收穫的，最重要的一點便是，這位僧侶是嚴肅看待三島事件的，他還找到了毛病所在——三島操之過急了。三島從不曾深入地探討過佛學，只是在撰寫《豐饒之海》時因情節所需而不得不熱切關注這方面的知識。無論如何，這位高僧沒有簡單地視其為「瘋子」、或是出盡洋相的小丑——畢竟，在東京，可有不少人都是這樣想的。當我坐在開往東京的新幹線列車裡，我感到，這才是公正的表態，我自己也要嚴肅地看待三島自殺的事件。

還是用那個精闢的比喻來說吧，在名為三島的那幅「燦爛華麗的馬賽克」中，陽明學是最後一個出現在他生命中、影響三島自殺的組成元素。另外兩個元素：同性戀和天皇崇拜，都早在三〇年代晚期、四〇年代初就影響三島了，那時他尚值青春期；直到四分之一個世紀過去後，差不多在六〇年代晚期，陽明學派才對他產生了強大引力。在《豐饒之海．奔馬》中，三島透過對陽明學派的闡述，解釋了右翼青年飯沼勳決意刺殺財界大老的思想源泉。現在，在三島自殺後，我再看這本小說，顯然比初讀時更加感到觸目驚心，我被其中的懇摯所打動了。

縱觀日本的歷史便能看到這種傾向：日本人時常從中國引入新思想，而由中國思想家王陽明所創的陽明學派也不例外。當時的日本就彷彿十六世紀前半的英國，湧現了不少革新派人物——當然，不只是三島由紀夫一人，還有很多激動人心的例子，比如說十九世紀早期的大阪地方官大鹽平八郎就曾揭竿而起，帶領鄉民去找暴利商人討糧，結果以失敗告終。三島就很欣賞他。

「身體是個注滿空虛的花瓶。」三島自殺前來我家做客時，曾這樣說過，「大鹽平八郎觸碰到了那種『虛無』，所以死了。」三島自己亦是如此。

人類真正的歷史在於人類的情感故事。與此相比，其他所有歷史——哪怕是經濟史——都是虛假的。

——E·M·佛斯特[13]

「每一個體的人生都同樣是所有人的故事。」艾瑞絲·奧瑞戈[14]曾這樣寫道：「描寫一個人的激情、弱點、癖好等特質是傳記作家的任務，如果無法將主角的人格特質處理成人之共性

13 E·M·佛斯特（E.M Forster，一八七九—一九七〇），英國著名作家。主要著作有《印度之旅》、《莫利斯的情人》、《窗外有藍天》。善於描寫英國社會的階級差異，以及人與人之間的微妙關係。

14 艾瑞絲·奧瑞戈（Iris Origo，一九〇二—一九八八），英國著名傳記女作家，定居義大利。

的一部分，那完成的傳記將會極其單薄。」也許我並不算特別熟識三島由紀夫，不一定足以將他所包涵的「人之共性」披露出來，但，且讓我一試。

他令我感動。不只是因由他的文學作品，還有諸多的所作所為都深深地觸動了我。艾茲拉．龐德（Ezra Pound）曾在書裡表述：「藝術家總有其『殘餘』之處，是無法在藝術作品中找尋到的，但卻是遠遠來得重要的內容。」對我而言，三島由紀夫代表著「消失的日本」，這一概念曾見於他晚期的言行表態中。我這不是在暗示武士時代，而是另一些曾存在於戰時、而後消失不見的內涵。今天的日本繁榮昌盛，是幾十年來辛勤勞動的豐碩成果。但是，這個國家的立足基點卻已模糊，以至無法感知。三島的密友、作家安部公房也曾在自己的小說《燃燒的地圖》的介紹短文中敘述過相同意義上的權力真空——「在這個城市裡，有一個巨大的船在漂流。我們稱之為『迷宮』。在某個地方一定會存在一座棧橋、一間機房。可是，沒有人知道在哪裡。」三島由紀夫和安部公房的共同點就在於：他們都察覺到日本正在隨波逐流，逐漸失去控制。三島在這種大浪中，任由自己陷入迷狂。從這個意義上來說，他便是日本的「人之共性」。多年來，他通過寫作和書信，不斷地釋放求救信號，直至死亡的那一天。

一九六八年夏，三島在寫給我的信中提到：朋友們對他說，要想擺脫文學創作之窘境，只有自殺才是唯一的辦法。看這樣的信，可以單就字面上去理解；也可以說三島這個怪人有麻煩了，他顯然是處於病態，諸如此類；但是，另一些日本人則會說——這整個社會都在病態之中。三島是一個偉大的藝術家，預料到了迫在眉睫的危機，而危機就隱伏在他所生活的這個社會裡。時間追溯到六〇年代中期，也就是東京奧運的時期，在此之前這個國家都處在一個創意迸發的狀態。突然，日本人彷彿被凍結了一般，因為全世界所有人都在注視著他們！不再有偉大的電影作品、不再有言之有物的小說，也不再有獨一無二的藝術。創造力的沙漠就這樣出現在日本人面前，他們曾經是這個世界上最有藝術氣質的民族之一。取而代之的是層出不窮的贗品——服裝設計師擺出世界頂級藝術家的姿態，建築設計師則自認是雕塑家。可是，如果我們回過頭去觀望昔日的偉大創造，比如說京都的桂離宮，必會驚歎日本人的能力竟是如此驚人。而現在呢？三島高瞻遠矚地預見了不遠處那潛伏著、伺機爆發的災難。

他是否如眾人所說的是一個極端的右翼份子？他當然是了！我如此肯定的原因，是因為除了我以外，找不到第二個人透過追蹤報導楯之會，記錄三島的政治狂熱，日本和國外媒體從不在意這些。但是，追根究柢，比起他的狂熱政見，最終感動我至深的，是我們的友誼。三島寫給我的最後一封信是在一九七〇年十月四日，他似乎在為自己寫下警告：「世界末日」就要到來了。我看到這封信的當下，就意識到他會去自殺，我也想得到是用怎樣的方法自殺。他是一個很驕傲的男人，決不會信口說出不加實踐的廢話。在最後的「可怕的肉體宣言」

中，三島大聲叫嚷，其實只是想獲得一個答案——我們的國家究竟代表著什麼？他企圖在《豐饒之海》中描繪一幅題為「現代日本」的全景圖。如果他在此失敗了，也就更沒有別人去嘗試了！

在為這本書作結的時候，我的思緒不禁再次回到往昔——我始終都在努力，試圖理解他的死亡——我想起了三島一九七〇年九月在我家吃飯時的一幕，想起他準備慷慨陳詞時露出的古怪的表情。他冷不防地宣佈：日本，註定會衰滅。怎麼說呢？這個國家正在遭受來自「青蛇的詛咒」。這番話迴響在我的腦海中，我幾乎又聽到了他的聲音，聽到他帶著日本口音唸出：「sna-ke」，氣息在唇齒間嘶嘶作響，跟來一個拖長的母音。據說蛇在日本代表吉兆，但翠綠色的青蛇卻相反，象徵著厄運。青蛇的意象在三島的文本裡一而再、再而三地重現，代表「邪惡的象徵」，正如後來瑪格麗特・尤瑟娜所論述的那樣[15]。

「我希望他當時能選擇『活下去』（殘活）。活下去是『更艱難的道路』，當時三島堅持己見、命令楯之會另外三名成員必須活下去，以見證他和森田死於一九七〇年十一月二十五日之後的楯之會理想。我真希望，他能選擇那條更艱難的道路。」

亨利・史考特・斯托克

日本東京，一九九九年八月

15

(作者注)「這條青黑色的蛇，作為邪惡的象徵，已是無法回避的了；這條蛇在清晨的曙光中從本多被燒毀的別墅中逃逸而去，此時，火災的倖存者們坐在游泳池畔，水池倒映著已成廢墟的一切，空氣中飄著濃重的焦屍味，想到被燒死的酒醉夫婦，之後便由司機開車帶他們下山到村子裡，讓他們吃早餐，若無其事，彷彿什麼都沒有發生過。也同樣是一條青蛇，咬了月光公主的腿並殺死了她。爬蟲類與邪惡相連的意象，可說是和世界本身一樣古老的隱喻。如果這條蛇的隱喻更多是取源自聖經、而非遠東傳統，是否也就意味著，它來自於三島由紀夫廣泛的歐洲文學閱讀經驗。無論如何，從這四部曲的第一卷開始，就明顯是一個關於逃逸了的青蛇的奇聞軼事錄，如寶石般鮮亮的綠色已然反射出了獸般的殘酷。」——《三島：見空是空》(*Mishima: A Vision of the Void*)，瑪格麗特．尤瑟娜著，Farrar, Straus and Giroux出版社，一九八六年出版。英譯自一九八〇年的法文原版。

# 附錄

# 附錄　三島由紀夫年表

| 西元 | 年齡 | 概要 |
|---|---|---|
| 一九二五 | | 一月十四日，生於東京都四谷區（現新宿區）。本名平岡公威，出生七天後，全家舉行了正式的命名儀式，由祖父平岡定太郎命名。平岡公威為家中長子，下有弟妹各一。父名平岡梓，曾任農林省水產局局長；母名倭文重。祖母夏子在公威出生二十九天時搶奪了撫育權。 |
| 一九二八 | 3歲 | 妹妹美津子出生。 |
| 一九二九 | 4歲 | 年僅五歲的小公威突然病倒。得了嚴重的自家中毒症，並時常反覆發作，直到成年後才痊癒。 |
| 一九三〇 | 5歲 | 弟弟千之出生。 |
| 一九三一 | 6歲 | 在祖父定太郎的選擇和安排下，進入學習院學習，品學兼優。 |

| | | |
|---|---|---|
| 一九三七 | 12歲 | 升入學習院初中部，成績優異。離開了祖母夏子身邊，和父母、弟弟和妹妹生活在一起。在此之前，公威和祖母兩人和父母分居兩棟，直至祖母夏子重病不起之後，母親倭文重才重新獲得了照料兒子的權利。 |
| 一九三八 | 13歲 | 因文采出眾，引來學習院文藝部前輩學長們的關注，又因文學上的特殊天賦，年齡差距也沒有妨礙他們成為好友和文學同伴。並從入初中部起，就定期在學校刊物《輔仁會雜誌》上發表作品。 |
| 一九三九 | 14歲 | 學業一帆風順之外，開始雄心勃勃地創作小說，《館》呈現出三島由紀夫「殺人劇場」的構想初態。《館》一文並沒有完成；也幾乎是他一生中唯一一部沒有完成的作品。祖母夏子於一月十九日去世。 |
| 一九四〇 | 15歲 | 在倭文重的努力下，拜著名詩人川路柳虹為師，學習寫詩。詩作《凶事》便暗示了三島由紀夫一生寫作的特質。當時，他最喜歡的作家是雷蒙．哈狄格和奧斯卡．王爾德。 |
| 一九四一 | 16歲 | 太平洋戰爭前不久，完成了處女作《繁花盛開的森林》，經他的國文老師清水文雄的推薦，連載於日本浪漫派的重要刊物《文藝文化》。這部小說嶄露了公威過人的敘述才華和語言天賦，他將日文寫作的豐饒和浪漫表現得淋漓盡致，震驚了他的師長和前輩們。 |

| | | |
|---|---|---|
| 一九四二 | 17歲 | 以優異的成績升入學習院高中部學習。在校刊上發表了一些愛國主義短詩。培養起對日本古典文學的賞析品味。在蓮田善明和清水文雄的影響下，三島由紀夫對日本浪漫派產生了濃厚興趣，並找尋這個國家最優秀的知識份子領袖與之交流，以便更加堅定參與由評論家保田與重郎領導的「聖戰」。 |
| 一九四三 | 18歲 | 找尋出版《繁花盛開的森林》的機會，未果。結識了保田與重郎。與此同時，欣賞森鷗外嚴謹簡潔的文學風格，這使他對浪漫派的熱情略有平緩。 |
| 一九四四 | 19歲 | 以全班第一的優異成績畢業於學習院，並獲得由天皇頒發的銀懷錶，領取獎品的儀式在皇宮內舉行，三島由紀夫在校長的陪同下出席了頒獎禮。五月，通過了徵兵體檢，但還未收到入伍通知書。十月，進入東京帝國大學學習；同月，《繁花盛開的森林》在東京出版發行。 |
| 一九四五 | 20歲 | 二月，當三島由紀夫在飛機工廠參加義務勞動時，收到了入伍通知書。當夜，離開東京，父母悲痛不已，認為三島由紀夫會死於戰場，他們很可能此生再也見不到兒子了。但是，他沒有通過這次的入伍體檢——由於一位經驗疏淺的軍醫將他的感冒誤診為肺浸潤（詢診中，三島由紀夫也撒了謊，誤導了軍醫的判斷。）二戰於八月結束。十月，美津子因傷寒去世。 |

| | | |
|---|---|---|
| 一九四六 | 21歲 | 一方面在東大攻讀法律課程，另一方面積極尋找發表短篇小說的途徑——通常來說，這在日本是年輕作家走上文壇的第一步。在川端康成的幫助下，《香煙》終於刊登於《人間》雜誌，但反響平平，三島頗有點心灰意冷，決定潛心鑽研法律。 |
| 一九四七 | 22歲 | 東京大學法學系畢業。年末時通過官員特考，在大藏省銀行局儲蓄處任職。同時業餘寫作，撰寫短篇小說《盜賊》。 |
| 一九四八 | 23歲 | 作品屢次發表於東京文學刊物。九月，從大藏省辭職，轉入職業作家行列，堅信自己能夠以文學為生。十一月，開始撰寫自傳體小說《假面的告白》，描寫了同性愛以及他這一代年輕人有的施受虐幻想。 |
| 一九四九 | 24歲 | 7月，出版第一部長篇小說《假面的告白》，成為令人矚目的文壇新星。發表《火宅》等獨幕劇，並由著名劇團上演。 |
| 一九五〇 | 25歲 | 長篇小說《愛的饑渴》發表，獲得評論界一致好評。全家搬至東京近郊的時髦社區綠之丘居住。撰寫第一部現代能樂劇《邯鄲》。 |

| | | |
|---|---|---|
| 一九五一 | 26歲 | 完成長篇小說《禁色》，描寫了生活在東京的同性戀群體，引起社會爭議。十二月，開始第一次環球旅行，搭乘「威爾遜總統」號郵輪前往美國。為了這次旅行，頗費周折，最後在平岡梓的老友、《朝日新聞》的出版局長嘉治隆一的幫助下，三島獲得了可以申請以特派記者的名義出國的機會，實際上並無任何寫稿任務。 |
| 一九五二 | 27歲 | 在美國旅行，並與梅爾迪茲．維瑟比討論了《假面的告白》的英譯本。接著，游賞了巴西和歐洲；旅行的最後目的地是希臘，自此，古希臘精神好比是「古典主義的靈感」，滋養了他的文學創作。返回日本時，三島由紀夫狀態極佳。 |
| 一九五三 | 28歲 | 完成了《禁色》第二部，評論界對此並不十分重視。轉而趨向「古典式」的寫作。 |
| 一九五四 | 29歲 | 《潮騷》一經發表，就成為廣受好評的暢銷書。接著，劇作《白蟻之穴》的完成又奠定了三島由紀夫在戲劇創作界的聲譽。《潮騷》的影視版權由東京首屈一指的東寶電影公司買下。 |
| 一九五五 | 30歲 | 開始「肉體改造」，克服萬難，堅持持續性的體能鍛煉。這一行動引來公眾的好奇關注，三島本人亦非常歡迎這類報導，舉重的照片遂刊載於諸多媒體。 |

| | | |
|---|---|---|
| 一九五六 | 31歲 | 完成了三島由紀夫文學事業上的兩大傑出代表作：長篇小說《金閣寺》和劇作《鹿鳴館》。就此，和日本最知名的劇團「文學座」建立合作關係。《潮騷》和《近代能樂集》由美國紐約克諾夫出版社出版；三島和英譯本作家保持了友好的密切來往。 |
| 一九五七 | 32歲 | 受紐約克諾夫出版社邀請，三島前往密西根大學做演講。這次在美國待了六個月，但在紐約度過的秋天卻相當不愉快，因為他期待自己的能樂劇能夠在百老匯上演，但終究只是勉強完成。三島在紐約時，刻苦學習英語，一有新劇上演就會去觀看，同時，也堅持體能鍛煉。 |
| 一九五八 | 33歲 | 因聞母親罹患癌症（最後確認為誤診），三島決定盡快成婚。與正田美智子通過相親認識，美智子貌美、活潑，網球打得很好，但戀情終於還是結束了，可能是受到正田家族的干擾，美智子隨後與皇太子定親。再次通過相親，三島由紀夫與杉山瑤子定下婚約。瑤子年方二十一，是畫家杉山甯的女兒。婚後，三島立即決定為自己和父母建造新房，便一擲重金，買下東京大田區的一塊地，建造了兩棟相鄰的屋宅。同年，《金閣寺》和《假面的告白》在美國翻譯出版。 |

| | | |
|---|---|---|
| 一九五九 | 34歲 | 五月，「反禪學」的新居落成。六月，瑤子誕下一女，取名為紀子。三島滿懷信心地著手於新作《鏡子之家》，並與秋天寫完，但評論界卻將此作看成是三島由紀夫的失敗。同年，三島開始練習劍道。 |
| 一九六〇 | 35歲 | 完成長篇小說《宴之後》，將小說聚焦於日本政壇內幕。拍攝了第一部電影《風野郎》，擔任主角，出演了一個幫派打手的形象，在影片中和其他演員還有裸身表演。同年，日本「安保抗爭運動」爆發，這成為三島一生的轉捩點；動亂激發了他的想像力，並刺激他寫下了短篇小說《憂國》，文中以大篇幅詳盡描繪了年輕軍官的切腹自殺。 |
| 一九六一 | 36歲 | 攜夫人瑤子遊歷紐約，回到日本後，三島發現自己捲進了官司。因《宴之後》一書，他遭到了政客有田八郎的起訴。還接到右翼極端份子的恐嚇電話：威脅要燒盡三島的家宅、並殺了他；起因是三島對《風流夢譚》一文表示了讚賞，故而被右翼份子視為反帝制人士。三島雇用了保鏢，長達兩個月。同年，三島的次子威一郎出世。 |
| 一九六二 | 37歲 | 三島由紀夫六〇年代前期的生活模式開始明顯成形。他集中精力撰寫戲劇，只完成了一部科幻小說《美麗的星》。此時，三島宣稱：「就在兩三年內，我將為餘生做好打算。」 |

| | | |
|---|---|---|
| 一九六三 | 38歲 | 三島與合作十多年的文學座劇團發生激烈爭執，批判劇團成員之偽善，最終，脫離了和文學座的一切關聯。拍攝了攝影集《薔薇刑》。 |
| 一九六四 | 39歲 | 東京舉辦奧林匹克運動會。三島擔任現場採訪、撰寫專欄報導，並同時書寫了他研習劍道的體會。但就「人生的打算」而言，他並沒有找到方向。 |
| 一九六五 | 40歲 | 前輩著名作家谷崎潤一郎去世。同年，三島第一次獲得諾貝爾文學獎提名。著手進入超長篇《豐饒之海》的第一卷《春雪》的創作。並開始撰寫自傳體長篇連載散文《太陽與鐵》。 |
| 一九六六 | 41歲 | 對駐日的外國記者發表演說。完成了《春雪》，並開始寫第二卷《奔馬》。此時，他開始接觸自衛隊，以求獲得入隊訓練的許可。這一年中，三島以自己為模特，拍攝了模仿聖塞巴斯提安的照片。 |
| 一九六七 | 42歲 | 在自衛隊基地進行軍事訓練。與早稻田大學的大學生們見面，為他的私人軍隊「楯之會」尋找合適的隊員。遭受了一些打擊之後，楯之會正式成立，在成立儀式上，三島提議歃血為盟。同年，受當地政府之邀，攜夫人瑤子一起赴印度遊賞；特地遊歷了貝納勒斯、阿旃陀和加爾各答。 |

| | | |
|---|---|---|
| 一九六八 | 43歲 | 完成《奔馬》，並為第三卷《曉寺》、亦是最艱難的一卷的創作做準備。此時，楯之會公開成立。十月，第二次獲得諾貝爾文學獎提名，雖然三島被公認為最有實力問鼎此獎的候選人，但他的年齡卻成了問題。最終，得獎人是川端康成。 |
| 一九六九 | 44歲 | 對楯之會的意義產生了疑惑。三島無法為自己的私人軍隊找到恰當的定位，楯之會在日本不受重視。在一九六六年出版《英靈之聲》之後，三島被認為持右翼政見，逐漸失去在文壇的地位。而他的朋友們以及其他人都把楯之會看成是三島由紀夫又一次愚蠢的作秀。在楯之會內部，成員之間也內訌不斷。 |
| 一九七〇 | 45歲 | 年初，三島決定在完成《豐饒之海》的全部寫作之後自殺。開始時，他還不確定該用什麼方式自殺；但他決定利用楯之會作為他赴死的工具。完成了《曉寺》之後，他秘密地在楯之會內部組織了五人小隊，討論如何發動一次武裝起義。楯之會的青年學生天真衝動，並不明白三島由紀夫的真正個性。楯之會的學生首領森田必勝慫恿三島由紀夫將暴行付諸實施；這便增強了三島赴死的決心。大約在六月，三島決定切腹自殺，制定了自殺的初步方案。兩個月後，他完成了最終卷《天人五衰》，但沒有即刻交稿。直至十一月二十五日，他才將遺稿轉交給編輯，並與森田必勝一起，在自衛隊市谷總部切腹自殺。 |

# 附錄　三島由紀夫創作年譜

多虧唐納德．基恩的幫助，我列出這份三島由紀夫創作年譜。有一些書名標題並不好翻，所以我在書中保持了原文，未作翻譯。此年表包涵了新潮社出版的《三島由紀夫全集》（共三十六卷），且未將其他版本中的文章收錄在內。三島由紀夫曾寫過相當數量的商業性文稿，但他曾表示那些文章不能被看作「文學作品」，因此，即使在此年表中有部分商業性文稿，我在本書中也並未加以評說。

（編注：本年譜中有不少作品是根據英譯本出版時間而定，並非日文原版的年譜，故特此說明。）

| 西元 | 著作名（中文） | 著作名（日文） |
| --- | --- | --- |
| 一九四四 | 《繁花盛開的森林》 | 花ざかりの森 |
| 一九四七 | 《海岬物語》 | 岬にての物語 |
| 一九四八 | 《盜賊》 | 盗賊 |
| 一九四九 | 《寶石買賣》<br>《假面的告白》<br>《魔群的通過》 | 寶石売買<br>仮面の告白<br>魔群の通過 |

| | | |
|---|---|---|
| 一九五〇 | 《燈塔》 | 燈台 |
| | 《惡魔》 | 怪物 |
| | 《愛的饑渴》 | 愛の渇き |
| | 《純白之夜》 | 純白の夜 |
| | 《藍色時代》 | 青の時代 |
| 一九五一 | 《聖女》 | 聖女 |
| | 《狩獵與獵物》 | 狩りと獲物 |
| | 《遠乘會》 | 遠乘會 |
| | 《頭文字》 | 頭文字 |
| | 《禁色第一卷》 | 禁色 第一部 |
| | 《夏子的冒險》 | 夏子の冒険 |
| 一九五二 | 《阿波羅之杯》 | アポロの杯 |
| 一九五三 | 《盛夏之死》 | 真夏の死 |
| | 《日本製》 | につぽん製 |
| | 《夜裡的向日葵》 | 夜の向日葵 |
| | 《秘藥・禁色第二部》 | 禁色 第二部 |
| | 《綾之鼓》 | 綾の鼓 |

| | | |
|---|---|---|
| 一九五四 | 《潮騷》 | 潮騒 |
| | 《戀之都》 | 戀の都 |
| | 《上鎖的房間》 | 鍵のかかる部屋 |
| | 《清醒吧！年輕人》 | 若人よ蘇れ |
| | 《文學人生論》 | 文学的人生論 |
| 一九五五 | 《潛沉的瀑布》 | 沈める滝 |
| | 《女神》 | 女神 |
| | 《哈狄格之死》 | ラディゲの死 |
| | 《小說家的休日時光》 | 小説家の休暇 |
| 一九五六 | 《白蟻之穴》 | 白蟻の巣 |
| | 《午後的曳航》 | 午後の曳航 |
| | 《近代能樂集》 | 近代能楽集 |
| | 《寫詩的少年》 | 詩を書く少年 |
| | 《龜能趕得上兔嗎？》 | 亀は兎に追ひつくか? |
| | 《金閣寺》 | 金閣寺 |
| | 《永恆的春天》 | 永すぎた春 |
| 一九五七 | 《鹿鳴館》 | 鹿鳴館 |
| | 《美德的徘徊》 | 美徳のよろめき |
| | 《現代小說能成為經典嗎？》 | 現代小説は古典たり得るか |

| | | |
|---|---|---|
| 一九五八 | 《獅子》 | 獅子 |
| | 《七橋》 | 橋づくし |
| | 《旅之畫本》 | 旅の絵本 |
| | 《薔薇與海盜》 | 薔薇と海賊 |
| | 《周日》 | 日曜日 |
| 一九五九 | 《不道德教育講座》 | 不道徳教育講座 |
| | 《文章讀本》 | 文章読本 |
| | 《鏡子之家・第一卷》 | 鏡子の家 |
| | 《鏡子之家・第二卷》 | |
| | 《鏡子之家・第三卷》 | |
| | 《裸體與衣裳》 | 裸體と衣裳 |
| 一九六〇 | 《續・不道德教育講座》 | 不道徳教育講座 |
| | 《宴之後》 | 宴のあと |
| | 《小姐》 | お嬢さん |
| 一九六一 | 《星星》 | スタア |
| | 《獸之戲》 | 獣の戯れ |
| | 《美的襲擊》 | 美の襲撃 |
| 一九六二 | 《美麗之星》 | 美しい星 |

| | | |
|---|---|---|
| 一九六三 | 《愛的狂奔》<br>《林房雄論》<br>《午後的曳航》<br>《劍》 | 愛の疾走<br>林房雄論<br>午後の曳航<br>剣 |
| 一九六四 | 《肉體的學校》<br>《歡喜琴》<br>《我青春漫遊的時代》<br>《絹與明察》<br>《第一性——男性研究講座》 | 肉體の學校<br>喜びの琴<br>私の遍歴時代<br>絹と明察<br>第一の性 |
| 一九六五 | 《音樂》<br>《月澹莊綺譚》<br>《眼——藝術斷想》<br>《薩德侯爵夫人》 | 音楽<br>月澹莊綺譚<br>目——ある芸術断想<br>サド侯爵夫人 |
| 一九六六 | 《反貞女大學》<br>《憂國》<br>《英靈之聲》<br>《日本的驕傲》 | 反貞女大學<br>憂國<br>英霊の聲<br>日本人の誇り |

| | | |
|---|---|---|
| 一九六七 | 《來自荒野》 | 荒野より |
| | 《藝術的臉孔》 | 芸術の顔 |
| | 《葉隱入門》 | 葉隠入門——武士道は生きてゐる |
| | 《晚禮服》 | 夜會服 |
| | 《朱雀家的滅亡》 | 朱雀家の滅亡 |
| 一九六八 | 《複雜的他》 | 複雑な彼 |
| | 《對談——人與文學》 | 対談：人間と文學 |
| | 《三島由紀夫書信教室》 | 三島由紀夫レター教室 |
| | 《太陽與鐵》 | 太陽と鉄 |
| | 《吾友希特勒》 | わが友ヒットラー |
| | 《性命出售》 | 命売ります |
| | 《春雪》（豐饒之海第一部） | 春の雪〈豊饒の海・第一巻〉 |
| 一九六九 | 《奔馬》（豐饒之海第二部） | 奔馬〈豊饒の海・第二巻〉 |
| | 《文化防衛論》 | 文化防衛論 |
| | 《黑蜥蜴》 | 黒蜥蜴 |
| | 《三島由紀夫vs.東大全共鬥》 | 三島由紀夫vs.東大全共闘 |
| | 《癲王的陽臺》 | 癩王のテラス |
| | 《給年輕武士的精神講話》 | 若きサムライのための精神講話 |

| | | |
|---|---|---|
| 一九七〇 | 《曉寺》(豐饒之海第三部)<br>《尚武之心》<br>《行動學入門》<br>《感情的源泉》<br>《作家論》<br>《天人五衰》(豐饒之海第四部) | 曉の寺〈豐饒の海・第三卷〉<br>尚武の心<br>行動學入門<br>源泉の感情<br>作家論<br>天人五衰〈豐饒の海・第四卷〉 |
| 一九七三～一九七五 | 《三島由紀夫全集》(共三十六冊) | 三島由紀夫全集 |

## 附錄　三島由紀夫的自殺計畫

三島由紀夫所尊崇的「文武兩道」，要求他必須歷經艱險於赴死之路，身為武士切腹自殺的同時也要殺死自己的文學，我們可以從他生前最後五年的活動概述中看到這種執念。

| 年份(西元) | 文學 | 行動 |
|---|---|---|
| 一九六六 | 完成《春雪》 | 向自衛隊提出入隊訓練的申請 |
| 一九六八 | 完成《奔馬》 | 成立楯之會 |
| 一九七〇 | 完成《曉寺》 | 在楯之會內部組織起義小隊 |
| 一九七〇年　11月25日 | 將完成的《天人五衰》手稿專機給編輯，《豐饒之海》完結 | 與森田必勝及其他三位，前往東京市陸上自衛隊東部方面總監部控訴，切腹自殺 |

譯後記——

# 淒厲，便由他去演

在翻譯途中，我屢次凝視三島由紀夫的相片。數年前，當我讀完《豐饒之海》和《金閣寺》之後，曾在網路上搜索，心想這大概是全亞洲最喜歡上鏡的男作家吧。他叼著薔薇、黑白分明的目光挑釁鏡頭的照片讓我印象深刻；還有很多赤裸上身、肌肉隆起、手握長刀的形象也絕對達到過目難忘的程度。翻完這本書之後，我感到在那些擺好姿勢、聘用著名攝影師拍下的照片中，能夠清晰地看到他一生所不捨、享受、也刻意、乃至肆意的面具。彷彿在自導自演的人生大戲中，他是唯一值得頒獎的悲劇演員，為此，他盡力掩飾自卑，抹煞生活照中些許孩子氣的倔強，只張揚肉體和勝者的表情。

在翻譯這本書之前，我讀過唐月梅老師所著的《三島由紀夫傳》，對於平岡公威如何轉變成三島由紀夫、如何在《葉隱》精神影響下進行刻苦的「肉體改造」等等重要事件都有客觀評論，但直至手頭這本出自英國記者的傳記出現在我眼前，某些內情才可見一斑。有興趣的讀者不妨將這兩本立場不同、敘述方式也相當不同的傳記對照閱讀。

本書的作者亨利．史考特．斯托克是駐日記者，在三島去世前的幾年間和他本人有過私交，因而我們得以借助他的回憶回望某個夜晚，三島如何舉起珍藏的「關孫六」模擬武士砍頭的駭人瞬間。斯托克當然是對三島人生後期有發言權的近距離旁觀者，尤其他還是唯一一個被三島邀請到深雪覆蓋的富士山觀摩楯之會訓練的記者，他們有很多機會討論《豐饒之海》、楯之會以及時局。在斯托克的立場上，既無須為日本主流評論界發言，也沒有必要偏袒三島本人，他佔據著自己所擁有的特殊而又獨立的位置，因而，我們時不時還能讀到他對三島的言行流露出英國式的幽默，再直接一點說，假如他覺得三島有可笑之處，一定會輕鬆調侃一下。

三島由紀夫超級忙碌的短暫一生顯然有太多可供考察的內容，除了引起爭議的性取向、政治傾向之外，還有一個美滿健康的家庭。其實三島就是自己的傳記作家，因為他無時無刻不在寫作，每篇文字都堪稱是真實自我的反映，哪怕那部分「自我」是神經質的、意在尋美或覓死。因而，斯托克首先還是一位嚴謹、賣力的讀者，對於三島由紀夫創作生涯的前半段，他也需要借助文本去推敲。不妨說這本傳記也是一本相當不錯的「三島文學導讀」。斯托克特別看重《假面的告白》，而我則經由他帶動，才關注到《太陽與鐵》的重要性，文中也摘引了一些國外不為人所知的三島由紀夫的劇作，尤其是一些重要的訪談，考慮到文學作品無法脫離時代背景來討論，這些資料都能讓我們對日本戰後的情況多幾分瞭解。

在一九五五年的散文《空白的作用》中，三島由紀夫曾寫道：「我膽小，不能自殺。但這種醜惡滑稽的念頭，我總是拿它沒辦法，實在討厭，所以我就用寫小說的方法來代替自殺。」但十五年後，他真的切腹自殺了。回頭去看，這篇很可能刊登在期刊上的短文好像很契合亞里斯多德對柏拉圖藝術無用論的反駁：藝術品或許是謊言，但其價值在於它是一種治療方式，藝術能在喚起和淨化危險情感方面發揮作用。或許這多少可以闡釋三島在自殺之前已經對寫作之虛無的無數遍質問。但我們最好還是不要去「闡釋」，引用蘇珊．桑塔格的精闢比喻，闡釋並非庸人對天才的恭維，只不過是一些生生包裹偉大作者的「硬殼」。

通過斯托克的描繪，我確實有點驚訝地發現，三島由紀夫在《豐饒之海》的創作後期，已然陷入了障礙：他放棄了語言，卻只能以偏執狂的熱烈書寫來作為放棄的方式。沒有比他這種消沉更要人命的了。急功近利、卻又欲死得青春壯麗，兩種衝動彆扭地融合在一體。令人混淆於他究竟是瘋狂求生、還是執意求死。若害怕被人遺忘，他仍可以繼續演繹熱鬧的社交，但若決意淒厲，便只能由他獨自去演了。

這個男人始終生活在悖論之中，一方面，他在眾人面前運用開朗自信的面具，虛張聲勢地追求異國格調，不能接受與眾類同，大多數時日裡的瘋狂工作和偶爾袒露（無法掩飾）疾病似的疲憊和緊張，將對「榮光的死」的想像力點化彌漫在日常所有細節中。另一方面，對婚姻舉重若輕，幾乎稱得上駕輕就熟，手法十分簡練有效，你簡直不得不佩服他多麼精通於現世規則。

但終於還是有一則本質矛盾他無法解決，使用任何面具都無效——肉體變成美的任務、緊接著就是美的宿敵，而靈魂只在冷眼旁觀。矛盾越尖銳，帶給他的力量也就越強大，少年的自卑厚厚鬱積在他的心中，於是，他用一生的努力、追求絕對的暢銷、絕對的功名、絕對的身體之美，以此來覆蓋那深厚、卻陰暗矮小的人格內核。從這個角度看，三島由紀夫不僅寫出了歎為觀止的文學，也以藝術化的方式塑造了他的生生死死，儼然是一種拿生命做材料的行為藝術。當他塑造肉身和名譽的時候，也許固然有著虛榮心，足以讓別人將他歸入俗人之類，但最終的血泊和殘屍證明那凡俗軟肋下實則有著修羅般不可仿效的勇猛，這令他足以成為傳說。他如心所願，建成一座完美的神廟，再毀之，以壯年自戕之屍收下世間所有過於輕易的貶抑、過於草率的質疑。他拋棄的文字，便成了靈魂。書本猶如無法銷毀的存在感，鮮活豐滿又如肉身。他的話和他的死加上死後流傳的文字，構成另一番蛇咬蛇一般的悖論。

講到底，他說到做到了，而且都是別人不能觸及、不敢陷入、更不得其法、無法模仿的事情。我尤其佩服他在這一點上的意志力，這亦是能夠拋開所有外界評論的硬殼而直見的最根本的人性部分。

翻譯這本傳記，我所經歷的心理歷程便是如此，我意識到無論是回顧三島由紀夫的往事、還是再三品讀他的著作，都無法允許我們潛入三島的內心，更無法令我們體驗手舉短刀插入腹中的觸感，因而想要理解他為何自殺的企圖終究只能是一番徒勞。更坦率地說，這便猶如研究瀕死體驗，是生者永遠無法解答的問題，也是死者永遠無法轉述的。

我一向迷戀三島文字中固執而迂回的思辨、隱秘而罪惡的情愛，他的藝術風格鮮明、以至於深入骨髓、深入生死抉擇。有機會翻譯這本書，是我心意所至，借機重看三島所有著作，也相當滿足，並借此機會向唐月梅、葉渭渠、許金龍等多年致力於翻譯推介三島由紀夫文學的前輩導師致以敬意和感謝之情，在我中學和大學生涯中，這些詞句優美的譯本一直是我珍重的書籍。

文中所有原文章節是作者摘引英譯本的，為了盡力忠實原文、也考慮到方便讀者與原著對應閱讀，譯者已全部找尋到相應的中譯本段落。譯文勢必有力所不逮之處，敬請讀者原諒，若得賜教亦將感激不盡。

于是

上海，二〇〇六年十二月八日

國家圖書館出版品預行編目 (CIP) 資料

美與暴烈：三島由紀夫的生和死 / 亨利 . 史考特 . 斯托克 (Henry Scott-Stokes) 著；于是譯 . -- 初版 . -- 新北市：遠足文化，2018.06
面； 公分
譯自 :The life and death of Yukio Mishima

ISBN 978-957-8630-50-5( 精裝 )
ISBN 978-957-8630-34-5( 平裝 )

1. 三島由紀夫 2. 作家 3. 傳記

783.18 107006166( 平裝 ) / 107008219( 精裝 )

浮世繪 49

# 美與暴烈：三島由紀夫的生和死

The Life and Death of Yukio Mishima

作者—— 亨利・史考特・斯托克（Henry Scott-Stokes）
譯者—— 于是
總編輯—— 郭昕詠
責任編輯— 徐昉驊、陳柔君
通路行銷— 張元慧
排版—— 簡單瑛設

社長—— 郭重興
發行人兼
出版總監— 曾大福
執行長—— 陳蕙慧
出版者—— 遠足文化事業股份有限公司
地址—— 231 新北市新店區民權路 108-2 號 9 樓
電話—— (02)2218-1417
傳真—— (02)2218-8057
電郵—— service@bookrep.com.tw
郵撥帳號— 19504465
客服專線— 0800-221-029
網址—— http://www.bookrep.com.tw
Facebook — https://www.facebook.com/saikounippon/
法律顧問— 華洋法律事務所 蘇文生律師
印製—— 呈靖彩藝有限公司

初版一刷 西元 2018 年 6 月
Printed in Taiwan